WENN
NACHBARN
NERVEN...
4. Auflage

Wo Grenzen überschritten werden

Was Sie unternehmen können

Wie Gerichte entschieden haben

Verein für Konsumenteninformation
Martin Bleckmann

WENN NACHBARN NERVEN...

4., aktualisierte Auflage

Impressum

Herausgeber
Verein für Konsumenteninformation (VKI)
Mariahilfer Straße 81, 1060 Wien
ZVR-Zahl 389759993
Tel. 01 588 77-0, Fax 01 588 77-73, E-Mail: konsument@vki.at
www.vki.at | www.konsument.at

Geschäftsführer
Mag.(FH) Wolfgang Hermann

Autor
em RA Univ.-Doz.
Mag. Dr. Martin Bleckmann

Produktion
Günter Hoy

Foto Umschlag
iStock_Juanestey; Wodicka

Druck
Gerin Druck GmbH, 2120 Wolkersdorf

Stand
April 2023

Durch gesetzliche Änderungen bedingte Aktualisierungen stellen wir auf www.konsument.at/nachbarn zur Verfügung.

Bestellungen
KONSUMENT, Kundenservice
Mariahilfer Straße 81, 1060 Wien
Tel. 01 588 774, Fax 01 588 77-72
E-Mail: kundenservice@konsument.at

Wir sind bemüht, so weit wie möglich geschlechtsneutrale Formulierungen zu verwenden. Wo uns dies nicht gelingt, gelten die entsprechenden Begriffe im Sinne der Gleichbehandlung grundsätzlich für beide Geschlechter.

Bibliografische Information der Deutschen Nationalbibliothek
Die Deutsche Nationalbibliothek verzeichnet diese Publikation in der Deutschen Nationalbibliografie; detaillierte bibliografische Daten sind im Internet über http://dnb.d-nb.de abrufbar.

Verein für
Konsumenteninformation
ISBN 978-3-99013-118-3

€ 25,–

Nichts scheint den Österreicher so aufzuregen wie sein Nachbar. Ob Klavierspielen, Kindergeschrei oder Grillpartys, ob Baumaßnahmen, Gewerbebetriebe oder Besitzstörungen – häufig landet die Sache dann vor dem nächsten Gericht oder der zuständigen Behörde.

Ursache Nummer eins für Zoff am Zaun ist Lärm. Vieles, aber nicht alles muss man sich gefallen lassen. Lärmgrenzwerte gibt es zwar, aber eine – juristisch geforderte – „wesentliche Beeinträchtigung" nachzuweisen ist schwierig.

Eine weitere Quelle für Streit sind Grenzkonflikte durch Zäune oder Pflanzen. Häufig ragt ein Obstbaum über den Gartenzaun. Oder es wird einem von Bäumen die Sonne genommen. Oder abfallendes Laub und Nadeln verstopfen die Dachrinne.

Egal, was Sie stört oder wodurch Sie sich beeinträchtigt fühlen: Suchen Sie das Gespräch mit Ihrem Nachbarn, damit Hass, Frust und Verzweiflung erst gar nicht aufkommen. Allerdings ist Kommunikation nicht immer ein Allheilmittel. Was helfen Wörter, wenn das Verhalten des Nachbarn weiterhin Anlass zu Ärger gibt?

Trotzdem sollten Sie erst wenn gar nichts mehr geht Gerichte bzw. Behörden zur Problemlösung einschalten. Aber Vorsicht: Bis eine gerichtliche oder behördliche Entscheidung getroffen ist, können Jahre vergehen. Zwischenzeitlich freuen sich vielleicht die Anwälte über viel Geschäft, was aber Ihnen nicht weiterhilft – abgesehen davon, dass der Ausgang jedes Verfahrens immer ungewiss ist.

Das Bemühen sollte daher vor allem darauf gerichtet sein, einen veritablen Streit zu vermeiden. Voraussetzung dafür ist aber das Wissen, was man erdulden muss, weil es der Nachbar darf, und wogegen man sich zu Recht wehren kann, weil es dem Nachbarn nicht erlaubt ist. In der hier vorliegenden 4., aktualisierten Auflage liefern wir Ihnen die nötige Basisinformation für Lösungsansätze bei Nachbarschaftsproblemen.

Ihr KONSUMENT-Team

Liebe Leser!

Nachbarrecht im Überblick 9

Klassisches Nachbarrecht 10

Privates und öffentliches Nachbarrecht 14

Immissionsschutz als Menschenrecht 17

Haftung für Natur- und Elementarereignisse 18

Polizei oder Selbsthilfe 21

Selbsthilfe bei Pflanzen 23

Grenzen des Eigentums 24

Wann muss eingefriedet werden? 28

Schutz des Eigentums 30

Grenzstreitigkeiten 32

Miet- und Nachbarschaftsrecht 36

Störung von Besitz 38

Was am Nachbarn alles stören kann 43

Schutz vor Einwirkungen 44

Unmittelbare Immissionen 45

Mittelbare Immissionen 50

Gegenseitige Rücksichtnahme 53

Lärm 54

Ungebührliche Lärmerregung 55

Was man sich anhören muss und was nicht 58

Kinderlärm 65

Und noch mehr Lärmquellen ... 68

Belästigungen durch Anlagen 71

Lärm durch Dritte 77

Geruch 78

Was Sie gegen Gestank unternehmen können 79

Rauchen auf dem Balkon 85

Der Bauer als Nachbar 86

Komposthaufen & Co 89

Geruchsbelästigung durch Gewerbebetriebe 91

Tiere 93

Belästigungen durch Lärm und Geruch 94

Hundegebell 95

Katzen 98

Vögel, Geflügel und Insekten 99

Frösche 109

Wildtiere 110

Landwirtschaftliche Nutztiere 113

Tierhaltung in Miet- und Eigentumswohnungen 115

Schatten durch Nachbars Baum 120

Mehr Licht 122

Überhängende Äste und eindringende Wurzeln 130

133 Wer zahlt?
135 Haftung bei Bäumen
139 Weitere Störfaktoren
141 Ballspiele
145 Anstandsverletzungen
146 Ästhetische Immissionen
147 Antennenwald durch Handyboom
148 Lichtspiegelungen vom Dach nebenan
151 Störung von Besitz
152 Glatteis
155 Videoüberwachung
159 Silvesterraketen
161 Bodenvertiefungen

163 Privates und öffentliches Nachbarrecht
164 Privater Zoff am Zaun
165 Wer ist überhaupt Nachbar?
168 Wie Sie sich gegen Eingriffe wehren können
173 Öffentliches Nachbarrecht
174 Der Nachbar im Baurecht
177 Privatrechtliche und subjektiv-öffentliche Einwendungen
178 Das Recht der Dienstbarkeiten
179 Duldung und Unterlassung
181 Entstehung von Dienstbarkeiten
188 Betriebe in der Nachbarschaft
189 Nachbarn im Sinne der Gewerbeordnung
193 Das Umweltinformationsgesetz

199 Lösung von Nachbarstreitigkeiten
200 Ärger: Was jetzt?
202 Recht haben, Recht bekommen
204 Gerichtlicher Vergleichsversuch

207 Service
209 Adressen/Links
211 Stichwortverzeichnis

Nachbarrecht im Überblick

- Klassisches Nachbarrecht
- Polizei oder Selbsthilfe
- Grenzen des Eigentums
- Störung von Besitz

Klassisches Nachbarrecht

Es gibt viele Gründe, die zum Streit zwischen Nachbarn führen können. Als massivste Beeinträchtigung wird empfunden, wenn der Nachbar (oder auch ein völlig Fremder) die Grenzen des Eigentums oder des Besitzes nicht respektiert. Natürlich müssen Sie nicht dulden, dass fremde Autos am eigenen Grundstück parken. Jeder kann sich auch dagegen wehren, wenn sein Grundstück vom Nachbarn oder anderen Personen widerrechtlich benützt wird; sei es, dass diese darauf fahren oder gehen oder der Nachbar auf dem für ihn fremden Grund seinen Mist oder auch andere Gegenstände lagert. Die Rechte von Nachbarn beruhen auf zwei Grundlagen:

- Einerseits **öffentliche Rechte**. Das sind solche, die der Staat – auch im Interesse des Nachbarn – zu schützen und deren Einhaltung er zu gewähren hat.
- Andererseits die **Privatrechte**. Das sind die sogenannten klassischen Rechte von Nachbarn, die der Einzelne gegenüber dem Anderen durchsetzen kann.

Wenn etwa ein Nachbar in seinem Garten ein Feuer entfacht, kann er damit zum einen in Konflikt mit Bestimmungen des Naturschutz- und Abfallwirtschaftsrechts kommen, die von den Behörden zu vollziehen sind. Andererseits können sich andere Grundstückseigentümer in der Nachbarschaft gegen die Rauch- und Rußschwaden, die durch das Feuer über ihre Gärten ziehen, bei Gericht zur Wehr setzen.

Eigentum berechtigt und verpflichtet

Das Nachbarrecht steht in engem ursächlichen Zusammenhang mit dem Eigentum, das in § 354 ABGB (Allgemeines Bürgerliches Gesetzbuch) definiert ist: „Als ein Recht betrachtet, ist Eigentum das Befugnis, mit der Substanz und den Nutzungen einer Sache nach Willkür zu schalten und jeden anderen davon auszuschließen." Damit bringt das Gesetz zwei Funktionen des Eigentumsrechts, nämlich die Freiheits- und die Abwehrfunktion, zum Ausdruck. Eine absolute Verwirklichung beider Funktionen würde aber jedes (vernünftige) Zusammenleben von Menschen verhindern. Daher schränkt der Gesetzgeber Freiheitsfunktion und Abwehrfunktion so weit ein, dass Nachbarn friedlich zusammenleben können.

Dem Eigentum sind soziale Schranken immanent, nämlich Eigentumsbeschränkungen, die per Gesetz aus Gründen des öffentlichen Wohles verfügt werden. So findet generell

- „die Ausübung des Eigentumsrechtes überhaupt nur insofern statt, als dadurch weder in die Rechte eines Dritten ein Eingriff geschieht noch die in den Gesetzen zur Erhaltung und Beförderung des allgemeinen Wohles vorgeschriebenen Einschränkungen übertreten werden", und
- „im Besonderen haben die Eigentümer benachbarter Grundstücke bei der Ausübung ihrer Rechte aufeinander Rücksicht zu nehmen".

Konkret kann nach § 364 Absatz 2 ABGB „der Eigentümer eines Grundstückes dem Nachbarn die von dessen Grund ausgehenden Einwirkungen durch Abwässer, Rauch, Gase, Wärme, Geruch, Geräusch, Erschütterung und ähnliche Beeinträchtigungen insoweit untersagen, als sie das nach den örtlichen Verhältnissen gewöhnliche Maß überschreiten und die ortsübliche Benutzung eines Grundstücks wesentlich beeinträchtigen". Diese Einwirkungen – sogenannte mittelbare Immissionen – sind aber in gewissen Grenzen zu dulden: Erst wenn ein bestimmtes Maß überschritten wird, kann sich ein betroffener Nachbar dagegen zur Wehr setzen.

Unmittelbare Immissionen sind immer unzulässig

Unmittelbare Einwirkungen dagegen (wie z.B. Wasser, das aus der Dachrinne des einen Nachbarn auf die Hausmauer des anderen rinnt) und auch das Eindringen fester Körper größeren Umfangs (wie Bälle oder Steine) sind auf alle Fälle unzulässig. Unmittelbare Immissionen sind solche, die direkt in die Substanz eines Grundstücks eingreifen. Als unmittelbare Zuleitung werden vom Obersten Gerichtshof beispielsweise angesehen:

- die Ableitung elektrischer Energie auf das Nachbargrundstück durch eine Blitzschutzanlage,
- die Ableitung von Niederschlagswasser durch Rohre oder künstliche Gräben auf den Nachbargrund oder
- das Sprengen einer Lawine, die sich danach über das angrenzende Grundstück wälzt.

Das öffentliche Recht schränkt zwar das Eigentum durch unzählige Verwaltungsvorschriften wie Bau-, Umwelt-, Denkmal-, Forst- oder Naturschutzvorschriften ein, was zulässig ist, sofern dadurch der Kern des Grundrechtes der Unverletzlichkeit des Eigentums nicht berührt wird. Beispielsweise zählen zu den „Gesetzen zur Erhaltung und Beförderung des allgemeinen Wohles" die Vorschriften des Wasserrechtsgesetzes, das wichtige Beschränkungen der Ausübung des Eigentumsrechtes an Privatgewässern enthält. Allerdings setzt der Nachbar im öffentlichen Recht seine Rechte nicht durch einen einklagbaren Anspruch durch, sondern durch die Parteistellung in den Verwaltungsverfahren sowie durch Anzeige- oder Antragsrechte (► Seite 173, 177).

Im Interesse des allgemeinen Wohles kann dem Eigentümer sein Recht sogar ganz entzogen werden, und zwar durch Enteignung. So hat z.B. die Öffentlichkeit nach den gängigen Bewertungsmaßstäben ein großes Interesse am Bau einer Autobahn. Dieser müsste unterbleiben, falls sich ein Grundstückseigentümer weigerte, die dazu erforderlichen Flächen seines Grundes zu verkaufen. Die meisten Bundesgesetze sehen bei einer Enteignung eine Entschädigung vor. Zwingend ist sie aber nicht.

Nachbarrecht: Wenig Paragraphen, viel Rechtsprechung

Die Rechtsvorschriften, die das „klassische" Nachbarrecht regeln, sind im bereits erwähnten ABGB verankert und nicht sehr zahlreich. Diese wenigen Paragraphen (§§ 364, 364a, 364b und §§ 850 bis 858) sind sehr allgemein formuliert und bedürfen deshalb einer Konkretisierung. Wie eine Gesetzesbestimmung anzuwenden ist, hat im Streitfall die Rechtsprechung zu beurteilen. Das ist auch ein Grund, warum die (ausjudizierten) Grundsätze des friedvollen nachbarschaftlichen Miteinander-Auskommens für den „Normalverbraucher" sehr schwer auszumachen sind. Dazu kommt, dass diese Grundsätze nicht zusammengefasst sind, sondern in vielen Gerichtsentscheidungen von OGH (Oberster Gerichtshof) und VwGH (Verwaltungsgerichtshof) nachzulesen sind.

Was erlaubt ist und was nicht

Grillen. Der Abstand zum Nachbarn ist wesentlich: In beengten Verhältnissen kann es sogar zu Verboten kommen, in größeren Gärten von Einfamilienhäusern können zeitliche Beschränkungen verhängt werden. In Mehrfamilienhäusern regeln dies oft schon Hausordnung oder Mietvertrag.

Tiere. Grundsätzlich ist die Haltung von Kleintieren erlaubt. Besonders laute Tiere, wie Papageien oder Hähne, werden von vielen Gerichten aber nicht geduldet. Während die Schlangenhaltung meist erlaubt wird, sind Ratten gerade in Mehrfamilienhäusern nicht gern gesehen. Einige frei laufende Katzen sind zu tolerieren. Ab welcher Anzahl das Maß voll ist, liegt im Ermessen des Gerichts. Bei mehr als 15 freilaufenden Tieren dürfte das Maß für viele Gerichte aber voll sein. Hundehalter müssen sich im Streitfall mit ein bis zwei Tieren begnügen und sie so abrichten, dass sie nicht dauerhaft bellen und keine wesentliche Beeinträchtigung für den Nachbarn entsteht.

Absichtlichen Lärm muss man nicht dulden

Kinder. Kinderlärm und Babygeschrei ist gestattet. Absichtlicher Lärm muss jedoch nicht geduldet werden. Dazu gehören z.B. auch Fußballspielen oder Rollschuhlaufen in einem Mehrfamilienhaus.

Musik. In Zimmerlautstärke ist Musikhören immer erlaubt. Beim Musizieren sind aber die üblichen Ruhezeiten (zwischen 22 und 6 Uhr) einzuhalten. Zeitliche Begrenzungen müssen im Einzelfall geklärt werden.

Laute Geräte. Bohren, Waschen und Staubsaugen ist mit gelegentlichen Ausnahmen nur außerhalb der Ruhezeiten erlaubt. Wenn es niemand hört, kann eine leise Waschmaschine aber auch rund um die Uhr laufen.

Baden und Duschen. Der Lärm durch Baden und Duschen ist prinzipiell immer zu tolerieren. Zwischen 22 und 6 Uhr könnte jedoch eine Zeitbegrenzung von 30 Minuten pro Bad erlaubt sein.

Garten. Der Garten ist eines der beliebtesten Streitobjekte zwischen Nachbarn. Neben dem ABGB sind hier auch die entsprechenden Landes- und Gemeinderegelungen zu beachten. Grenzabstände und -bebauung, Pflanzenhöhen, Fenster- und Lichtrecht – es gibt fast nichts, was hier nicht geregelt ist. Rechtzeitiges Informieren hilft beim Vermeiden von Streit. Heckenscheren oder Rasenmäher dürfen werktags häufig nur untertags betrieben werden. Je nach Gemeinde sind Ruhezeiten einzuhalten. Partys sind erlaubt, Lärm und Musik müssen aber im Wohngebiet ab 22 Uhr gedämpft werden.

Privates und öffentliches Nachbarrecht

Kaum jemand macht sich Gedanken darüber, auf welcher rechtlichen Basis das Zusammenleben unter Nachbarn geregelt wird. Doch spätestens, wenn es zu Unstimmigkeiten kommt, müssen Sie sich mit der rechtlichen Grundlage des Konflikts auseinandersetzen. Doch selbst für Experten ist das Nachbarrecht nicht immer leicht zu durchschauen, denn in jedem Bundesland gelten unterschiedliche Gesetze. Auch wenn es seltsam klingt: Es gibt kein österreichisches Gesetz mit dem Titel „Nachbarschaftsgesetz". Vielmehr setzt sich das, was im allgemeinen Sprachgebrauch als Nachbarrecht bezeichnet wird, aus einer Fülle von einzelnen Gesetzen und Verordnungen zusammen, die über viele Rechtsbereiche verstreut sind. Das Nachbarrecht setzt sich aus drei Rechtsquellen zusammen:

- dem Bundesrecht,
- dem Landesrecht und
- dem Gemeinderecht.

Gerichte und Behörden entscheiden über Nachbarstreitigkeiten

Es gehört daher zu den kompliziertesten Rechtsgebieten – auch wenn es meist um ganz banale Dinge wie Haustiere, Gartennutzung oder Ähnliches geht. Meist dreht sich fast alles um die Frage: Was muss beseitigt, unterlassen oder geduldet werden? Die Antwort hängt davon ab, ob öffentliches oder privates Recht im Spiel ist. Beseitigungs-, Unterlassungs- und Duldungspflichten finden sich in unzähligen Gesetzen. Dazu kommen noch Verordnungen von Gemeinden, die – höchst unterschiedlich – regeln, was Nachbarn wann dürfen und was nicht. Um daher herauszufinden, ob das Verhalten des Nachbarn rechtmäßig ist, muss zunächst geklärt werden, ob es sich um einen Streit des privaten oder des öffentlichen Rechts handelt.

Die Trennung in privates und öffentliches Recht hat außerdem noch zur Folge, dass bei Streitigkeiten, je nachdem ob sie öffentliches Recht oder Privatrecht betreffen, unterschiedliche Rechtswege zu bestreiten sind. So endet der Streit mit lärmenden Nachbarn vor „ordentlichen" Gerichten, also meist Bezirksgericht am Wohnort. Ein Streit um einen Neubau an der Bebauungsgrenze betrifft das Baurecht und endet vor der Baubehörde.

Das Verhältnis zwischen privatem und öffentlichem Nachbarrecht ist überdies in einigen Fällen nicht klar. Zivilgerichte können z.B. Benutzungseinschränkungen oder -verbote (etwa feiertägliches Spielverbot) gegenüber öffentlich-rechtlich betriebenen Sportanlagen verfügen. Ebenso ist der Zivilrechtsweg denkbar, wenn es etwa um eine – mit behördlicher Genehmigung mögliche – Verlegung der Haltestelle eines privatrechtlich betriebenen Linienbusunternehmens geht. Hingegen können Schäden durch den beim Verkehr auf der Straße auftretenden Lärm, Geruch, Staub, Beleuchtung usw. jedenfalls als Immissionsschäden im streitigen Verfahren nicht geltend gemacht werden. Formaljuristisch wird hier also zwischen privatrechtlichen Maßnahmen des Straßenbaus und der Straßenerhaltung einerseits sowie der dem öffentlichen Recht zuzuordnenden Benützung der Straße andererseits differenziert.

Sie fragen sich, wozu diese komplizierte Unterscheidung wichtig ist? Ganz einfach, weil die Anforderungen, die das private und das öffentliche Recht an das nachbarrechtliche Verhalten stellen, nicht immer identisch sind. Gewissen Anliegen bzw. Begehren kann nur durch das private, anderen nur durch das öffentliche Recht Rechnung getragen werden. Auch sollten Sie bedenken, dass der Zivilprozess eine umfassendere Prüfung ermöglicht, weil das Gericht auch die Anwendbarkeit von öffentlichen Normen prüft, die die Nachbarn schützen. Behörden untersuchen dagegen – schon allein mangels Zuständigkeit – keine bürgerlich-rechtlichen Bestimmungen.

Von privat bis öffentlich

Privates Recht. Darunter fallen alle Störungen des Nachbarschaftsverhältnisses durch die benachbarten Eigentümer, ohne Einfluss durch das Handeln einer Behörde. Gemeint sind Streitigkeiten (über Eigentum, Schulden und Schäden) der Bürger untereinander. Der Rechtsweg führt über die Zivilgerichte.

Öffentliches Recht. Der beeinträchtigte Nachbar muss sich an die Behörde wenden, die eine in ihrer Auswirkung für ihn belastende Entscheidung getroffen hat, z.B. die Bauaufsichtsbehörde. Hier führt der Rechtsweg über die Verwaltungsbehörde. Liegt aber ein Schaden vor, ist eine Amtshaftungsklage beim Zivilgericht einzubringen.

Verwaltungsverfahren sind kostengünstiger als Gerichtsprozesse

Warum sich an Behörden wenden, wenn nachbarschaftliche Belange bei den Zivilgerichten offenbar besser aufgehoben scheinen? Die Antwort lautet: Prozess(kosten)risiko. Denn die Rechtsverfolgung vor Gerichten ist oftmals beschwerlich und mit erheblichen Kosten verbunden. Neben Gerichtsgebühren, die vom Streitwert abhängen, kommen noch die Anwaltskosten. Und wer verliert, hat zu den eigenen Kosten auch noch die Kosten seines Gegners zu ersetzen. Demgegenüber ist das Verwaltungsverfahren relativ formlos und vor allem kostengünstiger.

Einen Pferdefuß haben aber beide Verfahren. Sowohl die Verwaltungs- als auch Zivilprozessverfahren sind gerade bei Nachbarschaftsstreitigkeiten nicht immer besonders effektiv. Ein Grund hierfür ist der Faktor Zeit. Zwischen Lärmerregung durch den Nachbarn und Lärmuntersagung durch die Behörde oder den Richter, also zwischen Tat und Sanktion, vergehen oft viele Tage, Wochen oder Monate, in denen sich mitunter die nachbarlichen Fronten noch weiter verhärten.

Überdies ist es manchmal mit einem Urteil nicht getan. Papier ist bekanntlich geduldig. Ein Verfahren – etwa wegen Nachbarlärm – führt zwar früher oder später zu einer rechtskräftigen Entscheidung. Doch wenn der Nachbar sich keinen Deut darum kümmert, weiter lärmt und damit die Lebensqualität anderer stört, muss erst einmal von Neuem der Rechtsweg eingeschlagen werden. Das Recht wird nämlich erst dadurch zum Zwang, wenn der Nachbar – im Exekutionsverfahren – durch Beugemaßnahmen (Geldstrafen, Beugehaft) verpflichtet wird, das beanstandete Verhalten tatsächlich zu unterlassen.

Polizei hilft rasch und unbürokratisch

Als Mittelweg zwischen (schnell) Recht haben und (langsam) Recht bekommen bietet sich hier die Hinzuziehung der Polizei an. Rufen Sie bei einer mitternächtlichen Grillparty Ihres Nachbarn in der nächst gelegenen Wachstube an. Zwar ist es grundsätzlich nicht Aufgabe der Polizei, private Rechte zu schützen. Allerdings werden diese Rechte von bestimmten Verwaltungsstraftatbeständen mitgeschützt. So kann die örtliche Sicherheitspolizei bei Verletzung des öffentlichen Anstands, Lärmbelästigungen, Ehrenkränkungen und Beschränkung des Haltens gefährlicher Tiere zur Hilfe gerufen werden.

Viele nachbarrechtliche Streitigkeiten sind – polizeirechtlich betrachtet – sogenannte Bagatellfälle. Die Polizei wird in diesen Fällen ihr Ermessen dahingehend ausüben, nicht tätig zu werden und auf die

Möglichkeit der Inanspruchnahme gerichtlicher Hilfe zu verweisen. Das sollte Sie aber nicht davon abhalten, polizeiliche Hilfe etwa bei nächtlicher Ruhestörung anzufordern. Einerseits sind die zuständigen Stellen (z.B. das Gesundheits- oder Gewerbeamt bei Lärm in Schanigärten) in der Nachtzeit nur schwer erreichbar, die Polizei jedoch ist präsent. Andererseits hat bereits das bloße Erscheinen der Polizei oft zur Folge, dass Lärmbelästigungen eingestellt werden. Überdies können – im Hinblick auf die objektive Feststellung einer Lärmbelästigung und deren Verfolgung – Polizeibeamte im Zweifelsfall bei Gericht als Zeugen dienen.

Immissionsschutz als Menschenrecht

Das Recht auf Achtung der Wohnung schützt nicht nur vor physischen Eingriffen, wie etwa unbefugtem Betreten, sondern auch vor Einwirkungen wie Lärm, Emissionen oder Gestank. Eine solche Einwirkung kann eine Verletzung des Rechts auf Achtung der Wohnung begründen, wenn sie die betroffene Person daran hindert, die Annehmlichkeiten ihres Heims zu genießen.

Lärmbelästigung durch Windkraftanlagen oder Abhaltung von Feuerwerken – wiederholt hat sich auch schon der Europäische Gerichtshof für Menschenrechte mit Immissionen und der Achtung des Privat- und Familienlebens auseinandergesetzt. Die Menschenrechtskonvention enthält zwar kein ausdrückliches Recht auf eine saubere und ruhige Umwelt. Aber wenn eine Person durch Lärm oder andere Umstände unmittelbar und ernstlich betroffen ist, kann die Konvention doch relevant sein.

Grundrecht auf Privatsphäre schützt auch vor störenden Immissionen

Artikel 8 EMRK ist insbesondere auf schwerwiegende Umweltverschmutzung anwendbar, die in einer Art und Weise das Wohlbefinden des Einzelnen betrifft und ihn daran hindert, seine Wohnung zu benutzen, dass dadurch sein Privat- und Familienleben beeinträchtigt wird, selbst wenn damit keine ernsthafte Gesundheitsgefährdung einhergeht. Der Eingriff muss die Wohnung, das Privat- oder das Familienleben des Nachbarn unmittelbar betreffen und die nachteiligen Auswirkungen der Umweltverschmutzung ein gewisses Mindestmaß an Schwere erreichen.

So sprach der Gerichtshof bereits aus, dass eine berechtigte Beschwerde nicht vorliegt, „wenn die Nachteile im Vergleich zu den mit dem Leben in jeder modernen Stadt unweigerlich verbundenen Umweltbeeinträchtigungen vernachlässigbar sind". Im Fall einer Windkraftanlage bejahte das Gericht zwar die unmittelbare Betroffenheit des Nachbarn, da sie während des Betriebs ein konstantes, pulsierendes Geräusch absonderte. Allerdings erreichte die Belästigung das Mindestmaß an Schwere nicht.

Haftung für Natur- und Elementarereignisse

Grundsätzlich hat ein Grundeigentümer für Schäden durch Naturereignisse, die von seinem Grundstück ausgehen, nicht einzustehen. Bei Elementarereignissen wie Lawinen oder Felsstürzen bestehen somit weder schadenersatzrechtliche noch nachbarrechtliche Ansprüche.

Das Herabfallen von Gesteinsmassen ist ein Naturereignis. Damit das Eindringen grob körperlicher Stoffe (Steine, Erdmassen) vom Nachbargrundstück abgewehrt werden kann, muss ein „auslösendes menschliches Handeln" vorliegen. Demgegenüber sind Auswirkungen der natürlichen Beschaffenheit des Nachbargrundstücks vom beeinträchtigten Grundnachbarn hinzunehmen. Mit Eigentumsfreiheitsklage nicht abwehrbar sind daher natürliche Einwirkungen, also solche, die nicht auf Folgen menschlichen Handelns, sondern allein auf Naturvorgänge zurückzuführen sind. Nur dann, wenn eine gefährliche Nutzungsart gewählt wird (z.B. Kahlschlag eines Schutzwaldes), die die Gefahr aus dem Naturwirken beträchtlich erhöht, ist eine nachbarrechtliche Verantwortlichkeit zu bejahen.

Steinschlag und Kahlschlag

Keine „höhere Gewalt" liegt vor, wenn der Grundeigentümer die Gefahrenlage geschaffen hat oder das Risiko durch sein Zutun maßgeblich erhöht wurde. Dementsprechend bestimmt schon § 364 Abs. 2 ABGB, dass unmittelbare Zuleitungen keinesfalls geduldet werden müssen. Eine unmittelbare Zuleitung setzt dabei Handlungen voraus, die für eine Einwirkung gerade auf das Nachbargrundstück ursächlich sind. Die Rechtsprechung spricht in diesem Zusammenhang häufig von einer „Veranstaltung" des Nachbarn. Gemeint ist damit ein willkürliches, wenn auch nicht finales und zielgerichtetes Verhalten. Unzulässig ist daher beispielsweise das Eindringen von gefällten Baumstämmen oder von Lawinen, die durch eine Sprengung ausgelöst werden. Ebenso eine Steinschlaggefahr, die durch eine vom Grundstückseigentümer gewählte, besonders gefährliche Nutzungsart erhöht wird.

In all diesen Fällen stehen dem Grundstückseigentümer bei Gefahr eines Ersteingriffs sowie bei Wiederholungsgefahr verschuldensunabhängige Unterlassungsansprüche zu. Außerdem besteht ein verschuldensunabhängiger Beseitigungsanspruch. Bei schuldhafter Zuleitung kann überdies Schadenersatz verlangt werden. Der Unterschied zwischen verschuldensunabhängigem Beseitigungsanspruch und verschuldensabhängigem Schadenersatzanspruch besteht dabei in der Reichweite der Rechtsfolgen: Gegenüber dem schadenersatzrechtlichen Naturalherstellungsanspruch (§ 1323 ABGB) kann mit dem Beseitigungsanspruch nur die Ausschaltung der Störquelle, nicht aber die vollständige Wiederherstellung des vorigen Zustands verlangt werden. Und auch ein Geldersatz kommt nicht in Betracht.

Als Ausgleich für den Wegfall eines Unterlassungsanspruchs bei Immissionen durch behördlich genehmigte Anlagen sieht § 364a ABGB eine Eingriffshaftung vor. Daraus wird eine nachbarrechtliche Gefährdungshaftung abgeleitet, wenn eine Abwehr des Eingriffs zwar zulässig bleibt, aber faktisch erschwert wird durch den mit einer behördlichen Genehmigung verbundenen Anschein der Gefahrlosigkeit oder Gesetzmäßigkeit. Eine solche verschuldensunabhängige Haftung analog § 364a ABGB wird von der Rechtsprechung teils aber auch unabhängig vom Vorliegen einer behördlichen Bewilligung sehr großzügig bejaht, so etwa wenn bei der Sprengung einer Lawine die Abwehr bloß faktisch unmöglich ist oder wenn durch Schlägerungsarbeiten eine besondere Gefahrensituation geschaffen wird, deren allfällige Schadensfolgen durch den Betreiber objektiv kalkulierbar sind. Ob die Gefährdungshaftung Personenschäden erfasst, ist strittig, aber wohl zu bejahen.

Auswirkungen der natürlichen Beschaffenheit des Nachbargrundstücks sind – wie bereits betont wurde – hinzunehmen. Dies gilt auch für den natürlichen Wasserlauf. Der Grundeigentümer ist daher nicht dazu verpflichtet, eine Hangquelle einzufangen oder den natürlichen

Wasserlauf so zu verändern, dass das Wasser nicht auf das Nachbargrundstück gelangt. Ebenso wenig kann die Unterlassung eines Eingriffs durch Lawinen verlangt werden, sofern deren Abgang ein Naturereignis und vom Willen des Beklagten unabhängig ist. Dementsprechend wird auch vertreten, dass sich weder aus dem WRG noch aus dem Wasserbautenförderungsgesetz eine allgemeine Verpflichtung zur Herstellung von Schutz- und Regulierungswasserbauten ableiten lässt. Aus der Unterlassung derartiger Vorkehrungen können daher auch keine Schadenersatzansprüche abgeleitet werden.

Natürliche Gegebenheiten sind hinzunehmen

Den Grundeigentümer trifft somit für bloße Naturgefahren keine Haftung, soweit nicht gesetzliche oder vertraglich übernommene Pflichten bestehen. Allerdings ist aufgrund einer Interessenabwägung eine Warnpflicht zu erwägen, wenn zwar dem Grundeigentümer, nicht aber dem gefährdeten Nachbarn eine vom Grundstück ausgehende Naturgefahr erkennbar ist.

Beispiel

Ohne sein Zutun trat am Grundstück des Beklagten sauberes Grundwasser an die Oberfläche, bildete ein kleines Rinnsal, das zunächst noch am Grundstück des Beklagten wieder im Boden versickerte, dann aber einige Meter bergwärts der Liegenschaft der Kläger wieder zu Tage trat und auf die Liegenschaft der Kläger gelangte, wo es deren Garten durchfeuchtete. Die Gerichte befanden, dass eine unmittelbare Zuleitung auf das Nachbargrundstück zwar grundsätzlich unzulässig ist. Eine solche liegt aber nur vor, wenn sie durch eine „Veranstaltung" bewirkt werde. Das setzt voraus, dass der belangte Nachbar eine Veränderung der natürlichen Gegebenheiten seines Grundstücks vorgenommen hat, die zu Immissionen auf den Nachbargrund führten. Auswirkungen der natürlichen Beschaffenheit des Nachbargrundes sind hingegen hinzunehmen. Der Wassereintritt am Grundstück der Kläger ist auf keine Änderung der natürlichen Gegebenheiten durch den Beklagten auf seinem Grundstück zurückzuführen.

Polizei oder Selbsthilfe

Greifen Sie bei Lärmbelästigung zum Telefonhörer und – rufen sie erst einmal Ihren Nachbarn an. Auch wenn es nicht angenehm ist: Suchen Sie das direkte Gespräch mit dem Störenfried, der Sie nervt. Geht der Krach weiter und raubt Ihnen den Schlaf, weil es spätabends ist, dann wenden Sie sich an die nächstgelegene Polizeidienststelle. Ebenso sollten Sie vorgehen, wenn Sie der Nachbar im Zuge eines heftigen Streits z.B. bespuckt. In beiden Fällen erstatten Sie am besten Anzeige. Ab dann ist das Verfahren allerdings amtswegig. Das heißt, dass die Nachbarn die Angelegenheit nicht mehr untereinander regeln können. Stellt sich heraus, dass der Angezeigte tatsächlich lärmte oder spuckte und somit eine Verwaltungsübertretung beging, dann ist eine der Schuld angemessene Strafe über ihn zu verhängen.

Notwehr bei Gefahr im Verzug

Auch wenn Sie in Ihrem Ärger davon träumen: Nach dem ABGB ist Selbsthilfe grundsätzlich versagt. Nur in Fällen der Notwehr ist sie gerechtfertigt. Der Katalog der notwehrfähigen Güter ist aber mit „Leben, Gesundheit, körperlicher Unversehrtheit, Freiheit und Vermögen" umschrieben und bezieht sich nur auf die Rechte von Menschen.

Neben dem Notwehrrecht kennt das ABGB auch Selbsthilfe im engeren Sinn, also die erlaubte Eigenmacht. Selbsthilfe ist die Abwehr eines rechts-

Wann muss die Polizei her?

Kommt es zu handgreiflichen Auseinandersetzungen unter Nachbarn, muss die Polizei umgehend benachrichtigt werden. Für andere Streitigkeiten, etwa um Pflanzen oder unklare Grundstücksgrenzen, ist die Exekutive dagegen nicht zuständig.

Handeln auf eigene Gefahr

Selbsthilfe will einen bestehenden rechtswidrigen Zustand ändern. Der in Selbsthilfe Handelnde handelt auf eigene Gefahr. Wer sich auf Selbsthilfe beruft, den trifft die Beweislast, dass er rechtmäßig gehandelt hat.

Selbsthilfe erlaubt, wenn staatliche Hilfe zu spät käme

widrigen Zustandes und setzt, anders als Notwehr, keinen Angriff auf bestimmte Güter voraus. Voraussetzung erlaubter Selbsthilfe ist, dass staatliches Einschreiten zu spät käme. Dass ohne Selbsthilfe unwiederbringlicher (nichtwiedergutzumachender) Schaden drohte, ist nicht erforderlich.

So stellt z.B. das Abschleppen eines fremden Fahrzeuges von einem Privatgrundstück einen Akt der Selbsthilfe dar. Das Selbsthilferecht dient der Bewahrung und Durchsetzung zivilrechtlicher Ansprüche durch angemessene private Gewaltausübung für den Fall des Zuspätkommens behördlicher Hilfe. Die Grenzen der gebotenen Selbsthilfe sind nur im Einzelfall bestimmbar. Entsteht bei berechtigter Selbsthilfe ein Schaden, so ist trotzdem kein Schadenersatz zu leisten. Die Haftung wegen unerlaubter Selbsthilfe ist nur für untypische Schäden auszuschließen.

Fahrerflucht berechtigt zur Selbsthilfe

Weil Sachschäden in Fällen von Fahrerflucht nicht ersetzt werden, droht Ihnen als Geschädigter bei Fahrerflucht ein mitunter großer finanzieller Nachteil. Sie dürfen daher im Rahmen der Selbsthilfe die Verfolgung des Fahrerflüchtigen aufnehmen. Wenn Sie während der Verfolgungsfahrt kein eigenes fahrtechnisches Fehlverhalten setzen, können Sie auf den Ersatz allfälliger Schäden durch die gegnerische Versicherung vertrauen.

Einer der schillerndsten Fälle von Selbsthilfe war der verbotswidrige Abbruch eines Hauses in Wien. Die Baubehörde erließ gegen die Eigentümerin eines sehr baufälligen und deshalb einsturzgefährdeten Zinshauses einen Abbruchbescheid. Die Eigentümerin beauftragte lange vor Rechtskraft des Urteils über die von ihr aufgrund dieses Bescheids gegen den letzten Mieter einer Wohnung in diesem Haus eingebrachten Räumungsklage ein Bauunternehmen mit dem Abbruch des Hauses und der Errichtung eines neuen Gebäudes. Der Mieter erwirkte daraufhin in einem Besitzstörungsverfahren ein vorläufiges Verbot von Abbrucharbeiten. Dessen ungeachtet ließ die Eigentümerin Teile des Hauses abreißen, und zwar in drei mehrtägigen Etappen innerhalb eines Zeitraums von sechs Wochen, hauptsächlich „selektiv" im Bereich der ehemaligen Wohnung des Mieters. Wegen dieser Verstöße gegen das Unterlassungsgebot erwirkte der Mieter in einem Exekutionsverfahren die Verhängung von Geldstrafen gegen die Eigentümerin. Das Haus war im Zeitraum der Abbrucharbeiten akut einsturzgefährdet. Die einzige wirksame Maßnahme, um das mit einem Einsturz verbundene Risiko einer Beschädigung der Nachbargebäude und damit einer Gefährdung der Anrainer hintanzuhalten, war der kontrollierte Gesamtabbruch. Mit Beginn der Abbrucharbeiten wurde die noch vorhandene (Rest-)Stabilität des Gebäudes allerdings weiter eingeschränkt. Unter dem Druck der über sie verhängten Geldstrafen stellte die Vermieterin die Abbrucharbeiten für mehrere Monate ein; letztlich war das Haus erst rund neun Monate nach Beginn der Abrissarbeiten, etwa zeitgleich mit Rechtskraft des Räumungsurteils gegen den Mieter, zur Gänze abgetragen. Die Vermieterin begehrte die Unzulässigerklärung der Unterlassungsexekution und die Aufhebung der über sie verhängten Geldstrafen, weil sie infolge Ausübung zulässiger Selbsthilfe kein Verschulden an den Verstößen gegen das Unterlassungsgebot treffe. Der Oberste Gerichtshof wies das Klagebegehren ab. Er stellte klar, dass angesichts der akuten Einsturzgefahr, die nur durch einen kontrollierten Gesamtabbruch gebannt werden konnte, die entgegen dem Unterlassungsgebot vorgenommenen Abbrucharbeiten zwar grundsätzlich durch Selbsthilfe gerechtfertigt sein hätten können. Allerdings hätte die Klägerin, wenn sie mit den Abbrucharbeiten tatsächlich den alleinigen Zweck verfolgt hätte, die Anrainer vor den Folgen eines unkontrollierten Hauseinsturzes zu schützen, und nicht auch oder nur die Absicht gehabt hätte, mit dem Abbruch insbesondere des früheren Bestandobjekts des früheren Mieters vor Rechtskraft des Räumungsurteils unumkehrbare Fakten und damit die Basis für den von ihr geplanten Neubau zu schaffen, das Haus in einem Zug abreißen lassen müssen, ohne sich durch über sie verhängte Geldstrafen beirren zu lassen.

Selbsthilfe bei Pflanzen

Das bekannteste Beispiel für Selbsthilfe im Nachbarrecht ist das Recht des Nachbarn, die Wurzeln von fremden Pflanzen, die in seinen Grund hineinwachsen, aus dem Boden zu reißen. Ebenso darf er überhängende Äste, die zu ihm hinüberragen, abschneiden. Allerdings darf er dazu das Nachbargrundstück nicht betreten. Der Grundeigentümer kann aber den Zeitpunkt des Rückschnitts des Überhangs selbst wählen und ist nicht verpflichtet, für einen regelmäßigen Rückschnitt zu sorgen.

Dieses Selbsthilferecht wurde im Jahr 2004 dahingehend geändert, dass eine fachgerechte Vorgehensweise unter möglichster Schonung der

Pflanze verlangt wird. Es wird daher bei mangelndem eigenen Fachwissen in der Regel die Beauftragung eines fachkundigen Dritten (z.B. Gärtner) erforderlich sein. Andernfalls könnten aus der Selbsthilfe nicht unerhebliche Schadenersatzforderungen resultieren. Nicht nur der Ersatz einer durch unsachgemäße Vorgehensweise abgestorbenen Pflanze käme hier in Betracht. Viel weiter gehende Folgen könnte das Umstürzen eines Baumes haben, welcher durch die teilweise Beseitigung seiner Wurzeln an Halt verliert. Weiteres zu diesem Thema, vor allem zum Recht auf Licht und Luft, finden Sie auf ► Seite 120.

Grenzen des Eigentums

Jedes Grundstück hat Grenzen. An diesen endet das Eigentumsrecht des einen Nachbarn und beginnt das des anderen. Grundsätzlich steht es jedem Grundstückseigentümer frei, ob und wie er sein Grundstück gegen einen benachbarten Grund abgrenzen will. Allerdings ist hierbei auch die örtliche Bauordnung zu berücksichtigen. Liegenschaften können z.B. durch Erdfurchen, Zäune, Mauern, Planken, Hecken oder andere Pflanzen voneinander abgegrenzt werden. Aber auch ein Bach, ein Kanal oder einfach unbebaute Flächen (kleine Grundflächen zwischen Häusern, die deshalb unbebaut gelassen werden, um die Ausbesserung der Hausmauern, den Ablauf des Regenwassers und dergleichen zu ermöglichen) können als Begrenzungen zu einem benachbarten Grundstück dienen.

Errichtet ein Grundstückseigentümer eine Mauer auf seinem Grund, dann gehört sie auch ihm, d.h. sie steht in seinem Eigentum. Stellt jeder von zwei Nachbarn eine Grenzmauer her, hat jeder der beiden daran Eigentum und kann damit auch nach seinem Gutdünken verfahren. Eine gemeinschaftliche Mauer auf der Grenze zwischen benachbarten Grundstücken kann jeder Nachbar auf seiner Seite bis zur Hälfte ihrer Dicke benutzen. Er hat dabei aber darauf zu achten, dass der andere nicht im Gebrauch seines Anteils gestört wird. Wenn ein Miteigentümer die Mauer erhöht, profitiert auch der andere davon: Auch der Zubau steht im Miteigentum. Wird eine zerstörte Mauer nur von einem Nachbarn wieder errichtet, steht diese neue dennoch im Miteigentum beider Nachbarn.

Gemeinschaftliche Grenzmauer steht im Eigentum beider Nachbarn

Kein Halt ohne Nachbars Mauer

Folgender Fall ereignete sich in Oberösterreich: Der Eigentümer einer Liegenschaft hatte auf Drängen der Nachbarn die Mauer umlegen lassen. Daraufhin begann das andere Grundstück an der Grenze zu erodieren und abzurutschen. Jetzt hätten die Nachbarn die Mauer gerne wieder, doch verpflichten können sie ihren Kontrahenten nicht, das Bauwerk wiederzuerrichten.
§ 364b ABGB verbietet Baumaßnahmen im Bereich bzw. unter der Erdoberfläche auf dem eigenen Grundstück auf eine Weise, dass dem Nachbargrund dadurch die Stütze entzogen wird. Aus der Bestimmung resultiert ein verschuldensunabhängiger Ersatzanspruch gegen den Nachbarn; der Schaden ist in erster Linie durch Zurückversetzung in den vorigen Stand – also durch Naturalrestitution – auszugleichen. Verursacht ein vom Eigentümer verschiedener Störer die Immissionen, kann dies dazu führen, dass Ansprüche auf nachbarrechtlicher Grundlage nur gegen den Störer, nicht aber gegen den Eigentümer des Nachbargrundstücks gerichtet werden können. Der Eigentümer haftet nur dann, wenn er die Einwirkung durch den Dritten duldet, obwohl er sie zu hindern berechtigt und imstande gewesen wäre.
Der Beklagte als Eigentümer des Nachbargrundstücks haftet nicht. Er hat nämlich weder durch seine Bauführung den nunmehr bestehenden Höhenunterschied zwischen den Liegenschaften herbeigeführt, noch stand ihm ein Hinderungsrecht gegenüber der Forderung der Kläger zu, die – versehentlich als teilweiser Überbau errichtete – Grenzmauer abzutragen.
Die Kläger haben ja berechtigterweise von dem Beklagten die Entfernung der bestehenden Mauer an der Grundstücksgrenze verlangt. Folglich können sie einen aus der Erfüllung dieser Forderung resultierenden allfälligen nachteiligen Zustand für ihr Grundstück nicht mittels Ausgleichsanspruchs nach § 364b ABGB durch den Eigentümer der Nachbarliegenschaft beheben lassen, haben sie doch die als „Störung" ihrer Liegenschaft beurteilte Maßnahme durch ihr Beharren auf einer Entfernung der Mauer selbst verursacht.

Zustimmung ersetzt Haftung

Haftungstatbestände, die an die Verletzung eines Rechts anknüpfen, sind im Fall der Einwilligung nicht erfüllt. Wer mit Erlaubnis des Eigentümers dessen Sache zerstört, begeht zwar faktisch eine Sachbeschädigung, rechtlich aber keine Eigentumsverletzung. Daraus folgt im Anlassfall, dass nur ein eigenmächtiger Eingriff des Beklagten zu Abwehr- und Wiederherstellungsansprüchen der Kläger führen könnte, nicht aber die über Aufforderung und mit Einwilligung der Kläger vorgenommene Entfernung der Grenzmauer.
Dazu kommt weiters, dass in diesem Fall auch eine Naturalrestitution (Wiedererrichten der abgerissenen Mauer) mangels Zustimmung der Kläger zum teilweisen Überbau nicht in Betracht kommt.

Grenzzaun auf Grenzlinie

Grundsätzlich ist es dem Belieben jedes Grundeigentümers überlassen, wie er sein Eigentum gegen die benachbarten Grundstücke abschließen will. Errichtet er etwa eine Mauer auf seinem Grundstück, dann steht sie in seinem Eigentum. Ein Recht, auf der Grenzlinie – also unter teilweiser Inanspruchnahme des Eigentums des Nachbarn – eine Abgrenzung in Form einer Mauer, Hecke, eines Zaunes oder dergleichen zu errichten, ist im Gesetz nicht vorgesehen. § 858 ABGB. enthält nur die Verpflichtung des Eigentümers von Grundstücken, bei welchen dies das Herkommen und das wirtschaftliche Bedürfnis erfordert, für die nötige Einschließung zu sorgen.

Dafür sind die Kosten zur Erhaltung gemeinschaftlicher Grenzen aber auch von den Nachbarn gemeinschaftlich zu tragen. In der Regel hat also jeder Nachbar die Hälfte dieser Erhaltungskosten zu tragen. Sind auf einer Seite mehrere Anrainer, so werden sie nach Maßgabe der Länge der auf sie entfallenden Grenze zur Kasse gebeten.

Wenn allerdings bei einer Grenzmauer nur auf einer Seite Ziegel, Latten oder Steine vorstehen oder abhängen, so wird dies als Hinweis dafür gewertet, dass die Mauer im Alleineigentum des Grundbesitzers dieser Seite steht. Gleiches gilt, wenn Pfeiler, Säulen oder Ständer nur auf einer Seite der Grenzmauer eingegraben sind, weil nicht anzunehmen ist, dass ein Miteigentümer sich eine solche für seine Grundstückshälfte an sich nachteilige Anbringung gefallen lassen würde.

Grenzmauer ist vom Eigentümer instand zu halten

Dem Eigentümer steht es grundsätzlich frei, ob er eine ihm allein gehörige Grenzmauer in gutem Zustand erhält oder verfallen lässt. Allerdings erlegt das Gesetz dem Grundeigentümer im Interesse der Nachbarschaft Beschränkungen auf: Wo eine Mauer oder eine Planke oder dergleichen vorhanden ist, hat sie vom Eigentümer instand gehalten zu werden, wenn durch Beschädigungen der Mauer für den Grenznachbarn ein Schaden zu befürchten oder gar schon eingetreten ist. Ein solcher Schaden kann z.B. dann vorliegen, wenn sich auf dem benachbarten Grundstück Hunde befinden, die durch eine Zaun- oder Maueröffnung in das Nachbargrundstück eindringen und dort Kinder beim Spielen gefährden könnten. In einem solchen Fall ist der Hunde haltende Nachbar verpflichtet, die Einfriedung instand zu halten. Diese Instandhaltungspflicht trifft den Eigentümer auch dann, wenn die Mauer gar nicht von ihm errichtet worden ist. Sind in der Mauer Fenster angebracht, so kann vom Eigentümer allerdings nicht verlangt werden, dass er diese verschließt oder gar vergittern lässt, um etwa das Eindringen von Tieren auf den Nachbargrund zu verhindern.

Lässt ein Grundeigentümer seine Grenzmauer verfallen, so kann der Nachbar auf Erfüllung der Instandhaltungspflicht klagen. Der Nachbar kann aber nur die Erneuerung der verfallenen Einrichtung, nicht aber auch künftige Instandhaltung verlangen, wenn dazu kein Anlass besteht. Gegebenenfalls kann der Nachbar sogar Ersatz für den Schaden einklagen, der durch die Nichteinhaltung bzw. durch die Vernachlässigung dieser Pflicht entstanden ist. Im Detail ist zu unterscheiden: Droht ein Schaden, weil etwa die Mauer dem Einsturz nahe ist, kann auf Sicherstellung (§ 343 ABGB) geklagt werden; damit kann aber nicht eine Beseitigung der einsturzgefährdeten Mauer begehrt werden. Um eine Beseitigung des bedrohlichen Zustandes zu erreichen, kann der Nachbar mit einer Unterlassungsklage (§ 523 ABGB) die Unterlassung

Birke an der Grenze

Genau an der Grenze zwischen zwei Liegenschaften steht eine schräg wachsende Birke, die sich zu etwa 2/3 auf dem Grundstück der Beklagten und zu 1/3 auf dem des Nachbarn befindet. Der Baum ist etwa haushoch, 40 cm im Stammdurchmesser und hat durch seine sich ausbreitenden Wurzeln eine an der Grundstücksgrenze befindliche Mauer erheblich beschädigt. Eine Entfernung der Wurzeln des Baumes im Rahmen der Selbsthilfe ist nicht möglich. Allerdings kommt – bei Erkennbarkeit der Schädigung – ein verschuldensabhängiger Schadenersatzanspruch des betroffenen Nachbarn gegen den Baumeigentümer in Frage. Voraussetzung ist, dass diese Eigentumsbeschränkung vom Nachbarn nicht durch eine leichte und einfache Ausübung des Selbsthilferechts (Abschneiden von überwachsenden Ästen und eindringenden Wurzeln) beseitigt werden kann. Es hängt daher davon ab, ob der Nachbar als Baumeigentümer seine Beseitigungspflicht erkennen konnte und er dem entsprechenden Verlangen dennoch nicht nachkam. In diesem Fall hat er auch jene Kosten rechtswidrig und schuldhaft verursacht, die entstanden sind, um den die Güter schädigenden bzw konkret gefährdenden Zustand zu beseitigen.

weiterer Störungen und die Wiederherstellung des vorigen Zustandes begehren.

Als Nachbar haben Sie aber auch die (kostengünstigere) Möglichkeit, bei der Baupolizei einen Abbruch- oder Sanierungsauftrag gegenüber dem Mauereigentümer anzuregen. Bei Gefahr im Verzug muss die Behörde rasch reagieren und einen entsprechenden Bescheid (oder sogar eine Sofortmaßnahme) erlassen.

Neben Mauern können auch Bäume als Grenze dienen. Sie wurden in früheren Zeiten gerne zur Grenzziehung gepflanzt, um die künstliche rechtliche Grenze allzeit sichtbar zu machen. Das Eigentum an einem Baum im Grenzbereich bestimmt sich danach, auf wessen Grund der Stamm hervorragt. Steht der Baumstamm direkt auf der Grundgrenze, so handelt sich um einen Grenzbaum, der beiden Grenznachbarn gehört (§ 421 ABGB). Eine Verfügung über den Baum ist dann nur gemeinsam möglich.

Wann muss eingefriedet werden?

Die rechte Seite – vom Haupteingang betrachtet – ist einzufrieden

Einem Grundbesitzer steht es, wie bereits erwähnt, grundsätzlich frei, ob er seinen Grund einfriedet oder nicht. Im Interesse der Nachbarschaft legt aber § 858 ABGB eine gesetzliche Beschränkung fest: Demnach hat jeder Grundeigentümer auf der rechten Seite seines Haupteinganges für die nötige Abschließung seines Grundes zu sorgen. Die rechte Seite ist vom Standpunkt des in den Haupteingang Eintretenden zu bestimmen. Das Wort Haupteingang darf dabei aber nicht wörtlich verstanden werden. Es kann damit auch ein Hauptzugang oder eine Haupteinfahrt gemeint sein. Sind zwei benachbarte Häuser so gebaut, dass beide Nachbarn die Einfriedungspflicht auf derselben Seite treffen würde (dann also, wenn die Haupteingänge der zwei Häuser auf entgegengesetzter Seite liegen), haben beide Nachbarn die ganze Einfriedung auf gemeinsame Kosten zu tragen.

Das Gesetz bietet jedoch keine Lösung in jenen Fällen, in denen etwa die Haupteingänge von benachbarten Grundstücken an verschiedenen Straßenfronten liegen. Auch bezüglich der hinteren Grenzzäune enthält das Gesetz keine ausdrückliche Regelung. Hier wird es daher weitgehend auf das Einvernehmen der Nachbarn ankommen. Natürlich ist niemand daran gehindert, auf seinem Grund einen Zaun zu errichten, auch wenn er dazu gesetzlich nicht ausdrücklich verpflichtet wäre. Nötig ist die Einschließung nur, wenn ein Bedürfnis danach besteht. In bebautem Gebiet ist dies wohl regelmäßig der Fall. Dabei ist zu beachten, dass die rechtsseitige Einfriedungspflicht nicht zur Anwendung kommt, sondern sich die Einfriedung nach dem jeweiligen Ortsgebrauch bestimmt, wenn in den Gemeinden ein anders gearteter Usus besteht.

Baubewilligung für Grenzmauern ab bestimmter Höhe erforderlich

Neben diesen zivilrechtlichen Vorschriften finden sich auch in den Bauordnungen der einzelnen Bundesländer relevante Vorschriften für Einfriedungen. So legen die Bauordnungen fest, ab welcher Höhe für die Errichtung von Grenzmauern eine Baubewilligung erforderlich ist. Teilweise ist auch vorgesehen, dass Vorgärten, die an öffentliche Straßen grenzen, nicht durch Mauern oder undurchsichtige Zäune eingefriedet werden dürfen. So müssen etwa nach der Wiener Bauordnung Einfriedungen so ausgestaltet werden, dass sie das örtliche Stadtbild nicht beeinträchtigen. Sie dürfen, sofern der Bebauungsplan nicht anderes bestimmt, den Boden der höher gelegenen, anschließenden Grundfläche um nicht mehr als 2,50 m überragen.

Achtung. Erkennen Sie als Grundeigentümer, dass Ihr Nachbar durch den Bau einer Grenzmauer irrtümlich die Grenze verletzt, und untersagen Sie das nicht, stimmen Sie zu bzw. verzichten auf die Beseitigung der Mauer!

Unterschiedliche Weidezäune für Tiere

Frei liegende Äcker, Wiesen, Wälder und unbewirtschaftete Almen müssen nicht eingezäunt werden. Hält jemand auf seinem Grundstück Tiere, dann muss dafür gesorgt sein, dass die Tiere so verwahrt werden, dass sie nicht ausbrechen können. So reicht z.B. die Umzäunung einer Weidefläche mittels eines Elektrozaunes nach landwirtschaftlicher Praxis aus, um Rinder am Ausbrechen zu hindern. Erweist sich jedoch, dass das Vieh einen solchen Elektrozaun nicht respektiert oder sich dieser für die Tiere (wie Hirsche oder Pferde) nicht als Hindernis eignet, kann mit einem solchen Zaun zwangsläufig nicht das Auslangen gefunden werden. Bei Pferdeweiden etwa muss das gesamte Areal durch einen Holz- oder Maschendrahtzaun von entsprechender Höhe umschlossen sein.

Wegen des Charakters von Pferden als Fluchttiere muss die Umzäunung eine größere Stabilität und Höhe aufweisen. Pferde, die ohne menschliche Aufsicht in einer nur 1,10 Meter hoch umzäunten, an einer Straße gelegenen Koppel gehalten werden, sind nicht erforderlich verwahrt und beaufsichtigt. Ebenso: Ein achtzig Zentimeter hoher elektrischer Weidezaun, der unmittelbar an einen von der Öffentlichkeit benützten Weg grenzt, ist unzureichend.

Wenn in manchen Fällen eine Pflicht zur Einzäunung besteht, so räumt das Gesetz dem Grundstückseigentümer aber kein Recht ein, eine Abgrenzung wie eine Mauer, einen Zaun oder eine Hecke auf der Grenzlinie – also unter teilweiser Benützung des Nachbargrundstückes – zu errichten. Wird eine Grenzmauer ohne Wissen und Willen des Nachbarn zum Teil auf dessen Grund gebaut, so kann er vom Errichter der Mauer mit der Eigentumsfreiheitsklage die Wiederherstellung des früheren Zustandes verlangen. Das heißt, dass die Mauer wieder niedergerissen werden muss – auf Kosten des Erbauers, zuzüglich der Gerichtskosten.

Schutz des Eigentums

Wohnungseigentümer schützen ihr Eigentum durch Eigentumsfreiheitsklage

Meist muss sich ein Eigentümer nicht deshalb wehren, weil ihm sein Eigentum weggenommen wurde; viel öfter kommt es vor, dass ein Eigentümer in seinem Eigentumsrecht „nur" gestört wird. Die sogenannte Eigentumsfreiheitsklage (§ 523 ABGB) ist die Klage des besitzenden Eigentümers auf die Abwehr von Störungen. Bei dieser Klage begehrt der Eigentümer die Wiederherstellung des vorherigen Zustandes und oft auch die Unterlassung weiterer Störungen. Damit kann man sich z.B. dagegen wehren, dass das eigene Grundstück von einer anderen Person, z.B. vom Nachbarn, widerrechtlich (etwa zum Lagern von Gegenständen oder zum Durchfahren) benützt wird. Besonders häufig kommen derartige Sachverhalte (Störungen des Eigentums) bei Liegenschaften vor, die im Miteigentum mehrerer Personen stehen. Auf einer Liegenschaft, die im Eigentum mehrerer Personen steht, ist die Grenze zwischen den jeweiligen Rechten der verschiedenen Miteigentümer oft schwierig zu ziehen. Auch ist auf einer derartigen Liegenschaft die Hemmschwelle geringer, sich mehr Rechte anzumaßen, als man hat.

Praktische Beispiele für derartige Liegenschaften sind Häuser oder Anlagen mit mehreren Eigentumswohnungen. Die Liegenschaft (das Grund-

Beispiel Schafe

Die Abwehr unzulässiger Immissionen als nachbarrechtlicher Anspruch nach § 364 Abs. 2 ABGB ist ein besonderer Anwendungsfall der Eigentumsfreiheitsklage, bei der der Abwehranspruch das mittelbare Eindringen unwägbarer Stoffe im Rahmen des Ortsüblichen nicht umfasst. Auf das Eindringen größerer Tiere – wie etwa Schafe und Ziegen – auf ein Grundstück ist aber § 364 Abs. 2 ABGB nicht anzuwenden. Solchen Eigentumseingriffen kann nur mit der Eigentumsfreiheitsklage gemäß § 523 ABGB entgegengetreten werden. Der Grundeigentümer kann in solchen Fällen die von seinem Grundstück ausgehenden Beeinträchtigungen eines anderen (z.B. Überweiden einer Schafherde) mit zumutbaren Maßnahmen verhindern.

stück) steht dabei im Miteigentum aller Wohnungseigentümer, und bestimmte Wohnungseigentumsobjekte (z.B. Wohnungen, Geschäftsräume, Garagen, Autoabstellplätze) sind bestimmten Wohnungseigentümern zur alleinigen Nutzung zugewiesen. Zusätzlich gibt es aber auch Räume und Flächen (allgemeine Teile der Liegenschaft), die allen Miteigentümern zur Nutzung zur Verfügung stehen. Nutzt ein Wohnungseigentümer widerrechtlich das Wohnungseigentumsobjekt eines Nachbarn, kann er von dem Wohnungseigentümer, dessen Eigentumsrecht er stört, mit der Eigentumsfreiheitsklage belangt werden.

Wenn ein Wohnungseigentümer allgemeine Teile der Liegenschaft mehr nutzt, als es ihm zusteht, kann er von jedem anderen Wohnungseigentümer (ein einzelner genügt!) mit der Eigentumsfreiheitsklage belangt werden. Den Wohnungseigentümern steht an sämtlichen Liegenschaftsteilen, die der allgemeinen Benützung dienen, zwar auch ein Gebrauchsrecht zu, das aber durch den Mitgebrauch der übrigen Wohnungseigentümer eingeschränkt ist. Auch gegen einen hausfremden Dritten, der das (Mit-)Eigentumsrecht stört, steht jedem einzelnen Wohnungseigentümer ein Abwehranspruch zu. Befindet sich z.B. auf einer Wohnungseigentumsliegenschaft ein allgemeiner Autoabstellplatz, der allen Wohnungseigentümern zum Abstellen ihrer PKWs dient, und wird dieser widerrechtlich von einem hausfremden Dritten (z.B. von einem Bewohner einer benachbarten Liegenschaft) zum Abstellen seines PKW verwendet, könnte auch nur ein einzelner Wohnungseigentümer gegen den Störer mit der Eigentumsfreiheitsklage vorgehen.

Grenzstreitigkeiten

Streitigkeiten wegen Grenzberichtigung und Grenzerneuerung

Grenzstreitigkeiten sind so alt wie Grenzen selbst. Und: Grenzstreitigkeiten gehören zu den häufigsten Auseinandersetzungen. Dabei muss es nicht immer Streit um den Grenzverlauf zwischen benachbarten Grundstücken sein (Variante 1). Es kann durchaus auch Einigkeit zwischen den Nachbarn über den wirklichen Grenzverlauf geben, dennoch aber ein Bedürfnis bestehen, diese Grenze neu zu vermarken (= vermessen); es geht also nur darum, eine undeutliche Grenze mit Hilfe von Grenzzeichen wieder klar ersichtlich zu machen, um spätere Streitigkeiten über den Grenzverlauf zu vermeiden (Variante 2).

Die Grenzerneuerung ist die Auffrischung von Grenzzeichen zwischen zwei Grundstücken, welche – wodurch immer – so undeutlich geworden sind, dass sie unkenntlich werden, d.h. also ganz verschwinden könnten. Die Grenzberichtigung ist die Neufestsetzung einer Grenze, die bereits unkenntlich geworden oder streitig ist. Für den Fall, dass die Erneuerung bzw. Berichtigung der Grenzen durch die Nachbarn nicht einvernehmlich zustande kommt, hat jeder Nachbar das Recht, die gerichtliche Erneuerung oder Berichtigung der Grenze zu verlangen (§ 850 ABGB). Über einen solchen Antrag entscheidet das Gericht im sogenannten außerstreitigen Verfahren. Das Verfahren wird auch bei Ausbleiben der geladenen Beteiligten durchgeführt. Das heißt, die Grenze wird auch in diesem Fall durch das Gericht allein festgesetzt und vermarkt.

Letzter ruhiger Besitz ist für Grenzverlauf entscheidend

Bezüglich der Grenzberichtigung, also der Neufestsetzung der Grenze, bestimmt das Gesetz, nach welchem Gesichtspunkt das Gericht die Entscheidung zu fällen hat. Etwa nach dem letzten ruhigen Besitzstand: Hier ist die Grenze so festzulegen, wie sie in der Zeit bestanden hat, als ihr Verlauf noch keinen Anlass zu Streitigkeiten gegeben hat. Lässt sich der letzte ruhige Besitz nicht feststellen, so muss das Gericht entscheiden. Dabei hat es alle ihm zur Verfügung stehenden Aufzeichnungen, Urkunden, Aussagen und sonstigen Behelfe entsprechend zu berücksichtigen.

Sollte eine Partei mit dieser außerstreitigen gerichtlichen Entscheidung unzufrieden sein, so bleibt ihr das Recht vorbehalten, ihr vermeintlich besseres Recht im Prozess, d.h. also durch Klage, geltend zu machen. Über diese Grenzberichtigungsklage entscheidet sodann das Gericht im streitigen Verfahren.

Eine Grenzberichtigung kann schließlich auch im Wege einer Eigentumsklage (§ 851 ABGB) erfolgen. Das könnte etwa der Fall sein, wenn ein Grundeigentümer plötzlich Anspruch auf einen Grundstreifen seines Nachbarn erhebt, weil Urkunden, Pläne oder sonstige Nachweise aufgetaucht sind, aus denen er diesen Eigentumsanspruch ableitet. Die streitige Grenzfläche wird dann als selbstständiges Grundstück behandelt, dessen Eigentum streitig ist. Zuständig für Grenzberichtigungen und -erneuerungen ist das Bezirksgericht, in dessen Sprengel die betreffenden Grundstücke liegen.

Das Grundbuch selbst gibt über den Grenzverlauf keine unmittelbare Auskunft. Da der Beweis des Eigentums jedoch Voraussetzung für den Erfolg einer Eigentumsklage ist, wird man mit ihr nur selten eine Grenzberichtigung erreichen. Nur dann, wenn der Streit etwa über den Erwerb eines bestimmten Teilstücks (durch Vertrag, Ersitzung usw.) geht, der auf den Grenzverlauf Einfluss hat, muss dieser Anspruch im ordentlichen Rechtsweg, also im streitigen Verfahren, mittels Klage geltend gemacht werden. Ansonsten ist die Grenzerneuerung zunächst beim örtlich zuständigen Bezirksgericht im außerstreitigen Verfahren anzustreben.

Besteht Streit über den eigentumsrechtlichen Grenzverlauf, so ist die richtige Grenze laut aktuellem Grundbuchsstand festzustellen. Dabei ist nicht auf die Mappengrenzen abzustellen. Sind die Grundstücksgrenzen nicht im Grenzkataster eingetragen und besteht zwischen den Grundnachbarn keine Einigkeit, so bestimmt sich der eigentumsrechtliche Grenzverlauf nach unbedenklichen objektiven Grenzzeichen (z.B. Grenzsteine, Metallmarken, Grenzpflöcke) oder nach der Naturgrenze (z.B. Mauern, Zäune, Bäume, Böschungskanten, natürliche Grenzlinien). In Almregionen und im Gebirge kommen als natürliche Grenze ein Grat, eine Wasserscheide, ein Bach in der Talsohle, ein Felsen, ein Berggipfel, ein Bergrücken, eine Böschungskante oder eine Schlucht in Betracht.

Wer wegen Grenzen streitet und verliert, trägt die Verfahrenskosten

Die Kosten eines solchen Verfahrens (Gerichtskosten und allenfalls Sachverständigenkosten) sind von den Nachbarn nach Maßgabe ihrer Grenzlinien zu bestreiten; bei bloß zwei betroffenen Nachbarn also je zur Hälfte. Ergibt sich aber, dass der Antrag auf Grenzerneuerung oder Grenzberichtigung nicht notwendig war, so muss der Antragsteller die Kosten allein tragen. Die (tariflichen) Kosten einer allfälligen Vertretung sind seit 2003 ersatzfähig. Das heißt, dass die zur zweckentsprechenden

Grundsteuerkataster

Die meisten Grundstücke befinden sich im Grundsteuerkataster. Die Grundstücksgrenzen im Grundsteuerkataster dienen unter anderem der Veranschaulichung der Lage der Grundstücke. Der Grundsteuerkataster kann in einem Grenzkonflikt aber keine rechtlich abgesicherte Position bezüglich des Grenzverlaufes und der Größe von Grundstücken gewährleisten. In der Rechtsprechung sind bei Grundsteuerkatastergrundstücken die natürlichen Grenzen maßgeblich und nicht die Papiergrenzen. Die Ersitzung von Teilen von Grundstücken im Grundsteuerkataster ist jedenfalls möglich.

Rechtsverfolgung oder Rechtsverteidigung notwendigen Kosten der obsiegenden Partei in der Regel zu ersetzen sind.

Selbstverständlich können Nachbarn sich auch ohne Inanspruchnahme des Gerichts über eine Erneuerung oder Berichtigung ihrer unmittelbaren Grundstücksgrenzen einigen. Vorsicht ist aber gegenüber einer eigenmächtigen einseitigen, also nicht einvernehmlichen Grenzverschiebung geboten. Der gestörte Nachbar könnte nämlich in diesem Fall mit Besitzstörungsklage gegen den eigenmächtigen Grenzerneuerer vorgehen.

Grenzerneuerungs- und -berichtigungsverfahren werden im Übrigen seltener, weil damit nur die unsicheren Grenzen zwischen Grundstücken geregelt werden können, die nicht im Grenzkataster enthalten sind. Denn für alle im Kataster des Grundbuchs aufgenommenen Immobilien sind die Papiergrenzen, also die im Kataster eingetragenen Grenzen, und nicht die natürlichen ausschlaggebend. Es sei denn, dass ein Nachbar z.B. nach 30 Jahren gutgläubige Ersitzung eines Teils des Nachbargrundstücks behauptet.

Grunderwerb durch Ersitzung

Unter einer Ersitzung versteht man den Erwerb eines Rechtes durch qualifizierten Besitz während einer gesetzlich bestimmten Zeit. Sie führt also zu einem Rechtserwerb, der zur Folge hat, dass der bisherige Rechtsinhaber sein Recht verliert. Wird etwa ein Grundstreifen ununterbrochen mehr als 30 Jahre lang durch den Nachbarn genutzt (im guten Glauben, dass es sich um sein Grundstück handelt), hat er diesen Grundstücksstreifen ersessen.

Ist die Grenze in der Natur jedoch z.B. mit langjährig bestehenden Grenzzeichen, Grenzangern oder Zäunen eindeutig, ist meist nicht die Grenze, sondern der Eigentumsanspruch strittig und daher grundsätzlich eine Ersitzung der Abweichungen vom Grundsteuerkataster nach 30- bzw. 40-jähriger Nutzung im guten Glauben gegeben. Ohne Grenzkataster bleibt hier zur Durchsetzung oft nur die für den Verlierer relativ kostenintensive Klage im Zivilprozess. Der Unterlegene zahlt dabei die Verfahrenskosten und den eigenen und gegnerischen Anwalt. Beim gerichtlichen Vergleich kommt meist jeder für seine Vertretungskosten selbst auf.

Neue Grenzen durch das Liegenschaftsteilungsgesetz

Manchmal müssen Liegenschaften geteilt und damit neue Grenzen festgesetzt werden. Nach dem Liegenschaftsteilungsgesetz können Grundstücksteilungen nur auf Grund eines Planes eines Geometers, der Vermessungsbehörde, gewissen Bundes- oder Landesdienststellen und der Agrarbehörde durchgeführt werden. Dabei sind jedoch grundsätzlich Grundstückswertgrenzen im Bereich von 2.000 Euro sowie bestehende Belastungen und zeitliche Grenzen zu beachten.

Interessant ist dieses Verfahren nach dem Liegenschaftsteilungsgesetz vor allem auch deswegen, weil keine kostenintensiven notariell bzw. gerichtlich beglaubigten Vertragsurkunden über Grundstücksgeschäfte erforderlich sind und daher meist nur Geometer- und Amtskosten anfallen.

Grenzkataster

Im Grenzkataster sind immer noch relativ wenige Grundstücke (nur ca. 10 Prozent) eingetragen. Seit den siebziger Jahren werden bei Zusammenlegungsverfahren Grenzen häufig in den Grenzkataster eingetragen. Die im Grenzkataster dargestellten Grenzen wurden in einer Grenzverhandlung mit Zustimmung der Eigentümer rechtsverbindlich festgelegt. Die Ersitzung von Teilen von Grundstücken im Grenzkataster ist gesetzlich ausgeschlossen, und dadurch ist hier die Papiergrenze stärker als die Naturgrenze. Ein gesamtes Grundstück kann aber auch im Grenzkataster ersessen werden. Eine Grenzberichtigung im Grenzkataster ist durch das Bezirksgericht nicht möglich, weil das Vermessungsamt für die Wiederherstellung der Grenzen zuständig ist.

Miet- und Nachbarschaftsrecht

Wird eine Wohnung vermietet, hat der Vermieter seinen Mieter auch gegen Störungen durch Dritte zu schützen. Wenn etwa ein Mieter einer unzumutbaren Lärmbelästigung oder einer anderen Beeinträchtigung durch seinen Nachbarn ausgesetzt ist, hat er die Wahl:

Wahlmöglichkeiten des Mieters

- Er kann direkt gegen den störenden Nachbarn vorgehen und gegen ihn eine Klage (gemäß § 364 ABGB: Schutz gegen Immissionen) einbringen, womit dem Störer die Pflicht auferlegt werden soll, die Störungen in Hinkunft zu unterlassen.
- Er kann sich aber auch an seinen Vermieter wenden und von diesem Abhilfe verlangen.

Der Vermieter ist gemäß § 1096 ABGB verpflichtet, dem Mieter den vereinbarten Gebrauch des Mietobjektes zu gewährleisten. Dies bedeutet aber auch, dass der Vermieter in bestimmten Fällen gegen Dritte vorgehen muss, die den Mieter im Gebrauch seines Objektes beeinträchtigen. Der Schutzanspruch besteht aber nur bei einer wesentlichen Beeinträchtigung des Gebrauches des Mietobjekts. Die Wahl der Mittel, um dem Mieter den ordnungsgemäßen Gebrauch des Bestandobjektes zu erhalten, ist grundsätzlich dem Vermieter überlassen.

Vermieter hat Störer auszuforschen

Der Mieter kann zwar direkt gegen den Störer vorgehen, deswegen verliert er aber noch nicht seinen Anspruch gegen den Vermieter. Dieser kann den Mieter nicht darauf verweisen, dass ihm die Klage gegen den Störer offensteht. Schon aufgrund der Erhaltungspflicht des Vermieters ist es seine Sache, einen noch unbekannten Störer zu identifizieren, weil die Ausforschung der erste Schritt ist, um Störungen – mit welchen Mitteln immer – zu unterbinden. Wie der Vermieter die Ausforschung vornimmt, fällt genauso in seine Sphäre wie seine grundsätzliche Verpflichtung, geeignete Maßnahmen zu ergreifen, um den ordnungsgemäßen Gebrauch des Mietobjektes sicherzustellen.

Die Grenzen der Schutzpflicht können sich nur aus Erwägungen zur Zumutbarkeit ergeben. Es steht keineswegs fest, dass der Vermieter mit unverhältnismäßig hohen Kosten den noch unbekannten Störer auszufor-

Als Mieter geschützt

Ein Mieter hat über seiner Terrasse eine Markise montiert. Diese wurde wiederholt durch brennende Zigarettenstummel beschädigt, die von darüber liegenden Wohnungen herabgeworfen wurden. Der Mieter klagte den Vermieter, dass dieser „durch geeignete Maßnahmen sicherstellen zu habe, dass die Markise nicht durch von darüber liegenden Wohnungen herabgeworfene, brennende Zigarettenstummel beschädigt wird und solcher Art der ordnungsgemäße Gebrauch des Mietobjektes gewährleistet ist". Der Mieter hat diese Klage auch gewonnen.
Ein Vermieter wurde dazu verurteilt, geeignete Maßnahmen zu ergreifen, dass der klagende Mieter in seiner Wohnung wegen des Lärms, der vom darunter liegenden Lokal ausgeht, nicht übermäßig (über einen bestimmten Geräuschpegel hinaus) beeinträchtigt wird. Denn bei der Miete von Räumen zu Wohnzwecken kann auch eine Lärmeinwirkung eine Störung des bedungenen Gebrauches bilden.
Ein Nachbar kann den Vermieter einer behördlich genehmigten Putzerei auf Schadenersatz klagen, wenn dieser zulässt, dass giftige Substanzen aus der Putzerei dringen und die Luft verschmutzen. Denn ein Grundstücks- oder Hauseigentümer haftet seinem Nachbarn grundsätzlich dann für eine Störung, „wenn ein gewisser Zusammenhang zwischen Störung und Sachherrschaft über jenem Grund oder Haus, von dem die Beeinträchtigung herrührt, besteht". Dazu genügt es, dass der Vermieter zur Putzerei, die eine störende Benützung vornimmt, aufgrund des Mietvertrages in einem Rechtsverhältnis bezüglich der Benützung steht.

schen hätte. Es ist eine Fülle von weniger kostenintensiven, aber dennoch zielführenden Schritten denkbar. Die Verschaffungs- und Bewahrungspflicht des Vermieters verlangt Abhilfemaßnahmen schon dann, wenn mit hoher Wahrscheinlichkeit eine Beseitigung der Mietrechtsbeeinträchtigung erzielbar erscheint. Dies kann auch dann der Fall sein, wenn ein konkreter Störer nicht bekannt ist.

Für unser im Kasten „Als Mieter geschützt" (siehe oben) angeführtes Beispiel mit der Markise heißt das: Wenn die Schäden an der Markise durch Mitmieter des Hauses verursacht wurden, sind zielführende Maßnahmen denkbar: Etwa eine persönliche Befragung und Belehrung aller nach der Örtlichkeit für das Herabwerfen brennender Zigarettenstummel in Frage kommender Mieter; eine Aufforderung zur Unterlassung schadensstif-

Belästigungen dokumentieren

Fühlen Sie sich arg belästigt, können Sie natürlich die Polizei rufen. Dadurch sind Belästigungen dann auch dokumentiert. Fordern Sie außerdem Vermieter oder Verwalter schriftlich auf, ihren Verpflichtungen nachzukommen.

tender Handlungen; eine Information aller Mieter über den schon eingetretenen Schaden und die Androhung von Überwachungsmaßnahmen sowie schließlich auch die Durchführung von Ausforschungsmaßnahmen. Das Ergreifen derartiger Schritte ist dem Vermieter jedenfalls zumutbar.

Mietzinsminderung bei nicht vereinbarungsgemäßem Gebrauch

Kann der Mieter das Mietobjekt nicht wie vereinbart gebrauchen, hat er Anspruch auf Zinsbefreiung bzw. Zinsminderung gemäß § 1096 ABGB. Diese besteht ab Beginn der Unbrauchbarkeit bzw. Gebrauchsbeeinträchtigung des Mietobjekts bis zu deren Behebung. Eine Behebung durch den Mieter ändert an dieser Rechtsfolge nichts. Es kann daher anstelle der Zinsbefreiung bzw. Zinsminderung bis zur Behebung der Unbrauchbarkeit bzw. Gebrauchsbeeinträchtigung des Mietobjekts auch nicht zur Neufestsetzung eines angemessenen Mietzinses kommen.

Wie steht es mit dem Rauchen auf dem Balkon? Die Antwort hängt unter anderem davon ab, wer, wo, wie viel raucht. Wohnungseigentümer könnten weniger Möglichkeiten haben, gegen diese abstrakte Gesundheitsgefährdung bzw. Geruchsbelästigung vorzugehen als Mieter. Letztere haben die Chance, wegen des störenden Rauchs eine Minderung des Mietzinses zu fordern. Das ändert zwar nichts am Zigarettenrauch, könnte aber den Vermieter unter Druck setzen, etwas gegen die Geruchsbelästigung zu unternehmen.

Störung von Besitz

Besitzer oder Inhaber ist nach dem ABGB, „wer eine Sache in seiner Macht oder Gewahrsame hat. Hat der Inhaber einer Sache den Willen, sie als seinige zu behalten, so ist er ihr Besitzer". Sie können aber auch Besitzer von „unkörperlichen" Sachen sein, z.B. der Besitzer von Rechten. Solche besitzfähige Rechte, die für eine dauernde Ausübung geeignet

Parken auf fremdem Grund

Frau Meier hat eine Wohnung und einen Autoabstellplatz in einer Wohnungseigentumsanlage gemietet. Nach einiger Zeit stellen aber Wohnungseigentümer – manchmal sogar ihre Vermieterin – und auch andere Mieter ihre PKWs immer wieder auf dem von Frau Meier gemieteten Abstellplatz ab, sodass diese ihren PKW mehrere Straßen weiter parken muss. Gegen alle Personen (auch gegen ihre Vermieterin, also gegen die Eigentümerin des Parkplatzes) kann sie mittels Besitzstörungsklage vorgehen. Im Besitzstörungsverfahren wird übrigens nicht geprüft, ob die im Besitz gestörte Person überhaupt ein Recht zum Besitz hatte. Das hat seinen Grund darin, dass das Gesetz schnelle Abhilfe gewähren will und daher komplizierte Beweisführungen ausschließen möchte. Einziges Ziel des Besitzstörungsverfahrens ist die Wiederherstellung des „ruhigen Besitzstandes". Der Besitzschutz wird in der Regel auch dem unrechtmäßigen und unredlichen Besitzer gewährt, weil der wirklich Berechtigte den Klageweg hätte wählen sollen.

sind, sind z.B. Miet- oder Pachtrechte. Daher ist auch der Mieter einer Wohnung, eines Geschäftsraumes oder eines Parkplatzes als Besitzer anzusehen.

Weitere besitzfähige Rechte, die für eine dauernde Ausübung geeignet sind, sind sogenannte Dienstbarkeiten. Eine Dienstbarkeit (Servitut) ist ein (beschränktes) Nutzungsrecht an einer fremden Sache. Die wichtigste Dienstbarkeit (vor allem im ländlichen Gebiet) ist das Wegerecht, also das Recht, über ein fremdes Grundstück zu gehen und/oder zu fahren. Andere Dienstbarkeiten sind etwa das Wohnrecht und das Fruchtgenussrecht. Grundlage eines solchen Rechts ist in der Regel ein Vertrag zwischen dem Eigentümer des Grundstückes und der Person, die dann zur Ausübung des Servituts berechtigt ist. Auch dieser Servitutsberechtigte ist Besitzer.

Servitute sind beschränkte Nutzungsrechte

Das wichtigste Schutzinstrument für einen Besitzer stellt der gerichtliche Besitzschutz (§ 339 ABGB) dar: „Der Besitz mag von was immer für einer Beschaffenheit sein, so ist niemand befugt, denselben eigenmächtig zu stören." Das Gesetz schützt damit den Besitz(er) gegen jeden eigenmächtigen tatsächlichen Angriff einer anderen Person. Der Besitzschutz wirkt sozusagen gegen die private Gewalt. Der Besitzer ist damit sogar gegen einen eigenmächtigen Eingriff des Eigentümers geschützt. Dieser

Schutz wird in einem besonders ausgestalteten und sehr raschen Verfahren verwirklicht, dem sogenannten Besitzstörungsverfahren, für das es Sonderbestimmungen im Gesetz gibt. Wenn jemand einen anderen auf Unterlassung der Besitzstörung bzw. Besitzentziehung klagt, muss der Kläger nur seinen bisherigen Besitz und die Verletzung des Besitzrechts durch den Beklagten beweisen.

Nimmt der Nachbar immer den kürzesten Weg etwa über Ihr Grundstück oder parkt er auf Ihrem Grund, kann Besitzstörungsklage eingebracht werden. Dasselbe gilt für Wohnungsnachbarn, die stören: Etwa, weil im Stiegenhaus Schuhkästen aufgestellt oder ungefragt an der Fassade eine Satelliten-Schüssel angebracht wird. Ebenso als Besitzstörung gilt die Verbreitung von Werbematerial gegen den erklärten Willen des Haus- oder Wohnungsbesitzers. Als solche Willenserklärung gilt bereits das Anbringen der Plakette „Werbematerial unerwünscht".

30-Tage-Frist für Besitzstörungsklage

Die Klage ist binnen 30 Tagen ab Kenntnis der Besitzstörung (oder der Besitzentziehung) und Kenntnis der Person einzubringen, die den Besitz stört bzw. entzieht. Die Besitzstörungsklage ist auf Wiederherstellung des vorigen Zustandes und – sofern Wiederholungsgefahr besteht – auf die Untersagung künftiger Eingriffe gerichtet. Im Besitzstörungsverfahren wird nur erörtert, ob der Kläger den sogenannten ruhigen Besitz hatte und ob der Beklagte den Besitz gestört hat.

Nach der Rechtsprechung kommt es nicht auf eine Beschilderung oder eine Absperrung an. Es reicht, dass ein Bereich als Privatbesitz erkennbar ist, z.B. weil er sich vom übrigen Straßenraum durch eine Abflachung abhebt. Erkennbarkeit einer Störung wurde z.B. beim Benützen eines fremden Hofes, beim äußeren Anschein einer Einfahrt (= abgeschrägter Gehsteig im Bereich der Zufahrt zum Stellplatz bzw. zur Garage) oder bei nummerierten Abstellflächen auf einer deutlich als privater Parkplatz bezeichneten Fläche bejaht. Ein nach der StVO zulässiges Parken, auch wenn dieses zwangsläufig Auswirkungen auf die Parkmöglichkeiten anderer Fahrzeuge hat, stellt jedenfalls keine Besitzstörung dar.

Der Einwand der Schikane ist im Besitzstörungsverfahren vor allem bei Geringfügigkeit der Störung bzw. „fehlendem Nachteil" (also wenn vernünftigerweise im Verhältnis zur bisherigen Lage ein Nachteil nicht angenommen werden kann) beachtlich. Die Erheblichkeitsschwelle könnte z.B. nicht erreicht sein, wenn ein Falschparker nur wenige Zentimeter in eine Einfahrt hineinragt. Doch Vorsicht: Dass beim Abstellen eines Fahrzeugs von lediglich fünf Minuten Dauer kein relevanter Nachteil entstehen würde, verneint das LG Feldkirch. Denn beim Abstellen eines Fahrzeugs auf fremdem Grund liege vielmehr immer ein Nachteil vor. Anders im Fall einer sechsminütigen Blockade einer Hauseinfahrt. Hier liegt für das LG St. Pölten keine Besitzstörung vor, weil der Besitzer den Störer aufgefordert hatte, binnen drei Minuten wegzufahren, was dieser auch tat.

Wie kann gegen Besitzstörer vorgegangen werden? Im Fall eines Parkplatzbesitzers kann entweder eine Klage „ohne Vorwarnung" eingebracht werden, oder der Störer wird zunächst mit anwaltlichem Aufforderungsschreiben angesprochen. Bringt der Parkplatzbesitzer sofort eine Besitzstörungsklage ein, können die entsprechenden Kosten (und zwar auch Kosten für die Halterauskunft zur Ausforschung des Zulassungsbesitzers) verrechnet werden. Wenn aber der Störer nachweislich geirrt hat (z.B. weil ein Parkplatz nicht als privater erkennbar war), kann er sich vor Gericht auf den Wegfall der Wiederholungsgefahr berufen. Das kann sogar die Abweisung der Besitzstörungsklage zur Folge habe. Der Störer muss dann keine Kosten tragen. Wenn hingegen der Störer wissentlich handelte, sollte er bei erster Gelegenheit einen Unterlassungsvergleich anbieten, schon um so den Wegfall der Wiederholungsgefahr zu belegen.

In der Praxis beauftragt häufig der Besitzer einen Rechtsanwalt, der den Zulassungsbesitzer ermittelt und ihn zur Abgabe einer (formlosen) Unterlassungserklärung auffordert. Der Störer ist dann gut beraten, diese Unterlassungserklärung abzugeben. Tipp: Kostenminimierend ist es, eine eigene (inhaltlich – soweit berechtigt – der geforderten entsprechenden) Erklärung zu verfassen. Die angemessenen Kosten für das Aufforderungsschreiben sowie allfällige „Aufwandsersatzbeträge" (Fotos etc.) hat der Störer – soweit angemessen – zu tragen. Ärgerlich bis grenzwertig ist es, wenn der Kfz-Besitzer eine – zusätzliche – schriftliche Aufforderung vorfindet, in der er vor die Wahl gestellt wird: Entweder er zahlt einen „pauschalen Unkostenbeitrag" oder er werde geklagt.

Was am Nachbarn alles stören kann

– Lärm
– Geruch
– Tiere
– Schatten

Schutz vor Einwirkungen

Die Freiheit eines Eigentümers, mit seiner Sache nach Belieben schalten und walten zu können, hört dort auf, wo in die Freiheit eines anderen Eigentümers eingegriffen wird. Ausgehend von dieser Grundsatzüberlegung beinhaltet das Privatrecht Regelungen über den Schutz vor Einwirkungen (Immissionen) von außen auf das eigene Grundstück. Die Grundregeln lauten dabei folgendermaßen:

- Unmittelbare Einwirkungen (unmittelbare Immissionen) müssen nicht geduldet werden.
- Mittelbare Einwirkungen (mittelbare Immissionen) können untersagt werden, wenn sie das ortsübliche Maß übersteigen.
- Geht die Einwirkung von einer behördlich genehmigten Anlage aus, dann sind die Einwirkungen zu dulden. Der dadurch gestörte Nachbar hat jedoch einen sogenannten verschuldensunabhängigen Ausgleichsanspruch für den durch die Einwirkung verursachten Schaden.

Eine zentrale Rolle spielt in diesem Zusammenhang § 364 Abs. 2 ABGB, wonach „der Eigentümer eines Grundstücks dem Nachbarn die von dessen Grund ausgehenden Einwirkungen durch Abwässer, Rauch, Gase, Wärme, Geräusche, Erschütterungen" unter bestimmten Voraussetzungen untersagen kann. Und zwar dann, wenn die Immissionen das ortsübliche Maß überschreiten und eine ortsübliche Nutzung des Grundstücks wesentlich beeinträchtigen.

Diese Aufzählung der Immissionen, die ein Nachbar unter Umständen abwehren kann, ist aber nur beispielhaft. Unzulässig können z.B. auch optische Einwirkungen sein (Lichtreklame, Scheinwerferbeleuchtung), ionisierende Strahlung und Bienenflug, die Rodung des vor Wind schützenden Waldgrundstücks, das Absenken des Grundwasserspiegels oder die Beeinträchtigung durch elektrische Energie. Ebenso meinen die Richter, dass der Entzug von Licht, der sich in einem rotierenden Schattenwurf und damit in Verbindung stehenden Flimmereffekten auswirkt, mit einer Immission vergleichbar ist und daher unter § 364 ABGB fallen kann. Elektromagnetische Wellen, und zwar auch solche, die von

Blitzeinschläge

Auf einem Berggipfel wurde eine Rundfunk-Sendeanlage errichtet. Zur Anlage führte eine Materialseilbahn. Die Talstation dieser Seilbahn war auf dem Grundstück des klagenden Nachbarn gelegen. Durch Blitzeinschläge in die Sendeanlage und in die Materialseilbahn kam es dazu, dass die Telefoneinrichtungen sowie sonstige elektrische Einrichtungen des klagenden Nachbarn beschädigt wurden. Der Oberste Gerichtshof entschied, dass es sich bei der Zuleitung von durch Blitzschlag hervorgerufener elektrischer Energie um eine nicht zu duldende unmittelbare Einwirkung auf die Nachbarliegenschaft handelt.

Handystrahlung ist hinzunehmende Immission

Mobilfunkanlagen (Handymasten) ausgesendet werden, wurden zwar vom Obersten Gerichtshof bereits als Immissionen im Sinn des § 364 ABGB qualifiziert. Die Einhaltung der Grenzwerte schließt einen nachbarrechtlichen Anspruch auf Unterlassung und/oder Schadenersatz wegen Gesundheitsschädigung nicht aus. Und zwar deshalb, weil die Grenzwerte nach Ansicht der obersten Richter nicht alle gesundheitsgefährdenden Wirkungen erfassen können.

Nachbarn von Handymasten haben schlechte Karten

Voraussetzung ist aber ein Kausalzusammenhang zwischen den von der Basisstation ausgehenden Immissionen und dem Gesundheitszustand des Nachbarn. Bei der Beurteilung der Wesentlichkeit einer Nutzungsbeeinträchtigung stellt die subjektive Besorgnis einer wissenschaftlich nicht erwiesenen Gefährdung keine objektive Beeinträchtigung dar. Wenn nicht feststeht, dass der Betrieb der Basisstation eine Gesundheitsbeeinträchtigung verursacht, kann von einer (objektiven) wesentlichen Beeinträchtigung im Sinn des § 364 Abs. 2 ABGB nach dem heutigen Stand der Wissenschaft nicht gesprochen werden. Nachbarn, die sich von Handymasten gestört bzw. gesundheitlich beeinträchtigt fühlen, haben also schlechte Karten.

Unmittelbare Immissionen

Unzweifelhaft ist, dass das Eindringen größerer körperlicher Gegenstände auf ein Grundstück keinesfalls geduldet werden muss. Zu diesen Gegenständen gehören z.B. Fußbälle und Steinbrocken, aber auch Abwasserzuleitungen aus der Nachbarliegenschaft durch ein Rohr. Ebenso

Die verletzte Lufthoheit

Bei Bauarbeiten wurde auch ein Turmdrehkran verwendet. Der Ausleger dieses Krans verletzte beim Schwenken teilweise die „Lufthoheit" des angrenzenden Grundeigentümers. Dieser klagte den Bauherrn auf Unterlassung. Der Bauherr wandte ein, dass es sich einerseits ja sowieso nur um eine zeitlich befristete Maßnahme handle, andererseits verwies er darauf, dass er ohne Einsatz des Krans die Bauarbeiten nicht rationell durchführen und den Turmkran nur an dieser Stelle seines Grundstücks aufstellen könne, weshalb eine Versetzung des Krans ausgeschlossen sei. Das Gericht ließ die Einwendungen des Bauherrn nicht gelten und verurteilte diesen, derartige Immissionen im Luftraum seines Nachbarn zu unterlassen. Da der Kran an keiner anderen Stelle aufgestellt werden konnte, blieb dem Bauherrn nichts anderes übrig, als den Kran abzubauen und alle Bauarbeiten händisch zu verrichten.

bei Regenwassereintritt in der darunter liegenden Wohnung bei Ausbau des Dachbodens. Ist eine Schneeräumung derart, dass der auf Schneekegel geworfene Schnee schließlich auf das Nachbargrundstück rollt, liegt eine unzulässige unmittelbare Immission vor.

Ausgenommen es liegt ein „besonderer Rechtstitel" (Gesetz oder Vertrag) vor. Doch auch dann kommt es darauf an, ob die schadenskausale körperliche Einwirkung durch den geräumten und abgelagerten Schnee jenes Maß überschreitet, das für die ordnungsgemäße Instandhaltung und Betreuung der Straße erforderlich ist. Eine weitere Ausnahme stellen unmittelbare Zuleitung dar, die nur eine geringfügige Änderung der natürlichen Abflussverhältnisse von Oberflächenwasser auf dem Nachbargrundstück bewirken „und diese Folge kein Vernünftiger als nennenswerten Nachteil ansähe". Wenn z.B. Regentropfen von einer Kupferblecheinfassung des Garagendachs des Beklagten auf die darunter gelegene, mit Kunststeinplatten abgedeckte Sockelmauer des Klägers fallen und dort – optisch – zarte grüne Verfärbungen (Grünspan) verursachen. Unmittelbare Einwirkungen mit nur geringfügigen Auswirkungen auf das betroffene Grundstück können demnach nicht mit Unterlassungsklage (Eigentumsfreiheitsklage) abgewehrt werden.

Nicht nur das Eindringen von austretendem Regenwasser aus einer schadhaften Dachrinne des Nachbarn kann auf diese Weise untersagt werden. Es kann einem Grundstückseigentümer auch verboten werden,

Unkrautvertilgungsmittel zu sprühen, wenn dieses durch den Wind auf das Nachbargrundstück vertragen wird und dafür verantwortlich ist, dass beim Nachbarn Blumen und andere Pflanzen absterben.

Unmittelbare Einwirkungen sind also solche, die durch etwas bewirkt werden, das für eine Einwirkung auf das Nachbargrundstück ursächlich ist. Die Zuführung von Abwässern verstößt gegen das Verbot unmittelbarer Zuleitung. Im Sinne dieser Rechtsprechung darf auch das Dach eines Carports nicht so errichtet werden, dass das Regenwasser auf das Grundstück des Nachbarn abgeleitet wird.

Ästhetische Störungen sind keine Immissionen

Dagegen fallen Vorgänge und Zustände, welche den Nachbarn nur psychisch stören, weil sie z.B. sein moralisches oder ästhetisches Empfinden beleidigen, nicht unter den Begriff der Immission. Sind einem die hässlichen Gartenzwerge im Nachbargarten ein Dorn im Auge oder gar der Nachbar selber, weil er im Hochsommer jedes Wochenende nackt in seinem Liegestuhl döst, dann muss man sich mit diesem Anblick abfinden. Auch wer sich durch ein Bordell gestört fühlt, das im Nachbargebäude etabliert ist, kann die Einstellung des Betriebs ebenso wenig verlangen wie ein Grundstückseigentümer, der sich über ein angrenzendes Freibad ärgert. Nur im vorangegangenen Bau- und Gewerbegenehmigungsverfahren hätte der Nachbar als Partei Einwendungen erheben können (► Seite 174 und 188).

Apropos Gartenpflege: Wenn Sie Eigentümer eines Gartens sind, können Sie frei entscheiden, ob Sie einen englischen Garten oder einen verwilderten Garten haben wollen. Die Störung des ästhetischen Empfindens begründet keine Ansprüche des Nachbarn. Wenn Sie aber Mieter sind und laut Mietvertrag die Gartenpflege übernommen haben, dann obliegt Ihnen auch die Gartengestaltung. Wenn Sie daher Ihren mitgemieteten Garten gar nicht pflegen, kann der Vermieter eine Gartenbaufirma beauftragen und Ihnen die Kosten in Rechnung stellen. Der Vermieter hat aber keinen Grund, einen Gärtner zu beauftragen, wenn Sie eine Wildkräuterwiese englischem Rasen vorziehen. Das stellt keine Vernachlässigung der Gartenpflege dar. Im Mietvertrag sollte daher genau geregelt werden, wie der Garten zu pflegen ist.

Wie sieht es aber aus, wenn Sie Ihren Rasen nahezu täglich pflegen, damit er schön und unkrautfrei bleibt, Ihr Nachbar sich aber wenig um seinen Rasen schert und daher das Unkraut auch bei Ihnen landet.

Müssen Sie sich das wirklich gefallen lassen? Die Antwort fällt – wie so oft in der Juristerei – nicht eindeutig aus: Das bloße Herüberwehen von Unkrautsamen kann nicht abgewehrt werden. Es handelt sich hier um Einwirkungen von Naturkräften. Laub, Nadeln, Pollen, Früchte oder Blüten aus Nachbarsgarten sind Immissionen zwar im Sinne des § 364 ABGB. Ortsübliche Immissionen sind aber in der Regel zu dulden. Insbesondere in einer von Gärten geprägten Siedlungsgegend ist Laubfall und Pollenflug somit in der Regel entschädigungslos hinzunehmen. Dies gilt auch, wenn ein erhöhter Reinigungsaufwand entsteht.

Laub, Samen und Pollen sind ortsüblich und daher zu dulden

Aufgrund eines heute geänderten Umweltbewusstseins muss Laubfall im Herbst und Pollenflug im Frühjahr meist als Kehrseite einer erhöhten Wohnqualität hingenommen werden. Denn der Betroffene – so einige deutsche Gerichte – profitiert insoweit auch von dem vorhandenen Pflanzenbestand. Verwahrlost dagegen jahrelang ein Grundstück in einer Wohngegend mit sämtlich gärtnerisch gut gepflegten Grundstücken, kann sich ganz ausnahmsweise ein Beseitigungsanspruch nach den Grundsätzen des nachbarlichen Gemeinschaftsverhältnisses ergeben. Kurz: Gegen Unkraut und den verwilderten Garten des Nachbarn sind Sie in der Regel machtlos. Nur in Extremfällen urteilen Gerichte pro Kläger. Ortsunüblich und damit unzumutbar ist z.B. die Überwucherung mit dem Allergieauslöser Traubenkraut (Ambrosia).

Im Übrigen: Die Verwendung von Chemikalien ist grundsätzlich immer auf das eigene Grundstück zu begrenzen. Verwenden Sie chemische Spritzmittel in Ihrem Garten und haben diese Auswirkungen auf das Grundstück des Nachbarn, so haben Sie unter Umständen mit einem Unterlassungsanspruch Ihres Nachbarn zu rechnen. Dies kann z.B. der Fall sein, wenn die Wirkstoffe durch Wind oder Wasser auf das nachbarliche Grundstück geweht oder gespült werden. Kommt es durch falsche bzw. fahrlässige Verwendung von Chemikalien zu Schäden bei Dritten (z.B. Verätzungen, Allergien bei Kindern oder Krankheit von Katzen, Hunden etc.), haftet grundsätzlich der Verursacher dafür. Dies gilt auch, wenn beispielsweise die Bienen des Nachbarn durch die Verwendung unzulässiger Mittel sterben oder verseuchten Honig produzieren. Weitere Einschränkungen der Verwendung von Chemikalien können sich aus vertraglichen Vereinbarungen (Miet- und Pachtverträgen) sowie Hausordnungen oder individuellen Vereinbarungen im (Miet-)Vertrag ergeben.

Negative Immissionen

Schattenwurf muss ortsunüblich und unzumutbar sein

Auch Beeinträchtigungen durch das Wachstum von Bäumen können abgewehrt werden. Diese sogenannten negativen Immissionen sind meist solche, die dem Nachbargrund nichts zuführen, sondern vielmehr etwas entziehen: z.B. Licht, Luft, Sonne, Aussicht. Der Grundstückseigentümer kann einem Nachbarn die von dessen Bäumen oder anderen Pflanzen ausgehenden Einwirkungen durch den Entzug von Licht oder Luft insoweit untersagen, als diese das ortsübliche Maß überschreiten und zu einer unzumutbaren Beeinträchtigung der Benutzung des Grundstücks führen.

Ohne Bedeutung für einen Unterlassungsanspruch wegen (gravierendem) Entzug von Licht und Luft ist, dass etwa von Bäumen durch wegbrechende Äste Gefahr ausgehen kann oder die meisten Bäume auf dem Grundstück des Nachbarn als Sicherheitsrisiko angesehen werden müssen. Entscheidend ist, ob eine negative Immission (also vor allem der Schattenwurf, aber auch die Beeinträchtigung der Durchlüftung eines Grundstücks) „unzumutbar" ist.

Hierfür sind folgende Kriterien wesentlich:

- Je ortsüblicher die Beeinträchtigung ist, desto weniger wird ihre Unzumutbarkeit anzunehmen sein.
- Es sind das Ausmaß und die Lage der durch Entzug von Lichteinfall beeinträchtigten Fläche zu berücksichtigen.
- Es wird zu fragen sein, welche konkrete Nutzungsmöglichkeit für den Kläger eingeschränkt oder unmöglich gemacht wird.
- Ist nur eine verhältnismäßig geringe Fläche der Nachbarliegenschaft überhaupt beeinträchtigt, wird diese Beeinträchtigung im Regelfall unabhängig von ihrer Dauer nicht unzumutbar sein.
- Je größer jedoch die vom Entzug des Lichteinfalls beeinträchtigte Fläche im Verhältnis zur Gesamtfläche ist, umso eher wird das Kriterium der Unzumutbarkeit auch dann erfüllt sein, wenn zeitlich nicht von einem dauernden gänzlichen Entzug des Lichteinfalls auszugehen ist.

Während mittelbare Immissionen dem Nachbarn bereits dann untersagt werden können, wenn sie die ortsübliche Benutzung des Grundstücks wesentlich beeinträchtigen, ist bei negativen Immissionen eine Unzumutbarkeit der Beeinträchtigung notwendig. Unzumutbarkeit ist umso eher verwirklicht, als zeitlich und räumlich überwiegend (über 50 Prozent) kein (Sonnen-, Tages-)Licht in Wohnräumen und/oder im Garten einfallen kann. Bei der Unzumutbarkeitsprüfung ist auch zu berücksichtigen, wie alt die Bäume sind, die das Licht entziehen. Was insbesondere die Beeinträchtigung der Nutzung von Wohn- oder Arbeitsräumlichkeiten durch den Schattenwurf von Bäumen auf dem Nachbargrund anlangt, ist auch in Rechnung zu stellen, ob und in welchem Maß bei Bedachtnahme auf den (früher) bestehenden Zustand des Grundstücks bei der Errichtung dieser Gebäude Beeinträchtigungen vermieden werden konnten.

Zumutbarkeitsgrenze bei 50 Prozent Lichtentzug

Der Oberste Gerichtshof hat in einem Urteil im Jahr 2007 erstmals eine substanzielle Entscheidung getroffen. Konkret wurde der Schattenwurf von 55 durchschnittlich 22 Meter hohen Fichten und die Auswirkungen auf die Liegenschaft abgehandelt. Dieser Schattenwurf war im Freien an 102 Tagen des Jahres zur Mittagszeit nicht gegeben (berücksichtigt man die Zeitverschiebung durch die Sommerzeit, sind es sogar 126 Tage). Nur an 90 Tagen (im Winterhalbjahr) beeinflussen die Fichten den Lichteinfall stark. Diese negativen Immissionen seien damit jedoch nicht unzumutbar. Hierfür müsste ein überwiegender, also über 50 Prozent liegender Lichtentzug in Wohnräumen und/oder im Garten vorliegen. Die Belichtungsverhältnisse in Wohnräumen sind aber auch in Bezug auf ihre bauliche Ausgestaltung (Schattenwurf durch Überdachungen) zu hinterfragen bzw. ist ein belichtungstechnischer Vergleich mit einem fiktiv fehlenden Baumbestand zu suchen. Die Zuordnung der Ortsüblichkeit eines Baumbewuchses ergibt sich aus den bestehenden Bestockungsverhältnissen auf Nachbargrundstücken; hierbei ist jedoch nicht auf die generelle Grünausstattung in der Gemeinde Rücksicht zu nehmen.

Mittelbare Immissionen

Mittelbare Einwirkungen durch Abwässer, Rauch, Gase, Wärme, Geruch, Geräusch, Erschütterung etc. können, wie bereits erwähnt, nur dann

Mauerrisse durch Baustelle

150 m war der Abstand zwischen Baustelleneinfahrt und Haus. Während der gesamten Bautätigkeit auf der Baustelle erfolgte der Baustellenverkehr über die Sackgasse. Der Abtransport des Erdaushubmaterials erfolgte mit schweren mehrachsigen Lkws, die beladen bis zu 40 Tonnen erreichten. Diese verursachten Haarrisse im Verputz der Hauswand. Was kann der Nachbar tun? Eine öffentliche Straße gilt als behördlich genehmigte Anlage. Er kann daher nur den Ersatz des zugefügten Schadens gerichtlich verlangen. Erschütterungen durch Bauarbeiten, soweit diese nicht aus einer unzulässigen Vertiefung resultieren, sind Immissionen. Solche sind in einem schadensträchtigen Ausmaß in der Regel ortsunüblich. Dies gilt auch für das Zu- und Abfahren von Baufahrzeugen. Bemerkenswert ist, dass neben dem Eigentümer eines Grundstücks dem Nachbarn auch derjenige für von diesem ausgehende Immissionen haftet, der das Grundstück aufgrund eines besonderen Nutzungsverhältnisses benutzt. Der Störer wird ersatzpflichtig, dem die Immission wegen seiner Beziehung zum emittierenden Grundstück zuzurechnen ist. Aus diesem Grund kann der Bauherr auch für von Baustellen-Lkw auf öffentlichem Grund verursachte Erschütterungen haften.

Der Grundsatz, dass in einem geschlossenen Siedlungsgebiet, in dem auch bei gleichbleibendem Charakter mit gelegentlichen baulichen Maßnahmen gerechnet werden muss, die von solchen baulichen Maßnahmen ausgehenden Immissionen grundsätzlich als ortsüblich anzusehen und daher von jedem Nachbarn hinzunehmen sind („Baulärmprivileg"), betrifft lediglich Baulärm. Andere von einer Baustelle ausgehenden Immissionen, die Schäden an Gebäuden verursachen, sind davon nicht erfasst. Solche schwerwiegenden Beeinträchtigungen sind nicht als ortsüblich anzusehen.

Erschütterungen durch Baustellen-Lkw fallen nicht unter das „Baulärmprivileg"

untersagt werden, wenn sie das gewöhnliche Maß überschreiten und zusätzlich auch noch die ortsübliche Benützung des Grundstücks wesentlich beeinträchtigen. Welche Immissionen der Grundeigentümer dulden muss, hängt also immer von den örtlichen Verhältnissen ab, wobei unter Ort nicht die politische Gemeinde, sondern die Umgebung zu verstehen ist. Der Nachbar hat sich mit einer Immission abzufinden, die der normalen Grundstücksnutzung in seiner Gegend gemäß ist. Die Art der Nutzung kann festgelegt werden als landwirtschaftliche, gewerbliche, industrielle Nutzung oder als Nutzung als Wohngebiet.

Was ortsüblich ist, hängt von den örtlichen Verhältnissen ab

Beispielsweise wird in Heurigenorten oder in Buschenschankgemeinden (z.B. Grinzing) eine im Rahmen der örtlichen Verhältnisse übliche Lärmerregung durch Gäste zu dulden sein, während eine derartige Lärmerregung in einem Kurort schon untersagt werden kann. Aus der Berücksichtigung der ortsüblichen Verhältnisse kann sich bei Straßenbauarbeiten etwa die Notwendigkeit eines unterschiedlichen Vorgehens in einem reinen Wohngebiet gegenüber einem Industriegebiet ergeben, z.B. dass in ersterem mit anderen, „leiseren" Geräten gearbeitet werden muss.

Ob die störende Immission das ortsübliche Maß überschreitet, muss jeweils im Einzelfall festgelegt werden. Patentrezepte gibt es keine. So wurde gerichtlich entschieden, dass die Durchführung von Kreissägearbeiten zur Herstellung von Brennholz für den eigenen Gebrauch in einem Wohngebiet zu dulden ist.

Bei Beurteilung der Frage, ob die Immission ortsüblich ist, kommt es grundsätzlich auf den Zeitpunkt der Beurteilung an. Es ist daher nicht von ausschlaggebender Bedeutung, seit wann die Immission vorkommt oder ob die Kläger bei Erwerb ihres Grundstücks bereits mit ihr rechnen mussten. Dies wäre nur dann beachtlich, wenn es sich um eine Immission handelt, deren Ursache für den Charakter der Umgebung von Bedeutung ist. Bei einer Tennisanlage mit nur vier Spielplätzen kann z.B. nicht gesagt werden, dass sie den Charakter der Umgebung prägt.

Sand vom Tennisplatz

Das Eindringen von rotem Tennissand ist insofern unzulässig, als die Nachbarn stets den Sand abwischen mussten, bevor sie sich auf ihre Terrasse setzen konnten. Das bloß gelegentliche oder minimale Eindringen von Tennissand hätte in diesem Fall geduldet werden müssen.
Zu den verschossenen Tennisbällen äußerte sich das Gericht dahingehend, dass der Tennisplatzbetreiber verpflichtet ist, Vorkehrungen gegen das Eindringen von Tennisbällen durch übliche Fehlschläge zu treffen, indem etwa die Spielplätze mit höheren Gittern eingezäunt werden. Aber von schlechten Tennisspielern zu verlangen, dass sie ihren Sport in einem „Käfig" ausüben, wäre eine Schikane, auch gegenüber dem Platzbetreiber. Als Ausgleich gestanden die Höchstrichter den Anrainern zu, dass sie die Tennisbälle, die in ihren Gärten landen, nicht mehr herausgeben müssen.

Die Gerichte wägen bei den einzelnen Arten von Immissionen sehr genau ab. Wenn eine unzulässige Immission vorliegt, wird der beklagte Nachbar verurteilt, eine solche zu unterlassen. Die Durchführung irgendwelcher Handlungen kann einem Nachbarn nicht auferlegt werden. Es bleibt Sache des zur Unterlassung verpflichteten Nachbarn, die notwendigen Maßnahmen zu ergreifen. Wenn solche Maßnahmen aus wirtschaftlichen oder rechtlichen Gründen nicht gesetzt werden können, kann verlangt werden, dass der Nachbar seine störende Handlung zur Gänze einstellt.

Gegenseitige Rücksichtnahme

Im geltenden Nachbarrecht besteht auch das sogenannte Rücksichtnahmegebot. Gemeint ist damit, dass die Grundeigentümer ihre Rechte nicht schrankenlos und ohne Bedachtnahme auf den Nachbarn ausüben dürfen, sondern bei der Ausübung ihrer Rechte aufeinander Rücksicht nehmen müssen. Sie können also nicht einseitig auf ihren Rechten bestehen und diese missbräuchlich zum Nachteil der anderen ausüben. Auch werden sie ein gewisses Maß an Toleranz auch dem Nachbarn gegenüber an den Tag legen müssen. Dieses Rücksichtnahmegebot gilt ganz allgemein.

Nachbarn haben wechselseitig aufeinander Rücksicht zu nehmen

Ein Beispiel dafür sind Auseinandersetzungen wegen spielender Kinder: Einerseits werden die Nachbarn, die sich durch das Spielen gestört fühlen, den Kindern einen Freiraum zubilligen müssen. Das heißt andererseits aber nicht, dass Kinder schrankenlos und ohne Rücksicht auf die Bedürfnisse anderer den ganzen Tag lang herumtoben dürfen. Das Rücksichtnahmegebot gilt gegenseitig, es betrifft also beide Parteien.

Bei Beantwortung der Frage, ob jemand in der ortsüblichen Benützung seiner Wohnung wesentlich beeinträchtigt wird, ist als Maßstab das Empfinden eines verständigen Durchschnittsbenützers dieser Wohnung anzulegen. Beim Zusammenleben mehrerer Personen in einem Haus sind dadurch bedingte Unannehmlichkeiten grundsätzlich in Kauf zu nehmen; es ist ein akzeptabler Ausgleich der gegenläufigen Interessen zu finden. Auf die besondere Empfindlichkeit einer Person ist nicht Bedacht zu nehmen. Besondere Umstände (Krankheit, Aufenthalt von Kleinkindern) können aber eine besondere nachbarrechtliche Rücksichtnahme gebieten.

Maßstab im Nachbarrecht ist der Durchschnittsmensch

Lärm

Wer kennt das nicht: Nach einem harten Arbeitstag machen Sie es sich auf dem Balkon oder der Terrasse gemütlich und wollen endlich Ihre Ruhe haben. Doch kaum haben Sie sich zurückgelehnt, geht es auch schon los: Der junge Nachbar zur Linken dreht wieder einmal seine Stereoanlage auf und lässt es bei voller Lautstärke dröhnen. Und die Häuslbauer zur Rechten schaffen es einfach nicht, den Bohrer wenigstens am Abend aus der Hand zu legen. Als ob das nicht schon genug wäre, beginnen die Nachbarskinder mit Freunden wild herumzutoben. Der Abend fängt nicht gut an, und Sie scheinen der Dumme zu sein. Sind Sie aber nicht!

Sicher, ein gewisses Maß an Belästigung durch Lärm muss man dulden. Ab einer bestimmten Schwelle jedoch braucht man Lärmbeeinträchtigungen nicht mehr hinnehmen und kann sich dagegen wehren. Dabei ist zu unterscheiden, wann von wem bzw. von wo der Lärm herkommt: von einer Privatperson oder einem Betrieb (Diskothek, Gasthaus, Betriebsanlagen, Geschäfte etc.).

Zunächst zum Problem des privaten Störenfrieds. Was können Sie tun, wenn der Lärm aus der Nachbarwohnung unerträglich wird? Versuchen Sie es zunächst mit einem Gespräch, in dem Sie den lärmenden Nachbar davon überzeugen, dass es im Sinne friedvoller Nachbarschaft am besten wäre, sich etwas leiser zu verhalten. Hat das nichts gebracht, der Nachbar keine Einsicht gezeigt? Dann können Sie sich bei der Polizei beschweren.

Hobbyhandwerker

Dass viele Zeitgenossen in ihrer Freizeit begeistert heimwerken und manche diese Arbeiten nur an Wochenenden verrichten können, da sie an Wochentagen wegen ihrer Berufstätigkeit daran gehindert werden, nimmt dem lärmenden Verhalten nichts von seiner Ungebührlichkeit. Selbst die mit dem normalen Bewohnen der Räume verbundenen Verrichtungen, die Lärm erzeugen, sind dann zu unterlassen, wenn die übrigen Mitbewohner des Hauses nach allgemeinem Brauch Anspruch auf Ruhe haben. Dieser Grundsatz gilt besonders für allerlei lautstarke Bastelarbeiten, da diese Tätigkeiten nicht mehr als Verrichtungen angesehen werden können, die mit dem normalen Bewohnen der Räume verbunden sind.

Bei einem Anruf wegen Lärmbelästigung müssen die Beamten ins Haus kommen und den Sachverhalt vor Ort abklären.

Ungebührliche Lärmerregung

In allen Bundesländern gibt es Landessicherheitsgesetze, die Erregung störenden Lärms in ungebührlicher Weise als Verwaltungsstraftatbestand mit Geldstrafen ahnden. Diese sind von Bundesland zu Bundesland unterschiedlich und reichen bis zu 5.000 Euro. (Schlimmstenfalls könnte ein Lärmerreger sogar in den Polizeiarrest wandern. Nämlich dann, wenn er die Strafe nicht zahlen kann und daher eine Ersatzfreiheitsstrafe absitzen muss.)

Verwaltungsstrafe bis 5.000 Euro bei ungebührlicher Lärmerregung

Wer ungebührlicherweise störenden Lärm erregt, begeht eine Verwaltungsübertretung und kann deswegen vom gestörten Nachbarn angezeigt werden. Wichtig ist, dass ab Anzeigeerstattung die Angelegenheit nicht mehr der nachbarlichen Konfliktlösung unterliegt, sondern von Amts wegen alle Verfahrensschritte bis zu einer möglichen Bestrafung des Täters weiterverfolgt werden. Und zwar unabhängig davon, ob der Nachbar dem Störenfried mittlerweile verziehen hat oder nicht.

Wann gilt störender Lärm als ungebührlich?

Störender Lärm gilt dann als ungebührlich, „wenn das Tun oder Unterlassen, das zur Erregung des Lärms führt, gegen ein Verhalten verstößt, wie es im Zusammenleben mit anderen verlangt werden kann", so die

Sirenenlärm

Wen die Sirene der benachbarten Freiwilligen Feuerwehr regelmäßig aus dem Bett hebt, hat Pech gehabt: Ein Sirenenton wird anders beurteilt als sonstige Lärmquellen. Es ist klar, dass die Lautstärke einer Sirene den Umgebungslärm signifikant überschreiten muss, damit sie den bezweckten Alarmierungseffekt der Bevölkerung erreichen kann. Daraus folgt, dass die Belästigung durch Lärm einer auf Grund einer gesetzlichen Verpflichtung eingerichteten Sirene örtlich zumutbar ist.

Motorenlärm

Es entspricht der allgemeinen Lebenserfahrung, dass der Lärm eines längere Zeit im Stand laufenden Motors – sofern nicht besondere Umstände vorliegen – geeignet ist, das Wohlbefinden normal empfindender Menschen zu stören. Wer daher erwiesenermaßen den Motor seines Mofas direkt an der Grundstücksgrenze – vier Meter vom Haus des Nachbarn entfernt – in der Zeit von 20.00 bis 21.15 Uhr laufen lässt, erregt dadurch störenden Lärm. Für diese Beurteilung braucht es weder eines Lokalaugenscheins unter Beiziehung eines Sachverständigen noch einer Schallpegelmessung.

ständige Rechtsprechung des Verwaltungsgerichtshofes. Der VwGH führt das Beispiel eines Landwirtschaftsbetriebes an: ein dort erzeugter Lärm, der notwendig und nicht über das übliche, mit der Führung eines solchen Betriebes verbundene Maß hinausgeht, kann nicht ungebührlich sein. Es genügt aber schon, dass die Lärmerregung objektiv, also von unbeteiligten Personen als störend und ungebührlich empfunden wird. Bei der Beurteilung, ob ungebührlicherweise störender Lärm vorliegt, kommt es nicht bloß auf die Lautstärke an. Zu beachten ist auch, ob die Beeinträchtigung häufig und lang andauernd erfolgt. Maßgeblich ist weiters die Tageszeit.

In einigen Landessicherheitsgesetzen ist der Tatbestand der Lärmerregung näher formuliert. So sind z.B. im oberösterreichischen Polizeistrafgesetz unter störendem Lärm „alle wegen ihrer Dauer, Lautstärke oder Schallfrequenz für das menschliche Empfinden unangenehm in Erscheinung tretenden Geräusche" zu verstehen.

Verkehrslärm

Von ungebührlichem Lärm kann dann nicht gesprochen werden, wenn ein Kfz in einer Weise betrieben wird, die dem Standard üblicher Verhaltensweisen im Straßenverkehr entspricht. Ob die ständig quietschenden Reifen und heulenden Motoren Ihres motorbegeisterten Nachbarn von diesem Standard abweichen und diese Abweichung die Ursache dafür ist, dass erheblich lautere als gewöhnliche Betriebsgeräusche erzeugt werden, kann einem in der Überwachung des Straßenverkehrs geschulten Sicherheitsorgan zugetraut werden.

Wer beurteilt die Lärmintensität?

Polizisten sind – das ist ständige Rechtsprechung des Verwaltungsgerichtshofes – in der Regel so geschulte Organe, dass sie eigenständig beurteilen können, wann das Maß des Erträglichen überschritten und Lärm als störend anzusehen ist. Die Beamten wissen aus Berufserfahrung, ob Anzeigen gegen Lärmerreger zweckbringend sind oder nicht. Lärmmessungen sind hier nicht notwendig und werden für Störungen im privaten Bereich auch nicht durchgeführt.

Polizei beurteilt, ob störender Lärm ungebührlich ist

Einige Landespolizeistrafgesetze haben bestimmte Tatbestände ausdrücklich als ungebührlichen Lärm angeführt, so wenn Autofahrer auf Parkplätzen, vor Toreinfahrten, in Höfen vor Wohnhausanlagen etc. einen Pkw mit laufendem Motor stehen lassen. In Salzburg etwa ist ein strengerer Strafrahmen (Geldstrafe bis 5.000 Euro) vorgesehen, wenn durch den Lärm Messen in Kirchen, der Unterricht in Schulen, der Betrieb von Kranken- und Kuranstalten oder Einrichtungen des Fremdenverkehrs nachhaltig beeinträchtigt werden.

Zur konkreten Prüfung, welche Lärmeinwirkungen in einer Nachbarschaft toleriert werden, müssen auch die ortspolizeilichen Verordnungen der jeweiligen Gemeinde, soweit vorhanden, geprüft werden. Nach diesen Verordnungen kann festgestellt werden, ob eine vorliegende Lärmbeeinträchtigung der Nachbarn zulässig ist. Am besten, Sie klären durch einen Anruf im Rathaus (in Wien: MA 22 – Umweltschutz, Referat Lärmschutz) oder bei der Gemeinde, aber auch bei der Polizei, welche Ruhebestimmungen in der Nachbarschaft gelten, wann Lärm verursachende Bautätigkeit wie etwa Hämmern verboten ist, wann Sie Rasen mähen dürfen, Häckselmaschinen, Kreissägen, Schleifmaschinen und dergleichen einschalten können, ohne mit einer Anzeige von genervten Anrainern rechnen zu müssen.

Manche Gemeinden haben Lärmschutzverordnungen erlassen

Ruhebestimmungen

Es gibt auch Städte, in denen der Bürgermeister Hausfrauen und Hausmännern vorschreibt, dass sie sich bei bestimmten Hausarbeiten leise verhalten müssen. Die Lärmschutzverordnung von Baden bei Wien z.B. besagt: „Alle im Hauswesen anfallenden ruhestörenden Arbeiten wie

Hämmern, Sägen oder Holzhacken in Gärten, Höfen und Wohnungen sind an Sonn- und gesetzlichen Feiertagen vor 9 Uhr und nach 12 Uhr, an den übrigen Tagen in der Zeit von 20 Uhr abends bis 7 Uhr früh und zwischen 13 und 15 Uhr verboten." Vor allem beim Teppichklopfen müssen die Badener aufpassen, denn: „Das Ausklopfen von Sachen an öffentlichen Straßen und Plätzen ist überhaupt nicht, in Höfen, Gärten, auf Dächern und Balkonen sowie aus geöffneten Fenstern und Türen nur an Werktagen von 8 bis 11 Uhr und von 16 bis 18 Uhr, ausgenommen Samstag Nachmittag, gestattet."

Wenn auch österreichweit gesetzliche Vorschriften darüber fehlen, so kann es doch als Richtschnur dienen, dass die Bevölkerung vorwiegend die Zeit von 22 bis 6 Uhr für die Nachtruhe in Anspruch nimmt. Dabei sind selbst mit der üblichen Benützung der Räume verbundene lärmerregende Verrichtungen zu unterlassen, sofern sie wegen der beruflichen Tätigkeit des Verursachers nur zu einer Zeit vorgenommen werden könnten, zu der die übrigen Hausbewohner nach allgemeinem Brauch Anspruch auf Ruhe haben. Auch die Tatsache, dass ein möglicherweise sonst zulässiges Geräusch infolge der Bauart des Hauses (mangelnde Schalldichtheit) weitergeleitet wird, geht zu Lasten des Lärmerregers.

Nachtruhe ist zwischen 22.00 und 6.00 Uhr

Neben der Nachtruhe kommen noch folgende Ruhezeiten in Betracht, in denen Lärm verursachende Tätigkeiten verboten oder beschränkt sein können: an allen Tagen zwischen 12 und 15 Uhr, an Samstagen ab 17 Uhr und an Sonn- und Feiertagen ganztägig. Erweist sich im Einzelfall die Überschreitung des zeitlichen Rahmens, in dem man gewisse Lärmstörungen verursacht, als notwendig, so ist beim Bürgermeister um eine Ausnahmebewilligung anzusuchen, soweit eine solche in der ortspolizeilichen Verordnung vorgesehen ist. Die in Ihrem Wohnort gültigen Ruhezeiten erfahren Sie beim Gemeindeamt bzw. Magistrat.

Was man sich anhören muss und was nicht

Eine Lärmerregung, die in gleicher Lautstärke tagsüber hingenommen werden muss, kann als ungebührlich angesehen werden, wenn sie zur Nachtzeit ausgeübt wird. Wenn jemand um 6 Uhr in der Früh sein Radio so laut aufdreht, dass es den Nachbarn aus dem Bett hebt, dann kann dieser gleich die Polizei rufen. Der Verwaltungsgerichtshof sah darin eine ungebührliche Erregung störenden Lärms.

Auch lauter Musiklärm aus Stereoboxen am offenen Fenster – eine Viertelstunde vor Mitternacht – ist selbst in einem auch zur Nachtzeit belebten Grätzel der Wiener Innenstadt geeignet, das Wohlbefinden normal empfindender Menschen zu beeinträchtigen. Selbst wenn es sich hierbei um klassische Musik handeln sollte. Eine kleine Nachtmusik muss sich zu dieser Stunde – noch dazu aus den auf den Fensterbänken platzierten Lautsprechern einer Stereoanlage – wirklich keiner anhören. Durch diese Art der Musikdarbietung wird gegen ein Verhalten verstoßen, wie es im Zusammenleben mit anderen verlangt werden muss.

Beeinträchtigung des Wohlbefindens (eines Durchschnittsmenschen) ist unzulässig

Nach der Judikatur des Verwaltungsgerichtshofes ist es nicht erforderlich, dass der Lärm an einem öffentlichen Ort erregt wird, ebenso wenig, dass durch die Lärmerregung mehrere Personen oder gar eine größere Anzahl von Personen gestört werden. Von störendem Lärm kann aber nur dann gesprochen werden, wenn das Getöse nach einem objektiven Maßstab geeignet ist, das Wohlbefinden anderer anwesender Personen zu stören. So musste etwa auch eine Hausbesorgerin, deren Ausruf „Arschloch!" – gemeint war ihr Lebensgefährte – im Stiegenhaus hallte, wegen Lärmerregung Strafe zahlen.

Lärm aus der Nachbarwohnung

Die Rücksicht auf Nachbarn kann nicht so weit führen, dass einem anderen, auch wenn er in einem Haus mit dünnen Wänden wohnt, die Durchführung von Verrichtungen verwehrt wird, die mit dem normalen Bewohnen der Räume verbunden sind; auch wenn dies Lärm erzeugt. Es

Alltagslärm ist zu tolerieren

Nachtruhe

Geht es um die Lärmerregung zur Nachtzeit, kommt für die Beurteilung der ortsüblichen Immissionen den öffentlich-rechtlichen Vorschriften (insbesondere den Polizeigesetzen der Länder), die der Erregung störenden Lärms entgegenwirken sollen, wesentliche Bedeutung zu. Als Faustformel gilt: Wird die Nachtruhe von Personen in einer Wohngegend empfindlich gestört, handelt es sich sicher nicht um eine ortsübliche Immission.

Tipps für Lärmschutz zu Hause

- Leise Haushaltsgeräte machen Ihnen selbst und Ihren Nachbarn das Leben leichter. Fragen Sie beim Fachhändler nach dem Schallleistungspegel der Geräte.
- Musik und TV-Gerät auf Zimmerlautstärke schonen auch das eigene Gehör. Wer gerne laut Musik hört, sollte Kopfhörer verwenden.
- Versuchen Sie, Ihre Nachbarn durch ein Gespräch auf Feste oder Partys vorzubereiten – oder laden Sie sie ein. Wer selbst mitfeiert, wird sich nicht beschweren.
- Achtung: Das Tragen von Clogs oder Holzschuhen kann die Nerven der Nachbarn im Stockwerk unter Ihrer Wohnung belasten.

gibt – leider – Häuser, in denen die Bausubstanz so schlecht ist, dass man vom stillen Örtchen der angrenzenden Wohnung die Klospülung hören kann. Damit muss man leben. Selbst wenn es weit nach Mitternacht sein sollte und den Nachbarn der Durchfall plagt.

Über einen Prozess zu diesem Thema berichtete sogar die Deutsche Presseagentur (dpa): Durch drei Instanzen hatte ein Mann erfolglos gegen das Rauschen von Klospülung und Wasserhahn gestritten. Seit der Nachbar das Badezimmer sanieren hatte lassen, fühlte sich der Kläger durch die Klospülung sowie das Füllen der Badewanne belästigt. Schallmessungen ergaben aber, dass die dadurch in der angrenzenden Wohnung hörbaren Geräuschbelästigungen minimal waren. Dass der Kläger auf weitere Gutachten bestand, hielten die Richter für nicht sachdienlich: Dafür hätte nämlich die Mauer aufgestemmt werden müssen. Ein Trostpflaster bekam der Kläger immerhin: Sein Nachbar musste sich verpflichten, nicht zwischen 22 Uhr und 6 Uhr in der Früh zu baden.

Das Recht darauf, in der eigenen Wohnung zu jeder Tages- und Nachtzeit baden zu dürfen, ist durchaus auch in Österreich kein absolutes! Es ist nicht auszuschließen, dass im Einzelfall die Polizei jemanden aus der Badewanne holt; spät in der Nacht etwa, wenn der Pritschler – objektiv gesehen – störenden Lärm verursacht. Die Verrichtung der mit dem normalen Gebrauch der Wohnung verbundenen Dinge darf nicht zu einer Zeit geschehen, in der nach allgemeinem Brauch die Mitbewohner des Hauses Anspruch auf Ruhe haben, hat der Verwaltungsgerichtshof befunden.

Keiner kann sich darauf ausreden, dass die Wände in seiner Wohnung leider so dünn sind. Der Umstand, dass ein Haus besonders lärmdurchlässig ist, verpflichtet die Bewohner zu besonderer Rücksicht. Will ein Nachbar in einem besonders hellhörigen Haus dennoch nicht auf sein nächtliches Duschvergnügen verzichten, so könnte es durchaus geschehen, dass das Duschen mit den dabei üblichen Geräuschen (wie Spritzgeräusche oder Anschlagen des Brausekopfes an die Fliesen) als Verwaltungsübertretung angesehen wird. Ebenso riskiert jemand eine Strafe, der in den Nachtstunden in seinem Garten mit Getöse und Gepruste in den Swimmingpool springt und dadurch den Nachbarn aus dem Schlaf schreckt.

Staubsauger sollten während der üblichen Ruhezeiten nicht in Betrieb genommen werden. Wer regelmäßig um Mitternacht seine Wohnung saugt, muss damit rechnen, dass über kurz oder lang ein Uniformierter an seine Türe klopft. Ähnliches gilt für nächtliches Wäschewaschen.

Der Unabhängige Verwaltungssenat Steiermark hat die Berufung einer Mutter abgelehnt, die von einem Nachbarn angezeigt worden war, weil sie um 22 Uhr die Waschmaschine eingeschaltet hatte und er sich durch die lauten Schleudergänge gestört fühlte. Die Steirerin musste 29,07 Euro Geldstrafe wegen ungebührlicher Lärmerregung zahlen. Wer dagegen zu später Stunde abspült und mit dem Geschirr klappert, braucht kein schlechtes Gewissen haben. An österreichische Höchstrichter ist zwar so ein Fall noch nicht herangetragen worden. Dafür gibt es eine Entscheidung des Amtsgerichtes Köln: „Nach der Lebenserfahrung kann davon ausgegangen werden, dass mit Geschirr nicht mutwillig geklappert wird, denn dadurch würde das Geschirr nur beschädigt oder zerstört."

Herumpoltern in der Wohnung in den Nachtstunden erfüllt jedenfalls den Tatbestand der ungebührlichen Lärmerregung. Aber nicht nur Partyschrecks aus der Wohnung nebenan können durch eine Anzeige von Nachbarn ein Fall für die Polizei werden. Auch unverbesserliche Heimwerker, die an Wochenenden mit der Bohrmaschine den Nachbarn die Nerven „ansägen", laufen Gefahr, ungebührlichen Lärm zu erregen. Zur Beurteilung, wann laute Bastlerarbeiten nach objektiven Kriterien geeignet sind, von unbeteiligten Personen als ungebührlich oder störend empfunden zu werden, genügen die Erfahrungen des täglichen Lebens.

Ist ein Geräusch nach Art und Intensität geeignet, das Wohlbefinden eines normal empfindenden Menschen zu beeinträchtigen, dann wird man sich gegen den Lärm wohl mit einer Anzeige wehren können. Ob man den Lärm damit auch tatsächlich abstellen kann, bleibt offen.

Störender Lärm kann auch durch Tiere erregt werden und zu einer über das zumutbare Maß hinausgehenden Belästigung Dritter führen. Jeder Halter von Tieren muss durch geeignete Beaufsichtigung oder Verwahrung dafür sorgen, dass sich Nachbarn nicht gestört fühlen.

Lärm ist also eine Einwirkung (Immission), gegen die man sich unter bestimmten Voraussetzungen wehren kann. Er kann aber nur so weit verboten werden, als er das ortsübliche Ausmaß überschreitet und zugleich die ortsübliche Benützung eines Grundstücks oder einer Wohnung wesentlich beeinträchtigt. Es liegt auf der Hand, dass die Bestimmung dessen, was wesentlich oder unwesentlich beeinträchtigt bzw. was ortsüblich ist, große Schwierigkeiten bereitet und regelmäßig den Kern eines Streits ausmacht. Patentrezepte gibt es keine. Es kommt auf den Einzelfall an. Als Maßstab für eine Abgrenzung muss man sich, wie bereits erwähnt, die Reaktion eines verständigen und durchschnittlich empfindlichen Menschen vorstellen: Was er als wesentliche Beeinträchtigung empfinden würde, darf auch jeder andere als eine solche bezeichnen. So wird die Grenzschwelle immer dann erreicht, wenn die objektiv gegebene Erhöhung des Grundgeräusches zu einer subjektiven Lästigkeit für den normal empfindenden Menschen führt.

Unzulässig sind wesentliche und ortsunübliche Lärmbeeinträchtigungen

Das Untersagungsrecht besteht daher nur dann, wenn die auf den betroffenen Grund wirkenden Einflüsse einerseits das nach den örtlichen Verhältnissen gewöhnliche Maß übersteigen und zugleich die ortsübliche Benutzung dieser Liegenschaft wesentlich beeinträchtigen. Dabei sind die örtlichen Verhältnisse in beiden Belangen zu beachten. Da diese beiden Kriterien kumulativ vorliegen müssen, sind selbst übermäßige Immissionen zu dulden, wenn sie die ortsübliche Nutzung des Grundstücks nicht wesentlich beeinträchtigen, aber auch dann, wenn sie das ortsübliche Maß nicht übersteigen, obwohl die ortsübliche Nutzung des Grundstücks durch sie wesentlich beeinträchtigt wird. Wesentlich sind neben dem Grad und der Dauer der Einwirkung sowie ihrer Störungseignung auch das Herkommen und das öffentliche Interesse. In Industrie- und Gewerbegebieten sind unvermeidliche Folgen der Nachbarschaft von

Gewerbe- und Industriebetrieben hinzunehmen, was aber einen Schutz vor Immissionen nicht ausschließt.

Das öffentliche Interesse kann nicht anerkannt werden, wenn die Beeinträchtigung nicht notwendig mit dem Betrieb der Anlage verbunden ist, sondern durch Schutzeinrichtungen abgestellt oder doch auf ein tragbares Maß vermindert werden kann, und wenn keine ausreichende Notwendigkeit gegeben ist (z.B. wegen des Zweckes der Anlage, wie dies bei einer Verkehrsanlage zutrifft), die Anlage an einem Ort zu betreiben, an dem sie eine Beeinträchtigung über das nach den dort gegebenen Verhältnissen gewöhnliche Maß hinaus bewirkt. Nur wenn die Genehmigung der Anlage auf Grund eines Verfahrens erfolgt, in dem die Berücksichtigung der Interessen der Nachbarn in derselben oder doch in gleich wirksamer Weise vorgesehen ist wie im Verfahren zur Genehmigung von Betriebsanlagen nach der Gewerbeordnung, ist es gerechtfertigt, dem Grundnachbarn das auf Grund seines Eigentumsrechtes an sich gegebene Untersagungsrecht zu nehmen und ihn auf einen Ersatzanspruch zu verweisen. Baugenehmigungsverfahren und sicherheitspolizeiliche Genehmigungsverfahren – wie etwa bei einem von Gendarmerie- und Zollbeamten benützten Privatschießplatz – entsprechen diesen Erfordernissen nicht.

Ortsüblich

Bei der Beurteilung, ob durch die Proben einer Musikkapelle die ortsübliche Nutzung eines Nachbargrundstücks wesentlich beeinträchtigt wird, ist nicht nur die (objektiv messbare) Lautstärke, sondern auch die subjektive Lästigkeit maßgebend, die der Grundstücksbesitzer empfindet. Wobei aber nicht auf dessen besondere Empfindlichkeit, sondern auf das Empfinden eines durchschnittlichen Bewohners des betroffenen Grundstücks abzustellen ist. Sie können also nicht klagen, weil Sie generell Blasmusik nicht mögen. Für die Lästigkeit sind vor allem die Tonhöhe, die Dauer und die Eigenart der Geräusche entscheidend. Sicher ist, dass besonders empfindliche Nachbarn dadurch das Nachsehen haben können.

Besonders empfindliche Nachbarn sind kein Maßstab für die Zumutbarkeit von Lärm

Auch die Ortsüblichkeit ist ein dehnbarer Begriff. Unter Ort ist dabei nicht die politische Gemeinde, sondern die Umgebung im Allgemeinen zu verstehen. Maßgeblich ist, wie die in der näheren Umgebung des

Zimmerlautstärke

Instrumente mit Lautstärkeregelung – wie etwa eine Orgel – dürfen nicht über Zimmerlautstärke gespielt werden. Das gilt auch für den Fernseher oder die Stereoanlage. In diesen Fällen ist immer die Zimmerlautstärke einzuhalten, egal zu welcher Tageszeit. Zimmerlautstärke liegt vor, wenn die Geräusche innerhalb der Wohnungen der übrigen Bewohner des Hauses nicht mehr oder doch kaum noch vernommen werden können, sodass die Nachbarn dadurch auch nicht wesentlich gestört werden.

betroffenen Grundstücks liegenden Immobilien genutzt werden: Wohnbebauung? Kurgebiet? Gewerbebetriebe? Landwirtschaftliche Nutzung? Was in einer Industriezone als ortsüblicher Lärm gilt, kann etwa in einer Kurstadt als Lärmbeeinträchtigung untersagt werden.

Klavierspielen ist grundsätzlich (orts)üblich

Allgemeiner Erfahrung nach wird – anders als etwa Schlagzeug, Trompete und andere Blechblasinstrumente, mit denen wegen ihrer besonderen Lautstärke grundsätzlich in sogenannten Proberäumen geübt wird – gerade auch das Klavierspiel (ebenso wie z.B. Blockflöte und Ziehharmonika) im städtischen Raum vielfach in Wohnungen erlernt und geübt. Demgemäß ist das Klavierspiel seit jeher in Wohnvierteln üblich. Als ortsüblich kann Klavierspiel (das wie anderes Musizieren auch besonders in Österreich zweifellos ein wesentlicher Kulturbestandteil ist), allerdings nur bezeichnet werden, soweit es nicht während der üblichen Ruhestunden – namentlich in der Mittagszeit und in den Nachtstunden – betrieben wird.

Anders bei Musikproben von Hardrockbands, wie der Fall einer Mietwohnung in ruhiger Innenhoflage in Wien zeigt. Diese Wohnung lag „Ecke an Ecke" zum Kellergeschoss des Nachbarhauses, in dem sich Proberäume befanden. Diese Räume wurden an allen Wochentagen von

Klavierspiel

Klavierspielen in einer Wohnung ist grundsätzlich zu dulden. Allerdings hat jüngst der Oberste Gerichtshof die Ortsüblichkeit von Klavierspielen auf zwei Stunden täglich eingeschränkt; demnach ist tägliches vierstündiges Klavierspiel im großstädtischen Wohnbereich – wie etwa dem 11. Wiener Gemeindebezirk – nicht (mehr) ortsüblich.

Hardrockbands für Proben benützt, die zum Teil schon gegen Mittag begannen und bis zu 6 Stunden dauerten. Der bei geschlossenen Fenstern festgestellte Umgebungslärm wurde bei Betrieb in den Proberäumen um bis zu 8 dB angehoben, wobei Pegelspitzen bis zu 17 dB darüber liegen. Der Oberste Gerichtshof stellte klar, dass unter den örtlichen Gegebenheiten der von den stundenlangen Proben diverser Heavy-Metal- und Hardrockbands ausgehende Lärm nicht als ortsüblich anzusehen und – gemessen an den sonstigen Lärmimmissionen – als besonders „lästig" einzustufen ist. Denn für die Beeinträchtigung der ortsüblichen Nutzung einer Wohnung kann neben der objektiv messbaren Lautstärke auch die „subjektive Lästigkeit" maßgeblich sein, für die es auf das Empfinden eines durchschnittlichen Bewohners ankommt. Für diese „Lästigkeit" ist vor allem auf die Tonhöhe, die Dauer und die Eigenart der Geräusche abzustellen.

Kinderlärm

Kleinstkinder dürfen lauter sein als Jugendliche

In der langen Liste der Urteile, Ruhestörer betreffend, gibt es auch welche, die sich mit dem Lärm der lieben Kleinen beschäftigen. Grundfrage: Dürfen sie lauter sein als die Erwachsenen? Der Verwaltungsgerichtshof (VwGH) hat sich auch mit dieser Frage auseinandergesetzt und sich das Urteil abgerungen: Schreien dürfen nur ganz kleine Kinder. Details dieser VwGH-Entscheidung:

- Das typische Schreien von Säuglingen und Kleinstkindern, aber auch der typische Lärm von kleineren Kindern, etwa ein gelegentliches Herumlaufen in der Wohnung, ist nicht als ungebührlich zu beurteilen.
- Das gilt ebenso für gelegentliche, kurze Raufereien von Klein- bzw. Vorschulkindern.
- Aber: Wenn ein Achtjähriger gemeinsam mit seinem um zwei Jahre älteren Bruder eine halbe Stunde ungehindert schreit und hüpft und dadurch bei den Wohnungsnachbarn unterhalb der Luster wackelt, die Türen scheppern, die Zimmerdecke vibriert und Kästen knarren, so muss das von den Nachbarn nicht akzeptiert werden.

Zwei kleine Raufbolde

Die Mitglieder einer Familie (Mutter, Vater, Stiefsohn) hatten bei der Polizei unabhängig voneinander dasselbe ausgesagt. Dreimal sei es ober ihnen ganz schön wild zugegangen. Bitten an die Mutter der zwei kleinen Raufbolde, derartige Lärmerei zu unterbinden, hätten nichts genützt. Im Gegenteil: Am Plafond seien Risse sichtbar. Deshalb erstattete die Familie gegen die Mutter Anzeige wegen Unterlassung der Verhinderung ungebührlicher Lärmerregung. Die Mutter der Buben argumentierte, es wäre von Kindern nicht zu verlangen, dass sie lautlos durch die Zimmer schleichen. Ihre Söhne (acht und zehn Jahre alt) seien normale Buben und hätten naturgemäß einen großen Bewegungsdrang. Und „normal empfindende erwachsene Menschen" hätten dies zu akzeptieren. Zumal die Rauferei der beiden nicht etwa in der Nacht, sondern an einem schulfreien Tag zwischen 9 und 9.30 geschah. Die Alleinerzieherin verkannte aber die Rechtslage. Es kommt einzig und allein darauf an, ob der Lärm geeignet ist, das „Wohlbefinden normal empfindender Menschen" zu stören. So verkündeten (1993) die Höchstrichter des Verwaltungsgerichtshofes, und sie konnten es sich nicht verkneifen, eine kleine Rüge, adressiert an die Mutter der Buben, ins Urteil zu schreiben: „Es gibt durchaus Möglichkeiten, Kinder zur Rücksichtnahme gegenüber ihrer Umwelt mit rechtlich und pädagogisch unbedenklichen Mitteln zu erziehen."

Im Fall, dass von der Eigentumswohnung durch das Spielen von drei Kindern Lärmimmissionen auf die darunter liegende Eigentumswohnung ausgehen (44 dB, bei Herumtollen 49 dB), die ihre Ursache in einem vom Beklagten errichteten unzureichenden Trittschallschutz der Deckenkonstruktion haben, meint der OGH: Fraglos ist das Spielen von Kindern grundsätzlich eine übliche Aktivität in einer Eigentumswohnung, die in der Regel auch mit ihrer bestimmungs-, d.h. vertragsgemäßen Nutzung im Einklang steht. Von einer verkehrsüblichen bzw. widmungsgemäßen Nutzung der Wohnung könnte aber dann nicht mehr ausgegangen werden, wenn ganztägig eklatant Lärm (Getrampel) in der Wohnung darunter erregt wird, dem noch dazu keinerlei Einhalt geboten wird. Solange hier nicht für einen zureichenden Trittschallschutz gesorgt wird, wären im Sinn einer Interessenabwägung selbst bei einem Spielen der Kinder, das die Grenzen der verkehrsüblichen bzw. widmungsgemäßen Nutzung der Wohnung nicht übersteigt, überdies Maßnahmen der besonderen

Was Eltern tun können

- Je dichter besiedelt die Gegend, desto wichtiger ist es, möglichst wenig Lärm zu machen. Das können Sie Kindern erklären.
- Ständige „Krachmacher" haben mitunter einen Grund dafür, dass sie geräuschvoll auf sich aufmerksam machen – und nicht immer ist es die pure Lebensfreude. Sprechen Sie mit Ihrem Kind. Und vor allem: Hören Sie zu.
- Babys und Kleinkinder halten sich nicht an die in der Hausordnung festgelegten Ruhezeiten. Da hilft nur, Verständnis zu entwickeln. Suchen Sie das Gespräch mit dem Nachbarn und berichten Sie ruhig von Ihren Schwierigkeiten, den Nachwuchs im Zaum zu halten.
- Kinder dürfen nicht den ganzen Tag spielen, wie und wo und wie laut sie möchten. Es gibt über Mittag und während der Nacht aus gutem Grund Ruhezeiten, an die sich nicht nur Rasenmäher, Heimwerker, Rockmusiker und Spätheimkehrer halten müssen. Regeln und Grenzen gelten auch für akustische Erziehungsfragen.
- Es ist nicht so, dass Kinderlärm nur die Nachbarn nervt. Wenn auch Ihnen der Geräuschpegel über den Kopf wächst, berufen Sie eine Familienkonferenz ein. Und sollten Gespräche nichts helfen: Behalten Sie die Verfügungsgewalt über den Sicherungskasten in Ihrem Familienhaushalt. Schalter umlegen macht selbst den lautesten Techno-Beat mäuschenstill.

Anrainer müssen Kindergarten akzeptieren

Ein Pfarrzentrum in Graz sollte umgebaut werden, um künftig eine Kinderkrippe sowie einen Kindergarten zu beherbergen. Das gefiel den Anrainern gar nicht. Sie beeinspruchten das Bauvorhaben, weil sie Lärm durch die Kinder befürchteten. Sogar ein Privatgutachten darüber, dass ein hoher Lärmpegel zu erwarten sei, wurde vorgelegt. Die Behörde genehmigte den Umbau aber, die Nachbarn zogen vor den Verwaltungsgerichtshof. Doch auch dieser entschied zugunsten des Kindergartens. Im reinen Wohngebiet müsse man als Nachbar typische Immissionen hinnehmen. Das Höchstgericht erinnerte an ältere Entscheidungen, denen zufolge Nachbarn etwa Kinderspielplätze in Wohnhausanlagen grundsätzlich akzeptieren müssten. Das gelte auch für einen Kindergarten. Und da zu diesem typischerweise Spielflächen im Freien gehören, seien auch diese zulässig. Die Frage, ob das Lärmgutachten richtig sei, spiele somit gar keine Rolle mehr (Die Presse 2011/49/05).

Rücksichtnahme zu verlangen, nach denen die Bewohner der darunter liegenden Wohnung im Wesentlichen keinen größeren Lärmimmissionen als bei ordnungsgemäßer Isolierung und verkehrsüblicher Nutzung ausgesetzt sind.

Geht die Lärmbelästigung von Jugendlichen in einer Wohnanlage aus, hat der Vermieter darauf zu reagieren; ansonsten kommt eine Mietminderung in Frage. Wenn sich auf einer zwischen zwei Wohnblöcken liegenden Grünfläche nahezu täglich an die 20 Jugendliche treffen, um Fußball zu spielen, und sich lauthals dabei anfeuern, hat der Vermieter die Hinweise der Mieter – etwa durch Aufstellen eines Verbotsschilds – zu befolgen. Unterlässt er dies, verstößt er gegen seine Verpflichtung, einer etwaigen Lärmbelästigung so gut wie möglich vorzubeugen, weshalb die Herabsetzung der zu entrichtenden Miete gerechtfertigt sein kann.

Und noch mehr Lärmquellen ...

Eisenbahnlärm ist ortsüblich

Wer sich ein Haus neben den Schienen kauft, darf sich nicht wundern, wenn er nachts aus dem Bett fällt. Der Bahnbetrieb ist nicht zu verhindern. Da fährt wirklich die Eisenbahn drüber. Was aber tun, wenn man an einem ruhigen Platz wohnt und plötzlich quartiert die Gemeinde in unmittelbarer Nähe Schuhplattler ein? Oder setzt einem eine Sportanlage vors Fenster? In der Nähe von Villach tat ein Bürgermeister beides. Der Bürger hat aber gute Chancen, sich gegen eine vehemente Lärmverstärkung erfolgreich zu wehren. Er darf sich nur nicht zu viel Zeit lassen mit seiner Beschwerde. Sonst wird der neu hinzugekommene Lärm ortsüblich, und dann ist die Sache gelaufen.

Bei der Beurteilung der Frage, ob eine Immission ortsüblich ist, kommt es grundsätzlich auf den Zeitpunkt der Beurteilung an. Allmählich wachsende Immissionen können das Maß des Zulässigen ebenso erhöhen wie Änderungen in den Benützungsgepflogenheiten oder in der Bewertung bestimmter Beeinträchtigungen. Eine übliche (voraussehbare) Zunahme der Immissionen ist hinzunehmen (wie stärkerer Besuch einer renovierten Sportanlage oder eine Verlegung von Spielen in die Abendstunden wegen Flutlichtanlage und Lautsprecherverstärkung). Die Plötzlichkeit der Veränderung ist zwar nicht maßgebliches Kriterium. Doch muss sich der

Schuhplattler und Eishockey

Alles schien so friedlich, als sich ein Ehepaar ein Grundstück in Kärnten kaufte und 1988 mit dem Hausbau begann. Das nächste Haus ist 100 Meter entfernt. In der Nähe war nichts außer einem Eislaufplatz, welcher der Gemeinde gehört. Schüler kamen mit ihren Lehrern. Im Sommer spielten Burschen Fußball. Das störte wirklich nicht. Als das Ehepaar jedoch 1990 mit seinem Sohn ins neue Haus übersiedelte, war es dort sehr laut, weil Eishockeyturniere stattfanden. Man versuchte sich zu schützen und baute Lärmschutzfenster ein. Und die Gemeinde baute aus: Ein Klubhaus entstand, nicht nur für Sportler – und mit Ausschank alkoholischer Getränke. Auch für Treffen eines Schuhplattler- bzw. Gesangsvereins und auch für den Gemeinderat. Selbst im Sommer ist dort bis in die Nacht etwas los. Im Bauverfahren war den Anrainern die Möglichkeit zum Einspruch widerrechtlich aberkannt worden. Flutlichtanlage, Lautsprecher ... Die Eishockey- und Eisstockturniere wurden mehr und mehr. Man veranstaltete zusätzlich Eisdiscos. Ein Weg wurde asphaltiert, damit Autobusse besser umdrehen können. Eine Lärmmessung ergab: Stießen Eisstöcke zusammen bzw. donnerte ein Puck an die Bande, so hörte es die betroffene Familie in ihrem Wohnzimmer mit 74 bis 78 Dezibel. Es ist unbestritten: Bei einem Schallreiz von 45 Dezibel werden 45 Prozent aller Schläfer munter. 1993 klagte die Familie die Gemeinde als Betreiber der Eislaufbahn auf Unterlassung. Der Oberste Gerichtshof gab im ersten Rechtsgang der Klage nicht statt, sondern wies diese zur Verfahrensergänzung auf die Unterinstanz zurück: Es komme auf die Erhebung der von der Anlage der Gemeinde ausgehenden Lärmbelästigung innerhalb der letzten drei Jahre vor der Klagsführung durch Ermittlung (Schätzung) eines Geräuschpegels unter Einbeziehung der damals vom Grundstück der Beklagten ausgehenden Geräusche an.

Alter Sportplatz, neue Nachbarn

beeinträchtigte Nachbar eher gegen eine schlaghafte Lärmverstärkung zur Wehr setzen dürfen.

Nicht von ausschlaggebender Bedeutung ist es, seit wann die Immission vorkommt. Ob der gequälte Nachbar schon bei Erwerb seines Grundstücks mit einer derartigen Einwirkung rechnen musste, ist nur dann beachtlich, wenn es sich um eine Immission handelt, deren Ursache für den Charakter der Umgebung von Bedeutung ist, wie etwa die Immission durch einen Bahnbetrieb oder eine bereits bestehende große Sportanlage.

Herkömmlich und ortsüblich

Was auf einem einzigen Grundstück in der Gemeinde herkömmlich ist, muss noch nicht ortsüblich sein. Die Störung muss auch nur so weit geduldet werden, als sie mit dem Betrieb der störenden Anlage notwendig verbunden ist. Der beeinträchtigte Grundnachbar muss im Allgemeinen eine Zunahme der Einwirkungen hinnehmen, sofern die Zunahme durch die normalerweise voraussehbare Entwicklung begründet ist. Eine schlagartige Verstärkung muss er nicht hinnehmen.

Wann aus einer Überschreitung des bis dahin Ortsüblichen eine Änderung des Üblichen wird, richtet sich nach den Umständen des Einzelfalles. Die Untersagungsmöglichkeit kann nicht schon von vornherein an der Anerkennung eines neuen Standards scheitern. Andererseits ist die Ortsüblichkeit kein Fall der (für dingliche Rechte an Liegenschaften 30jährigen) Ersitzung und dieser nur entfernt ähnlich. Ausschlaggebend wird die mit der Verwendung der Begriffe „gewöhnlich" und „ortsüblich" verbundene Absicht des Gesetzgebers sein, nicht auf lange Dauer, sondern auf das Hinnehmen des Zustandes abzustellen. Dem entspricht am besten der in der gesamten Rechtsordnung für dieses Anliegen übliche Zeitraum von drei Jahren. Nimmt der betroffene Anrainer eine Lärmsteigerung durch mehr als 3 Jahre unbeanstandet hin, so ist die „Ortsüblichkeit" unter Berücksichtigung des neu hinzugekommenen Lärms zu beurteilen. Ein Anspruch auf Unterlassung der hierdurch verursachten Immissionen besteht dann nicht mehr.

Auch Tennisspieler können Anrainern auf die Nerven gehen. Ein Streitfall ging bis zum Obersten Gerichtshof. Der entschied: Man kann sehr wohl Klage gegen den Betreiber eines Tennisplatzes einbringen. Das

Verjährt

Lärmsteigerung über 3 Jahre hinweg begründet in der Regel Ortsüblichkeit

Nicht länger als drei Jahre darf der betroffene Anrainer die Beeinträchtigung unbeanstandet hinnehmen. Das ist zwar nicht gesetzlich geregelt. Aber das sagt der Oberste Gerichtshof. Der Nachbar muss daher schleichende Veränderungen, gegen die er sich nicht rechtzeitig zur Wehr gesetzt hat, dulden. Die Untätigkeit des Nachbarn führt – etwa beim Lärm von einer Heubelüftungsanlage – zur Ortsüblichkeit der Immission.

„Plop" der Bälle, Wutausbrüche und Triumphgeschrei der Spieler können lästig sein, also gelten sie als Immissionen. Während in Deutschland der Bundesgerichtshof klar festlegt, dass Lärmvermehrungen um mehr als fünf Dezibel eine unzulässige Beeinträchtigung des Wohlbefindens eines Menschen darstellen, gibt es in der österreichischen Rechtsprechung kein derart konsequentes Verbot. Tennis spielen ist fast immer erlaubt, so das OGH-Urteil: Nur zu Zeiten, in denen besondere Ruhe zu wahren ist, etwa zur späteren Abend- und Nachtzeit, aber auch während einer ortsüblichen Mittagsruhe, sollten Tennisbälle nicht übers Netz fliegen. Es bleibt dem Tennisplatzbetreiber überlassen, wie er den Lärm „eindämmt": durch eine Lärmschutzmauer, hohe Hecken, einen neuen Bodenbelag oder überhaupt durch Umstellung auf Hallenbetrieb.

Tennislärm ist untertags zulässig

Belästigungen durch Anlagen

Ein Grundeigentümer muss prinzipiell „das Überfliegen" dulden. Auch wenn die Motoren in den Ohren brummen. Der Luftverkehr liegt im allgemeinen Interesse. Gegen Belästigungen aus der Luft kann der Nachbar sich nur wehren, wenn es sich um nicht bewilligungspflichtige, ferngesteuerte Modellflugzeuge handelt.

Der Oberste Gerichtshof hat wiederholt die Rechtsauffassung vertreten, dass die in § 364a ABGB normierte Pflicht des Nachbarn zur Duldung einer von der Behörde genehmigten Anlage nur dann bestehe, wenn dem Nachbarn im behördlichen Verfahren Parteistellung zugekommen ist. Diese Auffassung betrifft Gewerbebetriebe, die im vereinfachten Genehmigungsverfahren – also den Nachbarn Gehör zu gewähren – bewilligt wurden. Zuletzt haben die Höchstrichter allerdings angedeutet, dass eine im verwaltungsbehördlichen Verfahren vorgenommene Prüfung und Beurteilung der mit einem Nachtflugbetrieb verbundenen Lärmimmissionen – im Bescheid wurden sogar Grenzwerte festgesetzt – die abermalige Entscheidung derselben Frage durch die Gerichte ausschließen könne. Dennoch ist nach wie vor offen, welche rechtlichen Konsequenzen eine im Einzelfall gegebene unzureichende Ausgestaltung des behördlichen Verfahrens im Hinblick auf den Rechtsschutz der Nachbarn hat. Fest steht nur, dass derartige – für Eisenbahnen und Flughäfen typische – Verfahren

Eisenbahn- und Fluglärm ist privilegiert

Kein Schadenersatz für durch Flugzeuglärm erlittenen Tinnitus

Der Eigentümer einer Liegenschaft, die sich – bei Landeanflügen von Süden her – in der Einflugschneise des Salzburger Flughafens befindet klagte auf Schadenersatz. Er behauptete, er habe einen beidseitigen Tinnitus nach Schalltrauma erlitten. Am Tag des Vorfalls überflog eine Boeing 767 seine Liegenschaft in rund 60 m Höhe, wobei die gemessene Lärmbelastung bei 86,7 dB lag. Während des Überflugs befand er sich im Garten.
Der Flughafen ist eine behördlich genehmigte Anlage. Der nachbarrechtliche Anspruch gegen den Flughafenbetreiber kann auch auf eine – verschuldensunabhängige – Gefährdungshaftung gestützt werden. Voraussetzung dieser Haftung ist aber die Ortsunüblichkeit der Immission, die der Oberste Gerichtshof im Anlassfall verneinte. Auch eine Verkehrssicherungspflicht wurde nicht verletzt.

nicht zwangsläufig zum Ergebnis führen, dass jeder einzelne Nachbar das Ergebnis des Verwaltungsverfahrens durch die Geltendmachung eines Unterlassungsanspruchs in Frage stellen kann.

Immer wieder ist strittig, ob eine behördlich genehmigte Anlage vorliegt. Historisch gesehen, bezweckte § 364a ABGB den Schutz der Industrie. „Behördlich genehmigt" sollte nichts anderes als „behördlich konzessioniert" bedeuten. Vom Vorliegen behördlich genehmigter Anlagen geht daher die Rechtsprechung in erster Linie bei gewerblichen Betriebsanlagen aus. Derartige Anlagen dürfen nur mit Genehmigung der Behörde errichtet und betrieben werden, wenn sie wegen der Verwendung von Maschinen und Geräten, wegen ihrer Betriebsweise, wegen ihrer Ausstattung oder sonst geeignet sind, die Nachbarn durch Geruch, Lärm, Rauch, Staub, Erschütterung oder in anderer Weise zu belästigen. Die Land- und Forstwirtschaft, wozu auch das Halten von Nutztieren zur Zucht, Mästung und Gewinnung tierischer Erzeugnisse gehört, unterliegt nicht der Gewerbeordnung.

Bei der Bestimmung des § 364a ABGB hatte der Gesetzgeber in erster Linie die Genehmigung einer Betriebsanlage nach den Bestimmungen der Gewerbeordnung im Auge. Unterlassungsansprüche gemäß § 364 Abs. 2 ABGB sind regelmäßig nur dort ausgeschlossen, wo der Bewilligung ein Verfahren zugrunde lag, in welchem die Berücksichtigung der Interessen der Nachbarn in derselben oder in gleich wirksamer Weise

Wildschwein kontra Modellflugzeug

Die Idylle auf einem weitläufigen Bauernhof nahe den Donau-Auen wurde getrübt, als ein Modellflug-Klub aus einem benachbarten Grundstück eine Start- und Landebahn für Modellflugzeuge machte. Acht bis zehn Minuten dauerte ein Rundflug eines Motor-Modellflugzeugs. „Segler" hielten sich bis zu 35 Minuten in der Luft. Der benachbarte Bauer war auch Jäger. Mit der Flinte jagte er vor allem die Wildschweine, wenn sie sich auf seinen Grund verirrten. Je öfter die Hobbypiloten sich auf dem Nachbargrund tummelten, desto weniger Treffer zählte der Bauer. Dass durch die Modellfliegerei das Wild aufgescheucht wurde, verärgerte ihn sehr. Auch die Kühe auf der Weide waren verschreckt. Irgendwann düste schließlich ein Flugzeug im Tiefflug über den Bauernhof und „erwischte" beinahe die Bäuerin. Gemeinsam mit ihrem Mann brachte sie Klage gegen vier Mitglieder des Modellflug-Klubs ein. Berechtigterweise, wie das Höchstgericht meinte: „Da das öffentliche Interesse der Allgemeinheit am freien Luftverkehr beim Hobby des Modellflugs kaum besteht, sind die dem Grundstückseigentümer zur Gewährung der Freiheit des Luftraums auferlegten Duldungspflichten einschränkend zu gewähren." Die Bauern bekamen Recht: Sie brauchen die erhebliche Lärmentwicklung, die Vieh und Wild aufschreckt, nicht länger hinnehmen. Beim Hobby des Modellfliegens muss das Überfliegen demnach nicht geduldet werden, wenn der Lärm das nach den örtlichen Verhältnissen gewöhnliche Maß überschreitet und die ortsübliche Benutzung des überflogenen Grundstücks wesentlich beeinträchtigt.

vorgesehen war wie im Verfahren zur Genehmigung von Betriebsanlagen nach der Gewerbeordnung. Eine Mobilfunksendeanlage ist keine solche behördlich genehmigte Anlage. Gerät z.B. in einer Abfallentsorgungsanlage der dort gelagerte Gewerbemüll durch Selbstentzündung in Brand, und musste wegen der Rauchentwicklung der auf einer Nachbarliegenschaft im Schichtbetrieb organisierte Fertigungsbetrieb mehrere Stunden lang eingestellt werden, kann – gestützt auf § 364a ABGB – der Ersatz von frustrierten Lohnkosten, des Mehraufwands für die Wiederinbetriebnahme der Produktion und entgangenen Gewinn gefordert werden.

Geht die Immission von einem Betrieb unter Missachtung einer behördlichen Auflage aus, kommt ein nachbarrechtlicher Untersagungsanspruch in Frage. Zu beachten ist in diesem Zusammenhang, dass sich eine

Rettungszwecke gehen vor Nachbars Interessen

Das Nachbarrecht muss einen Ausgleich nicht nur zwischen streitenden Grundbesitzern bieten, sondern auch zwischen benachbarten Rechtsgebieten. Das zeigt sich exemplarisch am Fall eines Sanatoriums in Vorarlberg, in dem besonders zur Winterzeit Sportverletzungen behandelt werden. Sehr zum Leidwesen eines Nachbarn des Sanatoriums werden viele verletzte Wintersportler mit dem Hubschrauber gebracht – mit der Folge, dass der Lärm der landenden und startenden Helikopter die Ruhe in der Montafoner Ortschaft stört. Der geografisch überschaubare Konflikt, der nun vom Obersten Gerichtshof entschieden wurde – tendenziell zugunsten des Sanatoriums –, könnte auch in viel größerem Ausmaß auftreten: etwa beim Flughafen Linz-Hörsching, wo Anrainer ebenfalls bereits versucht haben, den Betrieb zu verhindern (ohne bisher eine inhaltliche Entscheidung des OGH erreicht zu haben). Die Starts und Landungen im Montafon haben, so viel steht fest, den durchschnittlichen Lärmpegel auch auf der Nachbarliegenschaft des Sanatoriums deutlich erhöht. Statt wie ein ländliches Wohngebiet klang die Umgebung des Sanatoriums nach Experteneinschätzung wie ein städtisches Wohngebiet, phasenweise sogar wie ein belebtes Kerngebiet. Der Krach von Turbinen und Rotorblättern übertraf auch merkbar jene Schallpegelspitzen, die beim Vorbeifahren von Lkw zu messen waren. Der Nachbar fühlte sich durch den Lärm stark gestört und klagte über diverse Beschwerden, von Schlafstörungen bis zu Depressionen. Es war allerdings nicht nachweisbar, dass sie alle auf die ein- und ausfliegenden Hubschrauber zurückzuführen waren. So blieb dem Mann nichts anderes übrig, als schlicht auf Unterlassung der akustischen Immissionen zu klagen, so weit sie „das nach den örtlichen Verhältnissen gewöhnliche Maß überschreiten und die ortsübliche Benutzung des Grundstückes wesentlich beeinträchtigen" (§ 364 Abs. 2 ABGB). Allerdings, und hier tritt zum Konflikt mit dem Nachbarn der Harmonisierungsbedarf mit dem Verwaltungsrecht hinzu: Der Hubschrauberlandeplatz war verwaltungsbehördlich genehmigt. Und für diesen Fall schließt § 364a Unterlassungsansprüche aus und verweist betroffene Nachbarn auf eine finanzielle Entschädigung. Das wiederum funktioniert aus verfassungsrechtlichen Gründen nur so weit, wie der Nachbar im Genehmigungsverfahren Parteistellung hatte (bei der Mehrzahl der Verfahren ist das heute gewährleistet, bei Großprojekten durch die Umweltverträglichkeitsprüfung); würde nämlich über seinen Kopf hinweg die Genehmigung erteilt und er folglich in seinen Abwehransprüchen beschnitten, würde er in einem Grundrecht verletzt: im Recht auf ein faires Verfahren. Und wirklich: An keinem der Verfahren, die vor der Aufnahme des Flugbetriebs abgewickelt wurden, war der Nachbar beteiligt. Das hinderte die erste und zweite Instanz allerdings nicht, die Klage des Nachbarn abzuweisen: Beteiligung hin oder her, die Behörde habe ohnehin die Zumutbarkeit des Betriebs geprüft, lautete sinngemäß die Begründung. So einfach wollte es sich der OGH jedoch nicht machen. In seiner sehr gefinkelten Entscheidung fand er einen Kunstgriff, wie der Nachbar auch ohne Anwendung des § 364a um einen Unterlassungsanspruch gebracht werden kann. Und zwar so: Die in § 364 angesprochene Ortsüblichkeit und der Grad der Beeinträchtigung werden über die rein faktische und technisch messbare Situation hinaus mit Wertungen aufgeladen. Das Nachbarrecht gebiete einen „sozialrelevanten Interessenausgleich"; also sei die Frage der Wesentlichkeit der Beeinträchtigung „vom Standpunkt eines verständigen Durchschnittsmenschen aus zu beantworten, der auch auf die allgemeinen Interessen und gesellschaftlich bedeutsamen Gesichtspunkte wenigstens Bedacht nimmt". Zu diesen „puddingartigen" Allgemeininteressen zählt ganz zentral der Schutz des Lebens und der Gesundheit, der mit den Flügen gefördert wird. Rettungsflüge in einem Skigebiet und nahe einem Sanatorium gelten nach Einschätzung des OGH als „ortsüblich", wenn

- die Grenzen der Bewilligung und die Auflagen eingehalten werden,
- keine Gesundheitsbeeinträchtigungen für die Anrainer entstehen,
- die Rettungsflüge nur in dem aus gesundheitlichen Gründen erforderlichen Ausmaß durchgeführt werden und
- der Betreiber alles unternimmt, um die Lärmbelästigung möglichst gering zu halten.

(Die Presse 2010/51/06)

Indizwirkung öffentlich-rechtlich angeordneter (Betriebs-)Ruhezeiten nur auf die Orts-(un-)üblichkeit der Störung beziehen kann. Nicht aber auch auf das nach § 364 Abs. 2 ABGB hinzutretende Kriterium der Nutzungsbeeinträchtigung des betroffenen Grundstücks. Dabei ist nämlich nicht auf die Lärmemission, sondern auf die Immission abzustellen, also auf die konkreten Auswirkungen des Lärms auf das beeinträchtigte Grundstück; diese sind naturgemäß je nach Lage des Grundes und Entfernung von der Lärmquelle unterschiedlich stark. Dem Lärmschutz dienende öffentlich-rechtliche Anordnungen können für die Frage der Beeinträchtigung der ortsüblichen Benützung eines einzelnen Grundstücks von vornherein keine Aussagekraft haben. Vielmehr ist entscheidend, ob beispielsweise das Betriebsgeräusch einer Mühle – in einer bestimmten Konstellation (wie nächtens bei wenig Verkehr und geringem Wasserstand) – gemessen an den Schlafgewohnheiten und dem Lärmempfinden eines Durchschnittsmenschen auch unter Bedachtnahme auf die Lästigkeit des tieffrequenten Dauertons zu einer ins Gewicht fallenden Störung der Nachtruhe führt.

Das Vorliegen behördlich genehmigter Anlagen wird auch bei öffentlichen Straßen, Eisenbahnanlagen und Flugplätzen bejaht. Insoweit wird zugrunde gelegt, dass die Genehmigung der Anlage aufgrund eines Verfahrens erfolgt, in dem die Berücksichtigung der Interessen der Nachbarn in derselben oder doch in gleich wirksamer Weise vorgesehen ist, wie im Verfahren zur Genehmigung von Betriebsanlagen nach der Gewerbeordnung. Legendär ist der „Innsbrucker Straßenbahn-Fall", wonach es sich bei Eisenbahnanlagen um sogenannte „gemeinwichtige Anlagen" handle. Diese seien ohne Rücksicht darauf, ob den betroffenen Nachbarn im verwaltungsrechtlichen Bewilligungsverfahren Parteistellung zugekommen ist, als behördlich genehmigte Anlagen anzusehen, deren (unvermeidbare) Auswirkungen nicht auf zivilrechtlichem Weg bekämpft werden können. Ebenso besteht kein Unterlassungsanspruch gegen behördlich angeordnete Pfeifsignale im Eisenbahnverkehr.

Straßenbewilligungen entsprechen Betriebsanlagengenehmigungen

Für bloße Baugenehmigungsverfahren wird dies hingegen ausdrücklich verneint. Baubehördliche Genehmigungen entsprechen nach der Rechtsprechung nicht den vorstehenden Erfordernissen. Es besteht auch kein verschuldensunabhängiger Ausgleichsanspruch analog § 364a ABGB für die Schäden, die dadurch entstanden sind, dass nach Abriss des Nachbarhauses die Feuermauer am Haus des Klägers freigelegt wurde. Die Beklagte trifft keine gesetzliche (oder vertragliche) Verpflichtung, die Liegenschaft in einem solchen Zustand zu halten, dass der Nachbar vor von außen entstehenden Einwirkungen geschützt wird. Vielmehr verpflichtet die Wiener Bauordnung den Hauseigentümer, ungedeckte freistehende bzw. freigelegte, bisher aber verdeckte Feuermauern und Feuermauerteile von außen zu verputzen.

Jüngst verneinte das Höchstgericht die Anwendung des § 364a ABGB bei Lärmimmissionen einer Gondelseilbahn, weil die Kläger im seilbahnrechtlichen Bewilligungsverfahren keine hinreichende Parteistellung hatten. Ob es sich um eine „gemeinwichtige Anlagen" hierbei handeln könnte und damit Immissionen trotz fehlender Parteistellung nicht untersagt werden könnten, blieb offen, weil auch nach dieser Rechtsprechungslinie Immissionen untersagt werden können, wenn sie mit zumutbaren Maßnahmen vermeidbar sind. Von einer solchen Vermeidbarkeit ging der erkennende Senat aufgrund des festgestellten Sachverhalts (nötige Investitionen von 55.000 EUR) aus.

Ebenso erfolglos blieb ein Ausgleichsanspruch nach einem durch Überschwemmung verursachten Wasserschaden: Anlässlich eines heftigen Regenereignisses drang von einer Straße Abflusswasser in ein Wohnhaus ein, wo ein Wasserschaden eintrat. Die Haushaltsversicherung (Klägerin) musste eine Versicherungsleistung erbringen und klagte die Straßenhalterin, eine Stadtgemeinde, auf Ausgleich des Schadens. Ein Ausgleichsanspruch nach § 364a ABGB setzt voraus, dass die Immission unmittelbar von der schadensverursachenden Anlage ausgeht und für deren Betrieb typisch ist. Der Umstand, dass die Regenabwässer von einer Straße in ein Haus eindringen, begründet für sich allein keine Haftung des Halters der Straße.

Ist die Umgebung durch Einfamilienhäuser und Wohnhausanlagen geprägt, sind Geräusche wie Spielen von Kindern auf Terrassen, Quietschen von Kindern, Telefonate, Verschieben von Gartenmöbeln etc. nicht als ortsunüblich zu bezeichnen. Der Oberste Gerichtshof hat bereits ausgesprochen, dass beim Zusammenleben von Menschen, wie es in bzw. im Umfeld von Wohnhausanlagen typischerweise stattfindet, dadurch bedingte Unannehmlichkeiten grundsätzlich in Kauf zu nehmen sind.

Lärm durch Dritte

Gastwirte und Vermieter müssen Lärm durch Gäste und Mieter verhindern

Wer eine Wohnung vermietet, haftet nicht für jeden durch andere Personen in seiner Wohnung verursachten ungebührlichen Lärm. Er begeht eine Verwaltungsübertretung nur dann, wenn er es unterlässt, umgehend Abhilfe zu schaffen.

So ist z.B. der Wohnungsinhaber verpflichtet, mitternächtliches Klavierspielen abzustellen, wenn ihm dies möglich ist. Inhaber öffentlicher allgemein zugänglicher Gasthauslokalitäten sind wiederum verpflichtet,

Die Militär-Abfangjäger

Gemäß den vorangegangenen Ausführungen dachte sich ein Ehepaar in der Steiermark, dass es sich die Stationierung von Militär-Abfangjägern auf dem Grund nebenan nicht gefallen lassen müsse, und zog gegen die Republik Österreich bzw. das Bundesministerium für Landesverteidigung zu Gericht. Noch bevor Österreich die schwedischen Draken kaufte, klagte das Ehepaar auf Unterlassung. Es stützte sich dabei insbesondere auf das Gutachten eines Universitätsprofessors, der (im Zuge eines Umweltverträglichkeits-Prüfungsverfahrens) davor warnte, dass die Stationierung der Abfangjäger auf dem Fliegerhorst Graz-Thalerhof einen massiven Lärm-Angriff auf die Lebensqualität der Anrainer bedeute. Der Prozess ging durch alle drei Instanzen. Ein Gericht meinte, dass das Ehepaar als Nachbar der Kaserne, auf deren Areal die Abfangjäger stationiert werden, sich gegen den zu erwartenden extremen Fluglärm wehren darf. Aber der OGH korrigierte: Für diesen Streit sei der Rechtsweg unzulässig. Vor Zivilgerichten könnten nur bürgerliche Streitigkeiten ausgetragen werden. Bei der Stationierung der Abfangjäger handle es sich aber um einen hoheitlichen Akt zum Zwecke der Landesverteidigung. Und ein solcher Akt sei praktisch unantastbar. Aus diesem Grund kann auch z.B. ein Straßenerhalter wegen unterlassener Unterbindung des Schwerverkehrs (Untersagung hoheitlichen Handelns) nicht geklagt werden.

von sich aus alle Vorkehrungen zu treffen, um Ruhe und Ordnung in ihrem Betrieb zu sichern und eine Erregung ungebührlicherweise störenden Lärms durch ihre Gäste abzustellen. Unterlassen sie dies, sind sie für den durch ihre Gäste erregten Lärm in gleicher Weise verantwortlich, als wenn sie selbst die Erreger dieses Lärmes gewesen wären.

Geruch

Der zentrale Paragraf des klassischen Nachbarschaftsrechts regelt auch den Gestank, der vom Nachbargrundstück herüberwehen kann. „Der Eigentümer eines Grundstücks kann dem Nachbarn die von dessen Grund ausgehenden Einwirkungen durch Abwässer, Rauch, Gase, Wärme, Geruch, Geräusch, Erschütterungen und Ähnliches insoweit untersagen, als sie das nach den örtlichen Verhältnissen gewöhnliche Maß überschreiten und die ortsübliche Benutzung des Grundstückes wesentlich beeinträchtigen", steht im bereits auf ► Seite 11 zitierten zweiten Absatz des § 364 des Allgemeinen Bürgerlichen Gesetzbuches (ABGB). Geruch, Rauch, Gase werden also ausdrücklich genannt.

Allerdings gibt es wegen Geruchsbelästigung nicht gleich ein Schmerzengeld. So geschehen Bewohnern eines Hauses, die den zweifelhaften Duft von Heizöl erdulden mussten. Der Oberste Gerichtshof betonte, dass diese Unannehmlichkeit nicht ausreicht, um Geld fordern zu dürfen – bei Atembeschwerden hätte es sich anders verhalten. Ebenso lehnt das Höchstgericht Schmerzengeld bei Erduldung von beißend chemisch riechendem Rauch ab.

Was Sie gegen Gestank unternehmen können

Für Gestank gilt im Prinzip dasselbe wie für Lärm. Auch Gestank ist eine Immission, gegen die man sich unter Umständen bei Gericht wehren kann. Eine Klage (auf Unterlassung der Geruchsbelästigung) gegen den Nachbarn, von dessen Wohnung oder Grundstück die Beeinträchtigung ausgeht, wird nur dann Erfolg haben, wenn folgende Voraussetzungen erfüllt sind:

Geruch ist eine Immission

- die Geruchsbelästigung muss das ortsübliche Maß überschreiten und gleichzeitig
- die normale Benutzung des Grundstücks (der Wohnung) wesentlich beeinträchtigen.

Nur wenn die Belästigung das ortsübliche Maß überschreitet, ist zu prüfen, ob die Benutzung des betroffenen Grundstücks wesentlich beeinträchtigt wird. Dabei werden wie beim Lärm besondere Empfindlichkeiten von Nachbarn nicht berücksichtigt, sondern es kommt auf das Empfinden eines Durchschnittsmenschen des von der Einwirkung betroffenen Gebietes an. Eine einmalige Geruchsbelästigung ohne Wiederholungsgefahr und ohne länger anhaltende Auswirkungen wird in der Regel nicht genügen, um einen Unterlassungsanspruch zu begründen. Intensität und Dauer der Geruchsbeeinträchtigung sind für die Beurteilung, ob Wesentlichkeit gegeben ist, von entscheidender Bedeutung.

Gefährdet jedoch die Einwirkung die Gesundheit davon betroffener Menschen, so kann sie nicht als ortsüblich beurteilt werden. Ist allerdings die Gesundheitsgefährdung bzw. gesundheitliche Beeinträchtigung nur auf eine besondere Sensibilität des Nachbarn zurückzuführen, so kann dies für sich allein noch nicht zum Anlass genommen werden, die Einwirkung gänzlich zu untersagen. Vielmehr kommt es darauf an, dass die Immission überhaupt – und nicht nur für übersensible Menschen – gesundheitsgefährdend bzw. gesundheitsbeeinträchtigend ist.

Geruchsbelästigung ist nur im Burgenland eine Verwaltungsübertretung

Während jemand, der zu laut ist, in ganz Österreich wegen ungebührlicher Lärmerregung eine Geldstrafe ausfassen kann, riskiert jemand, der belästigenden Geruch hervorruft, nur dann eine Bestrafung, wenn er dies im Burgenland macht. Denn nur im burgenländischen Landes-Polizeischutzgesetz werden Geruchsbelästigungen als Verwaltungsübertretung unter Strafe gestellt. Unter belästigendem Geruch sind alle wegen ihrer Dauer oder Heftigkeit für das menschliche Empfinden unangenehm in Erscheinung tretenden Einwirkungen zu subsumieren. Dem Verursacher droht eine Geldstrafe bis zu 360 Euro. Im Falle der Uneinbringlichkeit drohen bis zu vier Wochen Polizeiarrest, bei Wiederholung kann eine Geldstrafe bis 14.500 (!) Euro verhängt werden (bzw. bis zu acht Wochen Ersatzfreiheitsstrafe). In allen übrigen Bundesländern gibt es keine derartigen Bestimmungen.

Grillpartys

Zwar haben beim Mikrozensus 2003 immerhin 19,7 Prozent der Wohnungsbenutzer eine Beeinträchtigung durch Geruch beanstandet, die Fälle von nachbarschaftlichen Klagen wegen Geruchsbelästigung halten sich aber in gewissen Grenzen. Auch in Zeiten, in denen Reihenhausanlagen wie Schwammerl aus dem Boden schießen und Grillpartys sich zunehmender Beliebtheit erfreuen, haben sich die Richter – zumindest die österreichischen Höchstrichter – noch nie mit einer Klage befassen müssen, in der sich jemand über die vom Nachbargrund oder -balkon herüberziehenden, nach Grillwürsteln und Steaks riechenden „Duftwolken" beschwert hat.

Im eigenen Garten können Sie dem Grillvergnügen frönen, solange das Grillen fachmännisch ausgeübt wird (Verwendung von Grillkohle, geeignete Grillvorrichtung). Es gibt kein Gesetz, das Grillen auf Balkon, Terrasse oder im Garten generell verbietet. Es ist prinzipiell Sache jedes einzelnen zu entscheiden, wie er seine Speisen zubereitet. Problematisch sind jedoch der beim Grillen entstehende Geruch und Qualm, kurz Immissionen genannt. Nach den Vorschriften des ABGB muss der Nachbar sie dulden, wenn sie ihn nur unwesentlich beeinträchtigen. Eine Beeinträchtigung ist in der Regel unwesentlich, wenn Grenzwerte in Gesetzen, Verordnungen oder Verwaltungsvorschriften nicht überschritten werden. Da jedoch oft in den Immissionsschutzgesetzen keine Grenzwerte festgeschrieben sind, kommt es auf den jeweiligen Richter und die Umstände des Einzelfalles an. Was in einem großen Garten gestattet ist, kann auf einer kleinen Terrasse oder gar auf einem Balkon unzulässig sein.

In Deutschland gibt es keine einheitliche Rechtsprechung darüber, wann ein Nachbar den Qualm und die Gerüche beim Grillen nicht mehr akzeptieren muss. Die Gerichte entscheiden von Fall zu Fall sehr unterschiedlich. Hier ein Überblick:

Wie deutsche Gerichte entschieden haben

- Im Saarland beschwerten sich Hausbewohner darüber, dass es zweimal wöchentlich unerträglich nach Grillhendln roch. Ursache war ein mobiler Grillstand vor einem Supermarkt. Was bei den Kunden gut ankam, brachte die Anrainer aber nicht auf den Geschmack. Sie wollten, dass der Standbesitzer Ware und Duft woanders feilbot. Das Gericht stimmte dem zu: Steigt der Duft von Grillhendln den anwohnenden Hausbewohnern zu sehr in die Nase, so muss der Standort gewechselt werden.
- Ein neueres Urteil vom Amtsgericht München stärkt die Position der Grillfans mit Garten. Der Beklagte hatte zwischen Mai und August 2002 im Garten seines gemieteten Hauses 16 Mal gegrillt, also einmal pro Woche. Und obwohl sich die Nachbarn über Rauchgase und Bratgerüche in ihren Wohn- und Schlafzimmern beschwert hatten und sich dadurch in ihrem Wohlbefinden erheblich gestört fühlten, mussten sie das Grillen als „sozialadäquat" hinnehmen. Das Gartengrillen kann zwar von einem Gericht untersagt werden, aber nur, wenn bewiesen werden kann, dass die Nachbarn durch den Qualm und die Gerüche wesentlich beeinträchtigt werden. Diesen Nachweis

konnten die Kläger in diesem Fall nicht bringen. Sie legten gegen das Urteil Berufung ein, jedoch ohne Erfolg.

- Die Frage, ob auf dem Balkon gegrillt werden darf, wird von den Gerichten uneinheitlich beantwortet. Teils wird das Grillen auf dem Balkon eines Mehrfamilienhauses als generell unzulässig betrachtet (z.B. Amtsgericht Hamburg), teils wird davon ausgegangen, dass es in der Zeit von April bis September einmal im Monat erlaubt ist (z.B. Amtsgericht Bonn). Vorausgesetzt, 48 Stunden zuvor werden jene Mieter im Haus informiert, die durch die Rauchentwicklung belästigt werden. Oft lohnt ein Blick in den Mietvertrag. Ein Vermieter kann dort ein Grillverbot auf Balkonen festlegen. Exzessives Grillen kann im Übrigen zu solchen Belästigungen der Mitbewohner durch Rauch, Fett- und Bratendünste führen, dass dies sogar eine Mietkürzung rechtfertigt – wenn der Vermieter nicht dafür sorgt, dass die Mieter die Beschränkung auf „ein Mal" einhalten.
- Das Bayerische Oberste Landesgericht hat Grillen „globaler" gesehen. Die Münchner Richter hatten einen Streit in einer Wohneigentumsanlage mit Garten zu schlichten. Sie ließen sich aber nicht darauf ein, den Zeitraum für erlaubtes Grillen in Monatsschritten festzulegen, sondern gestatteten den einzelnen Eigentümern, jährlich bis zu fünf Mal den Grill anzuheizen. Dabei ist aber darauf zu achten, dass das Grillgerät am äußersten Ende des Gartens platziert wird.
- Oft wird nicht der Geruch nach Essen als besonders störend empfunden. Stein des Anstoßes ist meist der Qualm, der von der Holzkohle entsteht. Er dürfe „nicht regelmäßig und in konzentrierter Weise" in die Wohnräume eines Nachbarn ziehen, entschied das Oberlandesgericht Oldenburg.

Grillen ist ortsüblich

Grundsätzlich ist aber, auch wenn es hierzulande noch keine entsprechende Rechtsprechung gibt, davon auszugehen, dass das Kaminfeuer des Nachbarn oder dessen Grill auf dem Balkon oder im Garten nur selten zu wesentlichen Beeinträchtigungen im Sinn des § 364 Abs. 2 ABGB führt. Selbst wenn ja, werden die dadurch entstandenen Düfte oder Rauchschwaden fast immer als ortsüblich einzustufen sein. Abwehransprüche

Grillen und Mietvertrag

Haben Sie keinen eigenen Garten und sind Sie deshalb für die Grillsaison auf Ihren Balkon angewiesen, sollten Sie zunächst klären, was Ihre Hausordnung zu diesem Thema vorsieht: Ist das Grillen auf dem Balkon dort verboten, müssen Sie sich daran halten. Gibt es dieses Verbot nicht, so gehen Richter in diversen Urteilen davon aus, dass Nachbarn Grillen auf dem Balkon oder im Garten in Maßen dulden müssen.
Es stellt auch keinen Freibrief dar, wenn ein Urteil feststellt, dass nach heutigen Anschauungen das Grillen auf dem Balkon zum normalen Mietgebrauch gehört. Dessen ungeachtet kann der Vermieter aber – und muss sogar – verhindern, dass unbeteiligte Mieter durch Rauch und Geruch mehr als nur geringfügig belästigt werden. Viele Vermieter tun das von vornherein durch eine Verbotsklausel im Mietvertrag.

entstehen nur dann, wenn man nachweisen kann, dass Grill oder Kamin nicht fachgerecht betrieben werden, etwa durch das Verbrennen von Kunststoff. In diesem Sinn hat der OGH das wiederholte Verheizen von Gummiabfällen und Lederabfällen trotz Verbotes des Vermieters (Gestank) auch als Kündigungsgrund gewertet.

Wann ist eine Geruchsbelästigung ortsüblich?

Als Faustregel gilt: Wenn die Geruchsbelästigung, um deren Abwehr es geht, auf eine Grundstücksnutzung zurückzuführen ist, die für die konkrete Umgebung des betroffenen Grundstücks gänzlich untypisch ist, so ist sie nicht ortsüblich. Es kommt also nicht darauf an, wie viele weitere Grundstücke in gleicher Weise von der Immission betroffen sind. Es geht darum, ob noch andere Grundstücke in gleicher Weise genutzt werden

Eine oder viele?

Wo nur eine einzige Tankstelle betrieben wird, in der Kfz-Reparaturen und Lackierarbeiten gemacht werden, sind die durch die Lackierarbeiten ausgehenden Geruchsbelästigungen nicht ortsüblich. Wo hingegen mehrere Tankstellen und ähnliche Betriebe den Gebietscharakter prägen, muss man von Ortsüblichkeit sprechen.

wie dasjenige, von dem die beanstandete Geruchs- oder Rauchentwicklung ausgeht. Mit dem Abbraten von Fleisch in einem Heurigen einhergehende Küchengerüche sind beispielsweise in einem Weinbaugebiet nicht ortsunüblich und daher vom Eigentümer der Nachbarliegenschaft hinzunehmen.

Die Grillparty in freier Natur

Ohne Zustimmung des Eigentümers ist Grillen in freier Natur verboten

Darf man eigentlich ohne weiteres in freier Natur eine Grillparty feiern? Grundsätzlich darf man fremden Grund – also auch Wiesen, Wälder und jede freie Fläche – nicht einmal betreten. Bestimmte Gesetze, wie etwa das Forstgesetz, sehen allerdings vor, dass man den Wald zu Erholungszwecken betreten und sich dort aufhalten darf. Dazu gehört auch, dass man dort lagern und essen darf. Dasselbe Gesetz sieht aber auch vor, dass Lagern und Zelten bei Dunkelheit nur mit Zustimmung des Waldeigentümers zulässig ist und dass im Wald und am Waldrand das Entfachen von Feuer bzw. das Hantieren damit verboten ist. Das heißt also, ohne Zustimmung des Waldeigentümers – die noch dazu schriftlich vorliegen müsste – dürfen Grillpartys im Wald und am Waldrand nicht veranstaltet werden. Dasselbe gilt für Wiesen, Felder oder etwa einen aufgelassenen Steinbruch.

Auch in Parkanlagen dürfen keine Grillpartys gefeiert werden. Obwohl Parks, die klar ersichtlich dem „Gemeingebrauch" gewidmet sind, jederzeit genutzt werden dürfen. Aber das individuelle, also private Feiern von Festen fällt nicht unter diesen Begriff. „Gemeingebrauch" bedeutet, dass das Gemeingut nur in einer Form genutzt werden darf, die für jedermann zugänglich ist. Es darf also keine Sondernutzung sein, die jemanden ausschließt. Für eine „allgemeine Party" in einem Park wäre wiederum das Veranstaltungsgesetz zu beachten und folglich erst recht die Genehmigung der Behörde einzuholen. Außerdem sind in Parks meist zulässige Einschränkungen zu berücksichtigen, wie z.B. „Wiese nicht betreten".

Grillen in Parks ist verboten

Ebenso gelten regional unterschiedliche Vorschriften, wonach man im Freien nur zu bestimmten Zeiten bzw. nur mit Bewilligung der Exekutive und/oder nach vorheriger Verständigung der Feuerwehr etwas verbrennen darf. Generell gilt die gesetzliche Regelung der „Allgemeinen Brandverhütung", wonach jedermann „verpflichtet ist, nach Möglichkeit und Zumutbarkeit alles zu tun, was das Entstehen oder Weitergreifen von Bränden verhindert, und alles zu unterlassen, was die Brandbekämpfung erschwert".

Rauchen auf dem Balkon

Juristen begreifen das Rauchen bei geöffnetem Fenster oder auf der Terrasse als eine die natürlichen Verhältnisse verändernde „Veranstaltung". Der entweichende Rauch gelangt aber nicht unmittelbar, sondern nur über ein weiteres Medium, nämlich die aufsteigende Luft, auf die Terrasse bzw. in die Wohnung des Nachbarn. Daran ändert nichts, dass sich etwa der Zigarrenrauch infolge der Luftströmung zwangsläufig nach oben verbreitet. Im Juristendeutsch ist Tabakrauch eine mittelbare Immission. Selbst übermäßige Immissionen sind daher zu dulden, wenn sie die ortsübliche Nutzung des Grundstücks nicht wesentlich beeinträchtigen, aber auch dann, wenn sie das ortsübliche Maß nicht übersteigen, obwohl die ortsübliche Nutzung des Grundstücks durch sie wesentlich beeinträchtigt wird.

Folgender Fall zur Illustration: Die Streitteile wohnen in der Wiener Innenstadt im selben Wohngebäude. Der Kläger ist Mieter einer im 7. Stock gelegenen Wohnung, die Mietwohnung des Beklagten liegt schräg darunter im 6. Stock. Beide Wohnungen sind hof- bzw. gartenseitig ausgerichtet und jeweils mit einer Terrasse (Balkon, Loggia) ausgestattet. Der Beklagte ist Autor und arbeitet in seiner Wohnung. Er raucht täglich ein bis zwei Zigarren, eine davon in der Regel zwischen Mitternacht und zwei Uhr früh. Der Beklagte raucht im Winter und bei Schlechtwetter bei geschlossenem Fenster und lüftet danach, im Sommer raucht er bei geöffnetem Fenster oder auf der Terrasse. Der Kläger fühlt sich als Nichtraucher durch den aufsteigenden Zigarrenrauch massiv beeinträchtigt. Er erwacht, wenn der deutlich wahrnehmbare Zigarrenrauch in der Nacht bei geöffnetem Fenster oder geöffneter Balkontür in seine Wohnung eindringt. Dass der Rauch dort zu einer gesundheitsschädlichen Schadstoffkonzentration führen würde, konnte allerdings nicht festgestellt werden.

Der Kläger begehrte, den Beklagten zur Unterlassung der von seiner Wohnung ausgehenden Rauch- und Geruchsimmissionen zu verpflichten.

Das Berufungsgericht gab dem Klagebegehren teilweise, nämlich für die Nachtstunden (22 bis 6 Uhr), statt.

Der Oberste Gerichtshof änderte diese Entscheidung dahin ab, dass er für die wärmere und die kältere Jahreszeit unterschiedliche Regelungen traf. Für die „Sommermonate" unterschied er auch zwischen Nacht- und Tageszeit, wobei er für letztere eine Zeitabschnittsregelung traf (für die Nachtzeit blieb es bei der Lösung des Berufungsgerichts). Dazu hielt er fest, dass zwar die Erwirkung eines zeitlich unbeschränkten „Rauchverbots" wegen des auch vom Kläger zu beachtenden nachbarrechtlichen Gebots der gegenseitigen Rücksichtnahme nicht in Betracht komme. Dem Kläger müsse es aber auch tagsüber möglich sein, seine Terrasse zu nutzen, zu lüften oder Frischluft zuzuführen, ohne sich dem nicht berechenbaren Rauchverhalten des Beklagten anpassen zu müssen. Durch Rücksicht auf die – nach dem im gegenständlichen Fall allein maßgeblichen Maßstab des „Durchschnittsmenschen" – üblichen Essens- und Ruhezeiten (8 bis 10 Uhr, 12 bis 15 Uhr, 18 bis 20 Uhr) könne ein ausgewogener Interessenausgleich erzielt werden. Dem Beklagten war im festgelegten zeitlichen Umfang die Einwirkung auf die Nachbarwohnung durch von seiner Wohnung ausgehende Immissionen zu verbieten.

Der Bauer als Nachbar

Gülledünger ist typisch in der Landwirtschaft

Bei der Frage der Ortsüblichkeit einer Geruchsbelästigung spielen die Grenzen einer politischen Gemeinde keine Rolle. Vielmehr sind die Verhältnisse in der gesamten Umgebung heranzuziehen. Entscheidend ist immer, was dem konkreten Gebiet die Prägung gibt. Dort wo z.B. die Landwirtschaft dominiert, bestimmen die damit verbundenen Gerüche das Maß der Ortsüblichkeit. Ganz allgemein kann gesagt werden, dass die bestimmungsgemäße Benützung eines Grundstücks als ortüblich anzusehen ist. So gehören z.B. Gülleausbringungen zum normalen Betrieb einer Landwirtschaft. Anrainer können die Nase rümpfen, wie sie wollen: Solange der Bauer bei der Düngung nicht übertreibt, müssen sie den Gestank (er)dulden.

Die Einhaltung des Wasserrechtsgesetzes

Das Wasserrechtsgesetz erlaubt nur eine ordnungsgemäße Landwirtschaft, die das Grundwasser nicht gefährdet. Daher ist das Ausbringen von Düngemitteln (Jauche, Mist, Gülle, Handelsdünger, Klärschlamm, Müllkompost und andere zur Düngung gebrauchte Abfälle) auf landwirtschaftlichen Nutzflächen ab 175 Kilogramm Reinstickstoff pro Hektar und Jahr bewilligungspflichtig. Die zuständigen Behörden sind die Bezirkshauptmannschaften, die verpflichtet sind, die Einhaltung des Wasserrechtsgesetzes zu überwachen und gegebenenfalls auch einzuschreiten.

Verunreinigung des Grundwassers

Ein Bauer hatte seine Wiesen mit Jauche gedüngt, insgesamt acht Fässer von je 2.600 Litern Fassungsvermögen. Zusätzlich hatte er vier Säcke à 50 Kilo Dünger gestreut. Kurz danach regnete es sehr stark, und im Hausbrunnen des Nachbarn schäumte und stank es. Die Jauche war durch die starken Regenfälle auf das Anwesen des Nachbarn abgeschwemmt worden. Untersuchungen von Wasserproben ergaben den Nachweis von Fäkalkeimen, sodass das Brunnenwasser als Trinkwasser nicht mehr geeignet war. Trotz mehrmaligem Auspumpen des Brunnens und Zusatz von Chlortabletten ließen sich diese Verunreinigungen nicht beseitigen. Der Nachbar hob an einer anderen Stelle, weiter entfernt von der gemeinsamen Grundgrenze, einen neuen Brunnen aus. Vergebens: Wieder waren Fäkalkeime im Wasser. Nach zwei Jahren reichte es dem Nachbarn, er brachte gegen den Landwirt Klage ein. Er verlangte den Ersatz aller im Zusammenhang mit den erfolglosen Versuchen der Brunnenreinigung angelaufenen Kosten – und bekam ihn auch. Das Gegenargument des Bauern, dass das Ausbringen von Jauche eine ortsübliche Bewirtschaftungshandlung gewesen sei, blieb ungehört. „Es kommt nicht darauf an, ob die Düngung als solche im ortsüblichen Umfang erfolgte, sondern ausschließlich darauf, ob dadurch hervorgerufene Einwirkungen auf das Grundstück des Klägers das Maß des Ortsüblichen überschritten haben", entschied der Oberste Gerichtshof: „Die festgestellte Verunreinigung des Grundwassers und die daraus resultierende Unbrauchbarkeit des Hausbrunnens des Klägers für die Gewinnung von Nutz- und Trinkwasser kann weder als ortsüblich noch als geringfügig bezeichnet werden, werden doch dadurch elementare Lebensbedürfnisse des Klägers unmittelbar betroffen."

Grundwasserverunreinigung ist ortsunüblich und wesentlich

Jauche am Maschendrahtzaun

Ein Bauer brachte gegen einen anderen Bauern Klage ein. Es ging (auch) um einen Maschendrahtzaun, den der Kläger auf seinem Grundstück entlang der gemeinsamen Grundgrenze errichtet hatte. Zweimal schon hatte der Kläger den Bauern von „drüben" zum Maschendrahtzaunputzen geholt, nachdem er ihn (sowie die benachbarte Wiese und den Gartentisch) beim Düngen mit Jauche bespritzt hatte. Als der Zaun ein drittes Mal verschmutzt war, sah man einander bei Gericht wieder. Der Kläger behauptete, der Nachbar sei mit seinem Traktor, hinter dem er ein Güllefass nachzog, „gefährlich" nah an den Zaun herangefahren, wobei er die Auslassvorrichtung des Fasses so eingestellt hatte, dass die Gülle bis zu zwei Meter weit auch auf seinen (des Klägers) Grund spritzte. Sogar Ziersträucher und ein Tisch seien getroffen worden. Der Bauer mache das aus reinem Mutwillen, und dass er dies wieder mache, könne nicht ausgeschlossen werden. Der beklagte Bauer konterte seinerseits, dass die Klage schikanös und rechtsmissbräuchlich sei. Er sei beim Düngen immer sehr vorsichtig. Sollte er den Maschendrahtzaun tatsächlich erwischt haben, dann höchstens den Sockel ... Der Oberste Gerichtshof stufte die stinkenden Jauchespritzer als Zuleitung von Flüssigkeiten ein, die unter allen Umständen unzulässig ist.

Gegen den Gestank, aber auch gegen eine Brunnenwassergefährdung kann man sich bei Gericht wehren.

Maisanbau: Keine Haftung für Schlamm beim Nachbarn

Das Wasserrecht verbietet dem Eigentümer eines Grundstücks die willkürliche Änderung der natürlichen Abflussverhältnisse zum Nachteil des unteren (unverbauten und landwirtschaftlichen Zwecken dienenden) Grundstücks. Auch der Eigentümer des unteren Grundstücks ist nicht zu einer Änderung der natürlichen Ablaufverhältnisse zum Nachteil des oberen Grundstücks berechtigt. Das Abfließen von Schlamm auf ein Nachbargrundstück infolge von Bodenerosion oder Murenabgängen kann jedoch nur dann eine unzulässige Einwirkung im Sinn des ABGB sein, wenn ein Verstoß gegen das Wasserrecht vorliegt. Dabei ist insbesondere auch die wasserrechtliche Ausnahmebestimmung zu beachten: Eine Änderung der Ablaufverhältnisse mit ihren Konsequenzen ist demnach zulässig,

Vorsicht mit Feuer

Die Verbrennung von nicht geeigneten Materialien und die Verbrennung außerhalb der vorgesehenen Brauchtumstage (Karsamstag, 21. Juni – Sonnwendfeier) wird von der Bezirksverwaltungsbehörde mit einer Geldstrafe bis zu 3.630 Euro bestraft.

soweit sie durch die „ordnungsgemäße Bearbeitung" eines landwirtschaftlichen Grundstücks „notwendigerweise bewirkt" wird.

Abbrennen von Feldern

Es gibt den „Brauch", dass Landwirte im Sommer ihre abgeernteten Felder abbrennen. Der Rauch könnte Nachbarn stören. Können Sie sich dagegen auch wehren? – Ja. Das flächenhafte Verbrennen von Stroh oder anderen sogenannten biogenen Materialien – dazu gehören etwa Holz, Schilf, Laub, Baum- bzw. Strauchschnitt – ist per Bundesgesetz verboten. Sowohl der Landeshauptmann als auch die Gemeinde können allerdings Ausnahmeregelungen erteilen. Ob eine solche besteht, kann bei der Gemeinde in Erfahrung gebracht werden. Wenn keine Ausnahmeregelung besteht, können Sie mit einer Unterlassungsklage vorgehen.

Komposthaufen & Co

Ein für Bauernhöfe wie Gärten gleichermaßen selbstverständlicher Bestandteil ist die Anlage eines Komposthaufens. Auch wenn die Hinwendung zu natürlicher, chemiefreier Düngung die Umwelt schont, kann dies trotzdem die Beziehung zum Nachbarn trüben. Denn die Ablagerung von Abfällen auf einem Komposthaufen führt unweigerlich – vor allem in den Sommermonaten – zu Geruchs- und somit auch zu Ungezieferbelästigungen. Der dadurch beeinträchtigte Anrainer kann sich gegen den Gestank vom Komposthaufen mit Unterlassungsklage zur Wehr setzen.

Komposthaufen sind auf dem Land eher zu dulden als in der Stadt

Das Problem: Gerüche sind kaum technisch messbar, ebenso wenig bestehen klare Grenzwerte für Geruchsimmissionen, sodass auf Erfahrungswerte zurückgegriffen werden muss. In einem überwiegend land-

Komposthaufen

Unmittelbar an der Grundgrenze, keine fünf Meter vom Eingang des Nachbarhauses entfernt, hatten Wirtsleute in der Steiermark einen Komposthaufen angelegt. Es dauerte nicht lange, bis im Gasthaus eine Unterlassungsklage des Nachbarn deponiert wurde. Der Komposthaufen stinke penetrant und verursache – vor allem in den Sommermonaten – eine regelrechte Massenvermehrung von Fliegen, sodass man im Nachbarhaus die Fenster und Balkontüren nicht mehr aufmachen könne, argumentierte der Kläger. Auf den Komposthaufen werde alles Mögliche geworfen: Gras, Laub, Speisereste, Eierschalen, Knochen, Küchenabfälle, aber auch Stallmist von Hasen. Der Kompost entspreche nicht den hygienischen Mindesterfordernissen. Mit Fäkalien verunreinigte Streu sei für Eigenkompostierung ungeeignet. Der Komposthaufen sei auch nicht regen- und rattendicht und eine Brutstätte für Ungeziefer. Sämtliche Mieter in seinem Haus, so der Kläger, hätten bereits gedroht, die Mietverträge zu kündigen und auszuziehen, weil sie gesundheitliche Beeinträchtigungen durch die Fliegenplage befürchteten. Der Kläger forderte, den Wirtsleuten aufzutragen, dass sie keine Küchenabfälle und keinen Hasenmist mehr auf dem Komposthaufen ablagern bzw. dass sie diesen überhaupt beseitigen – und verlor. Die Wirtsleute mussten den Komposthaufen nicht abtragen, es wurde ihnen auch nicht verboten, Hasenmist zu kompostieren. Weil es den Wirtsleuten überlassen bleibt, mit welchen Mitteln sie die Immission, sprich Fliegenplage und Gestank, „dämpfen". Der Kläger darf den Beklagten keine Vorschriften machen, welche Maßnahmen sie zur Beseitigung der Geruchs- bzw. Ungezieferbelästigung ergreifen müssen. Genau das aber ist im gegenständlichen Fall geschehen (weil der Nachbar die Entfernung des Misthaufens bzw. die Nichtkompostierung von Hasenmist forderte).

Ein Urteil zur „Dämpfung" von Immissionen

wirtschaftlich genutzten Gebiet wird der Gestank eines Kompost- bzw. Misthaufens jedenfalls eher zu dulden sein als in einem reinen Wohngebiet. Wer allerdings von vornherein Streit vermeiden will, der sollte einen Komposthaufen nicht gerade dort einrichten, wo der Nachbar fast mit Sicherheit gestört wird (Terrasse, Sandkasten der Kinder, Sitzplatz).

Aus einem anderen Grund wurde die Klage eines Nachbarn abgewiesen, der eine Köhlerei bekämpfte: Der Betrieb sei gesundheitsgefährdend, so die Argumentation des Klägers. Sobald ein Meiler in Gang gesetzt werde, sei die Rauch- und Rußentwicklung so stark, dass man aus dem Garten ins Haus laufen und alle Fenster schließen müsse. Vor allem, wenn der Wind aus einer bestimmten Richtung blase. Nicht nur er klage über Kopfschmerzen, Übelkeit und Atembeschwerden, seine ganze Familie sei schon krank. Deshalb verlangte der Kläger, das sofortige „Aus" für die Köhlerei zu verfügen. Die beklagte Partei, ein Landwirte-Ehepaar, das die Köhlerei als Nebengewerbe seit Anfang der 60er-Jahre betrieb, wandte dagegen ein, dass der Kläger beim Kauf seines Grundstücks sehr wohl von der Existenz der Köhlerei und den damit verbundenen Auswirkungen auf die Umwelt gewusst, ihn dieser Umstand aber nicht abgehalten habe, sich in dieser Gegend anzusiedeln.

Die Höchstrichter konnten der Argumentation der Beklagten einiges abgewinnen. Grundsätzlich steht zwar außer Zweifel, dass bei Gesundheitsgefährdung eine Immission nicht geduldet werden muss. Doch wenn jemand, wie im vorliegenden Fall, ein Grundstück kauft, obwohl er von möglichen Beeinträchtigungen Kenntnis hat, dann kauft er sozusagen auf eigene Gefahr. „Grundsätzlich müssen sich neu hinzukommende Nachbarn mit der im Gebiet vorherrschenden Immission abfinden, zumal in einer immissionsbelasteten Gegend entsprechend niedrigere Preise für Grundstücke bezahlt werden", so der OGH. „Dabei ist nicht subjektiv auf den Kenntnisstand des Käufers abzustellen, sondern darauf, ob einem durchschnittlichen sorgfältigen Käufer die Gesundheitsschädlichkeit der von einem Grundstück ausgehenden Immission erkennbar gewesen wäre. Ist dies der Fall, dann muss der Käufer auch gesundheitsschädigende Immissionen als ortsüblich dulden." Die Köhlerei wurde nicht zugesperrt.

Hinzuziehende Nachbarn müssen sich mit bekannter Immissionslage vor Ort abfinden

Geruchsbelästigung durch Gewerbebetriebe

Erfolgt die Geruchsbelästigung durch eine gewerbliche Betriebsanlage, sollte zuerst Anzeige bei der Gewerbebehörde erstattet werden (= Bezirkshauptmannschaften, in Wien die Magistratischen Bezirksämter, in deren Sprengel der Betrieb liegt). Die Gewerbebehörde ist verpflichtet, den Nachbarn vor unzumutbaren oder gar gesundheitsschädlichen Belästigungen zu schützen. Emissionen von Luftschadstoffen sind jedenfalls nach dem Stand der Technik zu begrenzen.

Die Behörde kann überprüfen, ob eine Genehmigung vorliegt bzw. alle Auflagen eingehalten werden. Die Gewerbebehörde wird aber üblicherweise nicht von sich aus aktiv, sondern erst aufgrund etwaiger Informationen von Anrainern aus der Umgebung der Betriebsanlage.

Es können nachträglich auch zusätzliche Auflagen erteilt werden. Und zwar auch zugunsten von Personen, die erst nach der Genehmigung der Betriebsanlage Nachbarn geworden sind, wenn ansonsten die Gesundheit dieser Personen gefährdet wäre. Hält sich ein Betrieb nicht an die Auflagen, dann sind Strafen und sogar die Schließung des Betriebes möglich. Ein Recht auf ganz bestimmte Maßnahmen seitens der Behörde haben die Nachbarn aber nicht.

Sind die Immissionen nicht von der behördlichen Genehmigung gedeckt, so kann auch in diesem Fall Unterlassungsklage bei Gericht eingebracht werden.

Nach dem Umweltinformationsgesetz muss ein Betrieb Emissionsdaten (Luftverunreinigungsdaten) veröffentlichen (z.B. durch einen Aushang am Betriebstor), wenn er zu regelmäßigen Messungen verpflichtet ist.

Beim Gestank aus einer Futterfabrik stärkt der Oberste Gerichtshof die Rechte des Nachbarn. Das Gericht räumte kurzer Hand Nachbarn von einer Betriebsanlage in Graz einen Ersatzanspruch gegen den Staat ein: für den Entfall von Mieteinnahmen durch Versäumnisse der Behörden.

Messverfahren

Reine Luft besteht aus 78 Prozent Stickstoff, 21 Prozent Sauerstoff, 0,03 Prozent Kohlendioxid und 0,97 Prozent Edelgasen. Von Luftverunreinigungen spricht man, wenn diese natürliche Zusammensetzung der reinen Luft durch gesundheitsgefährdende oder belästigende Substanzen verändert wird. Zu einer Geruchsbelästigung kann es aber auch kommen, ohne dass gleichzeitig eine messbare Luftverunreinigung vorliegt. Unter einer Belästigung ist eine Einwirkung auf den menschlichen Organismus zu verstehen, die in ihrer Art und Nachhaltigkeit eine Gefährdung des Lebens und der Gesundheit nicht erreicht.

Das beste Messinstrument für Gerüche ist die menschliche Nase. Bei der Messung ist zwischen Wahrnehmungs- und Erkennungsschwelle zu unterscheiden. Die Erkennungsschwelle kann um das Drei- bis Fünffache höher liegen als die Wahrnehmungsschwelle. Für die Beurteilung der Beeinträchtigung durch Gerüche müssen Häufigkeit bezüglich Zeit und Ort,

Qualität und Intensität berücksichtigt werden. Gerüche sind kaum technisch messbar, sodass bei der Beurteilung von Auswirkungen von Gerüchen auf Menschen Begriffe wie Zumutbarkeit, Erheblichkeit, Belästigung und Störung des Wohlbefindens in die Beurteilung einbezogen werden müssen. All diese Begriffe sind weder in der Medizin noch in der Rechtsprechung eindeutig definiert. Da keine klaren Grenzwerte für Geruchsimmissionen bestehen, muss auf Erfahrungswerte zurückgegriffen werden.

Beeinträchtigung durch Gerüche ist technisch kaum messbar

Zur Messung von Geruchsbeeinträchtigungen sind drei Erhebungsmethoden möglich. Das präziseste Verfahren ist die sogenannte Olfaktometrie: Dabei werden Testpersonen genau definierte Konzentrationen eines Geruchsstoffes unter Laborbedingungen angeboten und die Wahrnehmungsschwelle bestimmt. Eine weitere Methode ist die Befragung (persönlich oder auf postalischem Weg). Mit der Rastermethode werden mehrere Raster um den „Luftverschmutzer" erstellt und über einen längeren Zeitraum hindurch die Geruchswahrnehmungen von Testpersonen an den Rasterpunkten durch Stichproben erhoben. Ziel der Rastererhebung ist die Ermittlung der örtlichen Verteilung der Häufigkeit von Geruchsbelästigungen.

Das Immissionsschutzgesetz-Luft wurde 1997 erlassen, als dessen Ziel „1. der dauerhafte Schutz der Gesundheit des Menschen, des Tier- und Pflanzenbestands, ihrer Lebensgemeinschaften, Lebensräume und deren Wechselbeziehungen sowie der Kultur- und Sachgüter vor schädlichen Luftschadstoffen sowie der Schutz des Menschen vor unzumutbar belästigenden Luftschadstoffen und 2. die vorsorgliche Verringerung der Immission von Luftschadstoffen" genannt wird. In diesem Gesetz werden – unter Bedachtnahme auf wissenschaftliche Erkenntnisse – für das gesamte Bundesgebiet geltende Immissionsgrenzwerte festgelegt.

Tiere

Mögen Sie keine Tiere? Wer sich diese Frage von einem Nachbarn anhören muss, der steht meist schon mit beiden Beinen in einem handfesten Nachbarschaftsstreit. Zigtausende österreichische Haushalte haben tierische Mitbewohner. Neben Hund und Katz', Fisch und Vogel werden noch

Auch exotische Tiere sind Haustiere

etliche andere größere oder kleinere Tiere in der Wohnung oder im Garten gehalten. Unter Haustieren werden in diesem Zusammenhang alle in Wohnung oder Haus gehaltenen Tiere unabhängig davon verstanden, ob es sich um typische Haustiere handelt oder um Exoten, wie z.B. Krokodile oder Klapperschlangen.

Belästigungen durch Lärm und Geruch

Ein Nachbarschaftsstreit über Tiere belastet nicht nur alle beteiligten Nachbarn. Er wird darüber hinaus häufig auf dem Rücken der Tiere ausgetragen, die den Anlass dazu geben. Wenn unter Nachbarn über Tiere gestritten wird, so betrifft dies meist die nachbarlichen Tiere als Quelle von Lärm, Gerüchen oder anderen Belästigungen (z.B. Hinüberlaufen auf ein fremdes Grundstück). In solchen Streitfällen ist eine Prognose, wie ein Streit vor Gericht ausgehen wird, sehr ungewiss.

Tierhalter haften für sorgfältige Verwahrung ihrer Tiere

Klarer ist der Fall, wenn ein Haustier einem Nachbarn materiellen Schaden zufügt, also sein Eigentum beschädigt oder ihn selbst gar verletzt. Dann ist die Rechtslage meist eindeutig: Der Tierhalter muss, falls nachgewiesen wird, dass er das Tier nicht sorgfältig genug verwahrt hat oder verwahren hat lassen, dem Geschädigten bzw. Verletzten den entstandenen Schaden ersetzen. Sollte der Tierhalter eine Sorgfaltspflicht missachtet haben, kann er sogar strafrechtlich, etwa wegen fahrlässiger Körperverletzung, angezeigt, angeklagt und verurteilt werden.

Zwei Fragen sind es, die in einem Nachbarstreit über Tiere beantwortet werden müssen: Ist in einer konkreten Situation die Tierhaltung generell erlaubt oder verboten? Und zweitens: Wo liegen die Grenzen erlaubter Tierhaltung? Welches tierische Verhalten hat man als Nachbar hinzunehmen: Muss man sich das nächtliche Geheul der Vierbeiner im Garten vis-a-vis wirklich jede Nacht anhören? Und gegen welches Verhalten kann man sich erfolgreich zur Wehr setzen?

Tierhaltung im Allgemeinen

Hunde beschäftigen die Gerichte vor allem aus einem Grund: weil sie bellen. Dass sie auch beißen, stellt hingegen für die Juristen, das Nachbarrecht betreffend, nicht so ein großes Problem dar. Denn es ist klar, dass ein Hundehalter für die Folgen von Bissen seines Vierbeiners haftet. Weniger klar ist dagegen, bis zu welchem Ausmaß Hundegebell von den Nachbarn hingenommen werden muss. Für einen Juristen ist bei einem Nachbarschaftsstreit Hundegebell nichts anderes als eine Immission auf ein Grundstück. Sie muss vom betroffenen Nachbarn grundsätzlich nur dann hingenommen werden, wenn sie die Grundstücksnutzung nur unwesentlich beeinträchtigt oder wenn sie die Nutzung zwar wesentlich beeinträchtigt, diese aber ortsüblich ist. Überschreitet das Gebell diese Schwelle, so stehen die Chancen für den gestörten Nachbarn gut, dass er mit seiner Unterlassungsklage bei Gericht durchkommt.

Schließlich kann Bellen auch den Verwaltungsstraftatbestand der ungebührlichen Lärmerregung verwirklichen. Wenn der geplagte Nachbar die Polizei ruft, riskiert der Hundehalter Anzeige und Verwaltungsstrafe. Dagegen könnte ein Rechtsmittel aussichtslos sein, denn nach der ständigen Rechtsprechung des Verwaltungsgerichtshofes kann „bei entsprechender Intensität der Lärmerregung ein auch nicht allzu lang andauerndes Hundegebell nicht nur störend, sondern auch ungebührlich sein".

Hundegebell

Auch bei dieser Beeinträchtigung kann man den Sachverhalt – weil gegen öffentlich-rechtliche Vorschriften verstoßen wird (ungebührliche Lärmerregung ist verboten) – bei den (Sicherheits-)Behörden anzeigen,

Lautes Hundegebell

Die Mischlingshündin Gipsy darf im Garten der Besitzer frei herumlaufen und schlägt immer dann an, wenn sich dem Grundstück jemand nähert. Die Nachbarn fühlten sich belästigt und erstatteten Anzeige. Die Behörde schickte den Amtstierarzt aus. Auch dieser empfand das Bellen als störend. Die Bezirkshauptmannschaft Graz-Umgebung brummte dem Herrl eine Geldstrafe von 21,80 Euro auf. Der Unabhängige Verwaltungssenat (UVS) Steiermark erklärte „die für das menschliche Empfindungsvermögen unangenehm in Erscheinung tretenden Geräusche" für ungebührlich.

Haftpflicht für den Hund

Im nachbarlichen Bereich kann Tierhaltung dem Anrainer Unbehagen verursachen und den Tierbesitzer in Schwierigkeiten bringen. Es treten immer wieder Konfliktsituationen auf. Für Hunde, die nach dem 1.1.2006 geboren sind, muss nach dem Wiener Tierhaltegesetz verpflichtend eine Haftpflichtversicherung abgeschlossen werden. Einschlägige Gerichtsentscheidungen gibt es etwa zu Hunden, Hühnern und Schafen, aber auch zu Bienen.

damit diese tätig werden. Auch das Argument, dass ein Wachhund bellen müsse, scheitert. Gut ausgebildete Wachhunde bellen nämlich nur dann, wenn jemand in das Grundstück bzw. die Wohnung eindringt (also bei Gefahr), und nicht schon dann, wenn jemand nur daran vorbeigeht. Er bellt also nur dann, wenn jemand Anstalten macht, das bewachte Terrain zu betreten. Und auch dann bellt er nicht endlos lang, sondern schlägt kurz und energisch Alarm. Wenn die Immission (Gebell des Hundes des Nachbarn) das nach den örtlichen Verhältnissen gewöhnliche Maß überschreitet und die ortsübliche Benutzung der Wohnung wesentlich beeinträchtigt, kommt auch eine Unterlassungsklage in Frage.

Hundegebell kann ungebührlich und ortsunüblich sein

Zehn Minuten lautes Gebell am Stück gelten in Wohngegenden als zumutbar. Länger als 30 Minuten am Tag sollte das aber nicht gehen. Reden Sie zunächst einmal mit dem Nachbarn. Hilft das nichts, schalten Sie die Behörde (Bezirkshauptmannschaften, in Wien die Magistratischen Bezirksämter) und den Tierschutzbund ein. Oft ist ständiges Gebell auch darauf zurückzuführen, dass das Tier nicht artgemäß versorgt wird und z.B. zu wenig Bewegungsfreiheit hat.

Strenge Maßstäbe für Hunde in Wohnungen

Wird ein Hund in einer Wohnung gehalten, werden noch strengere Maßstäbe angesetzt: „Es ist dem Wohnungsinhaber zuzumuten, dafür Sorge zu tragen, dass der Hund, sollte er allein gelassen werden, nicht bellt, oder dass er in der Wohnung nicht allein gelassen wird. Unternimmt der Wohnungsinhaber in dieser Richtung nichts, so hat er durch sein Verhalten jene Rücksicht vermissen lassen, die im Zusammenleben verlangt werden kann." Das heißt, er bekommt eine Verwaltungsstrafe. Ein regelmäßig wiederkehrendes, fünf bis zehn Minuten andauerndes Bellen oder Jaulen eines Hundes in einer Mietwohnung, wenn auch nur tagsüber an Wochentagen, ist zweifellos nicht ortsüblich und beeinträchtigt die Benutzung der Nachbarwohnung dermaßen wesentlich, dass mit der Unterlassungsklage des Nachbarn dem Hund quasi ein Maulkorb verpasst werden kann.

Wie ein Nachbarschaftsstreit wegen Hundegebells tatsächlich ausgeht, kann nur schlecht vorhergesagt werden. Es kommt auch hier sehr auf den Einzelfall an. Aus der Erfahrung kann man aber sagen: Hundegebell außerhalb der Ruhezeiten wird eher hingenommen als Störungen der Mittags- oder Nachtruhe. Die Tierschutz- und Tierhaltegesetze der Länder regeln das Führen von Hunden an öffentlichen Plätzen und öffentlichen Parkanlagen, in deren Bereich gewährleistet sein soll, dass der Hund jederzeit – sei es mittels Maulkorb oder Leinenführung – beherrscht wird. Die von einem Grundstück durch die Haltung von Tieren ausgehende Beeinträchtigung von Nachbargrundstücken ist – neben der Verpflichtung des Halters nach § 1320 ABGB – auch unter dem Aspekt des Immissionsschutzes nach § 364 Abs. 2 ABGB zu beurteilen. Wie ein Tier zu verwahren oder zu beaufsichtigen ist, kann aber immer nur nach den Umständen des Einzelfalls beurteilt werden. Hierbei kommt es auf die Art und Rasse des Tiers sowie auf die örtlichen Verhältnisse an.

Maßgeblich sind vor allem die Eigenschaften des Tieres. Bedeutsam ist, welche Verwahrungsmaßnahmen noch zumutbar sind, weil ein Tier bei übertriebenen Sorgfaltsanforderungen unter Umständen nicht entsprechend verwahrt werden kann. Das Maß der erforderlichen Aufsicht und Verwahrung ist in elastischer und den Umständen des Einzelfalls Rechnung tragender Weise zu bestimmen. Dabei spielen Gefährlichkeit des Tieres, Möglichkeit der Schädigung durch das spezifische Tierverhalten und gegebenenfalls auch eine Abwägung der Interessen eine Rolle.

Die Anforderungen an die Verwahrungs- und Beaufsichtigungspflicht des Tierhalters dürfen nicht überspannt werden. Gewiss darf ein Hund selbst in ländlicher Umgebung dann, wenn verschiedene Gefahren heraufbeschworen werden können, nicht einfach frei und unbeaufsichtigt herumlaufen. Ist es aber üblich und nach den Feststellungen auch mit keinerlei Gefahr verbunden, wenn einem Hund das freie Herumlaufen ermöglicht wird, dann kann darin kein Fehlverhalten erblickt werden.

Die Frage, ob und inwieweit das Eindringen von Tieren auf ein fremdes Grundstück ein Anwendungsfall des § 364 Abs. 2 ABGB ist, wird von der Rechtsprechung wie folgt beantwortet: „Ein nachbarrechtlicher

Unterlassungsanspruch bei Beeinträchtigung durch Tiere

Unterlassungsanspruch ist bei Beeinträchtigung durch Tiere (wie Schafe, Schweine, Hühner, Bienen, Hunde und Katzen) ganz allgemein und ohne nähere Differenzierung dann zu gewähren, wenn dadurch die ortsübliche Benutzung des Grundstücks wesentlich beeinträchtigt werden kann."

Katzen

Bei Nachbarschaftsstreitigkeiten wegen Katzen geht es nur selten um Lärmbelästigung. In den meisten Fällen ist der den Katzen ihrer Natur nach eigene Drang zu einem freien und ungebundenen Leben Auslöser für Streit. Während es für einen (gut erzogenen) Haushund selbstverständlich ist, den Kommandos seines Frauerls oder Herrls zu folgen, sind Katzen nur schwer erziehbar. Sie lassen sich nicht so wie Hunde an die Leine legen. Grenzen respektieren sie schon gar nicht, wenn sie über Balkone oder Grundstücke von Nachbarn schleichen, um vielleicht hie und da auch noch einen Vogel zu fangen oder, im schlimmsten Fall, gar den vom Nachbarn sorgsam gefütterten und gehegten Fisch aus dem Biotop zu fischen. Auf jeden Fall gilt: Wenn Ihre Katze auf dem Grundstück des Nachbarn Schaden anrichtet, kann dieser Schadenersatz fordern (etwa für die gefangenen Fische).

Die Katze auf dem Fensterbrett

Ein Mann kam hundemüde vom Nachtdienst nach Hause. Aber kaum lag er im Bett, begann auf dem Fensterbrett seiner Wohnung im zweiten Stock eine Katze so laut zu miauen, dass er irgendwann aufstand und den Vierbeiner mit einem Stoß in die Tiefe beförderte, wodurch die Katze zum Glück nur geringfügige Verletzungen am Kopf davontrug. Der Mann wurde angeklagt. Das Berufungsgericht fällte einen Freispruch, weil das Stoßen der Katze vom Fensterbrett zwar eine rohe Misshandlung darstellte, durch die dem Tier unnötige Qualen zugefügt wurden, das tatbildliche Verhalten des Täters aber hinter dem im betreffenden Paragraphen typisierten Unrechts- und Schuldgehalt weit zurückblieb. Da die Verletzungen der Katze relativ harmlos waren, wurde der Mann wegen mangelnder Strafwürdigkeit nach § 42 StGB (Strafgesetzbuch) freigesprochen.

Für ein gewisses Maß an Großzügigkeit gegenüber Katzen und ihren Haltern spricht, dass messbare Beeinträchtigungen nicht festzustellen sind, wenn eine Katze fremdes Territorium nur betritt und verlässt, ohne Spuren zu hinterlassen. Die Beeinträchtigung beschränkt sich hier auf das Gefühl, gestört zu sein. Und dies ist ein rein subjektives Empfinden. Ungeachtet dessen hat der gestörte Eigentümer oder Mieter aber stets das Recht, eine Katze, die sein Grundstück betritt, zu verjagen. § 1321 ABGB besagt nämlich: „Wer auf seinem Grund und Boden fremdes Vieh antrifft, ist deswegen noch nicht berechtigt, es zu töten. Er kann es durch anpassende Gewalt verjagen; oder, wenn er dadurch Schaden gelitten hat, das Recht der Privat-Pfändung über so viele Stück Viehes ausüben, als zu seiner Entschädigung hinreicht. Doch muss er binnen acht Tagen sich mit dem Eigentümer abfinden oder seine Klage vor den Richter bringen; widrigenfalls aber das gepfändete Vieh zurückstellen."

Fremde Katzen dürfen vom eigenen Grund verjagt werden

Verschiedentlich wird von Grundeigentümern beklagt, dass ihre Gärten von Nachbarkatzen verunreinigt werden (Katzenkot), wodurch etwa spielende Kinder beeinträchtigt werden, vom Gestank ganz zu schweigen. Zu diesen Beeinträchtigungen durch Katzen gibt es zwar eine Rechtsprechung, diese ist aber eher katzenhalterfreundlich. Das stößt zwar auf Kritik, aber bis dato sind – soweit bekannt – durch das Höchstgericht keine anders lautenden Entscheidungen getroffen worden.

Das Halten von frei laufenden Katzen auf dem Land wird als üblich betrachtet, insbesondere wenn beinahe jeder Bewohner in der Umgebung eine oder mehrere Katzen hält. Wenn hingegen das Halten von frei laufenden Katzen nicht ortsüblich ist oder wenn eine Katze trotz der Üblichkeit der freien Katzenhaltung durch ihr Verhalten den Nachbarn besonders beeinträchtigt, kann eine Klage Erfolg haben.

Vögel, Geflügel und Insekten

Auch wenn er noch so sangesfreudig sein sollte, ist es kaum vorstellbar, dass ein Kanarienvogel einen Nachbarschaftsstreit wegen Lärmbelästigung auslöst. Der Vogel müsste so trällern, dass es den Nachbarn wesentlich beeinträchtigt. Dagegen kann die Haltung eines Papageis problema-

Lärm durch Papageien ist ortsunüblich

tisch werden, übertönen doch z.B. Graupapageien mit ihren bis zu 100 Dezibel mühelos jeden Presslufthammer. Hier kann die Verpflichtung des Vogelhalters begründet sein, das Tier so unterzubringen, dass es sich auf Kosten der Nachbarschaft täglich nicht länger als eine für unwesentlich gehaltene Zeitspanne „unterhält". Gelingt das nicht, könnte es sein, dass der Besitzer das Tier sogar weggeben muss.

Papageie

In Österreich ist keine höchstgerichtliche Rechtsprechung zu Papageien bekannt. Allerdings haben sich bereits deutsche Gerichte damit auseinandersetzen müssen – mit höchst unterschiedlichen Entscheidungen, die allesamt zeigen, dass es sehr auf die Umstände des Einzelfalls ankommt.

So entschied das Landgericht Zwickau, dass ein Tierhalter seine Voliere nur maximal eine Stunde lang am Tag draußen aufstellen darf. Die Richter vom Landgericht Nürnberg-Fürth erlaubten dies nur vormittags von 9 bis 12 Uhr und nachmittags von 13 bis 16 Uhr. Das Urteil vom Landgericht Itzehoe angesichts gleich vier lärmender Papageien: Diesen Krach müssen die Nachbarn nicht hinnehmen. Die Papageien müssen so untergebracht werden, dass sich keiner gestört fühlt. Das Landgericht Darmstadt entschied, dass eine wesentliche Beeinträchtigung durch Papageienlärm auch dann vorliegen kann, wenn übliche Dezibel-Grenzwerte nicht überschritten werden. Bevor eine wesentliche Beeinträchtigung vorliegt, müssen einzelne Papageienrufe und -schreie zwei- bis dreimal am Tag bis zu jeweils fünf Minuten hingenommen werden. Dann sollte der Papagei aber besser den Schnabel halten. Die Liste von Urteilen ließe sich noch endlos fortsetzen.

Pfauen

Ähnlich problematisch ist es auch, Pfauen als Haustiere zu halten. Auch diese können ganz schön laut werden, vor allem in der Brunftzeit. Da ein Pfau in unseren Breiten üblicherweise nicht als Nutz- oder Haustier gehalten wird, ist es wahrscheinlich, dass die Haltung dieser Vögel als eine ortsunübliche Nutzung von Grundstücken oder Wohnungen eingestuft wird und der Besitzer dazu verpflichtet werden könnte, den Pfau zumindest

Die Pfauen in der Balzzeit

Ein pensionierter Kripo-Oberst aus Wien-Donaustadt kaufte bei einem deutschen Pfauenzüchter ein Blaupfauenpaar, das er auf seinem 1.400 Quadratmeter großen Grundstück hielt. Es dauerte nicht einmal ein Jahr, und der Kriminalpolizist in Ruhe wurde vor Gericht zitiert. Gleich eine ganze Reihenhaussiedlung hatte gegen ihn Klage eingebracht. 13 Nachbarn sagten aus, dass durch das „fürchterliche Gekrächze" der Vögel tagtäglich um vier Uhr früh Tagwache sei. Ein Nachbar beklagte, dass das Federvieh ständig über die Thujenhecken in seinen Garten geflogen käme, Markisen und Gartenmöbel seien voller Kot. „Mangels Einigung in Güte" forderte der Nachbar, dass der Pfauenbesitzer mit richterlichem Urteil verpflichtet wird, die Vögel „ordnungsgemäß derart zu verwahren, dass sie nicht mehr auf das Grundstück des Klägers gelangen können". Der Beklagte gab an, dass die Pfauen nur während der Balzzeit hie und da Balzrufe von sich gäben, in dieser Zeit aber ohnedies in der schalldichten Garage eingesperrt wären. Der Richter wollte sich bei einem Lokalaugenschein vergewissern, wie schalldicht die Garage wirklich ist. Nur, die Pfauen waren ausgeflogen. Der Rechtsstreit wurde ohne Urteil beigelegt. Der Polizeibeamte verschenkte die Ziervögel, dafür wurde die Klage zurückgezogen.

den größten Teil des Tages und während der gesamten Nacht „geschlossen" unterzubringen.

Tauben

In Gerichtssälen ist nichts davon zu spüren, dass die Taube das Symbol des Friedens ist. Die Ortsüblichkeit entscheidet auch hier, ob Tierlärm ungebührlich ist. In diesem Sinne entschied ein Gericht: Tauben in der Stadt können „durch Gurren der männlichen Tiere und das beim Auffliegen verursachte klatschende Geräusch ... auch zwischen Mitternacht und sechs Uhr früh ... keinen ungebührlichen Lärm erregen". Tauben können aber unter hygienischen Gesichtspunkten nachbarrechtliche Kontroversen auslösen. Dabei riskieren nicht nur Besitzer oder Züchter von Tauben eine Klage: Auch derjenige, der Tauben füttert, sollte auf der Hut sein.

Auch bei Tauben ist die Ortsüblichkeit maßgebend

Beeinträchtigungen durch Tiere auf der Nachbarliegenschaft können mittelbare Immissionen sein. Vorausgesetzt es handelt sich mit Rücksicht

Katzen und Hühner

Der Oberste Gerichtshof hat jüngst mit zwei – etwas skurrilen – Nachbarstreitigkeiten aufhorchen lassen. In dem einen Fall geht es um Katzen, in dem anderen um Hühner. In beiden Fällen geht es um das freie Umherlaufen der Tiere. Während die Katzen weiterhin Nachbarsgrund betreten dürfen, ist das den Hühnern künftig verboten.

Der Katzenfall spielt in Tirol, in einer Gemeinde mit 9.000 Seelen. Die streitenden Nachbarn wohnen nahe dem Dorfzentrum, im Wohngebiet mit einem Hauch Landwirtschaft. Im Umkreis von rund 1 km werden ca. 10 bis 15 Katzen gehalten, die zum Teil frei herumlaufen. Auch das sterilisierte Weibchen und der kastrierte Kater sind „Freigänger". Vor allem nachts springen sie über den Zaun in Nachbars Garten und verrichten dort die Notdurft.

Der Hühnerfall ereignete sich in Salzburg. Der Kläger kaufte dort im Jahr 2000 den völlig verwilderten Grund neben dem Hühnerstall des beklagten Landwirts. Der Beklagte hatte seine Hühner seit über 70 Jahren freilaufend gehalten. Bis vor 20 Jahren wurden Hühner auch auf anderen Höfen nicht eingezäunt gehalten. Das alles war kein Problem – bis vor 3 Jahren die Hühner im Blumenbeet des Klägers scharrten und ihren Kot hinterließen.

Die beiden Fälle sind ähnlich gelagert – da wie dort geht es um den Schutz von Eigentum. Die Kläger begehrten jeweils die Unterlassung des Eindringens der Tiere auf ihren Grund. Es ist daher bemerkenswert, dass diese Fälle geradezu diametral entschieden wurden. Überraschend ist hierbei die Begründung der Entscheidungen. Hühner sind – wie Schafe und Ziegen – für die Höchstrichter „größere Tiere", während Katzen – wie Insekten und Mäuse – „Körper unerheblichen Umfangs" haben.

Der OGH unterscheidet Hühner von Katzen bzw. große von kleinen Tieren aber nicht nur anhand der Körpergröße. Auch auf die „Beschaffenheit" bzw. die „Eigenart" des Tieres komme es an. Und daraus leitet das Gericht ab, dass es dem Grundeigentümer und Halter von großen Tieren „unter Berücksichtigung von dessen Wesensart" möglich sein muss, Vorkehrungen zu treffen, damit sich diese nicht mehr auf den Grund des Nachbarn verirren.

Die nicht weiter hinterfragte Unterscheidung zwischen Groß- und Kleintier ist rechtlich entscheidend. Denn bei Hühnern steht die sogenannte Eigentumsfreiheitsklage dem Nachbarn zu. Sie ist gegen jeden gerichtet, der unbefugt ins Eigentum eingreift. Es kommt nicht auf das Ausmaß der Störung an. Bei Katzen hingegen kann der Nachbar sich nur bei Ortsunüblichkeit und Wesentlichkeit des Eingriffs zur Wehr setzen. Gewöhnliche Belästigungen muss sich der Nachbar gefallen lassen.

Der OGH begründet den Katzenfall damit, dass Hauskatzen zu den Haustieren gehören, deren frei bewegliche Haltung „jedenfalls außerhalb des großstädtischen Bereichs" anerkannt sei. Mit anderen Worten: Eine ausschließliche Haushaltung ist nicht ortsüblich. Sofern es sich daher bei den Katzen nicht um reine „Stubentiger" handelt, ist es mit „zumutbaren (und gesetzlich zulässigen) Maßnahmen kaum zu verhindern, dass Katzen die Grundgrenze überschreiten".
Ganz anders nimmt sich hingegen die – für die Eigentumsfreiheitsklage gar nicht relevante – Ortsüblichkeit im Hühnerfall aus. Hier übernimmt der OGH die nicht mehr bekämpfbare – nichtsdestotrotz in ihrer Allgemeinheit etwas kühne – Feststellung der Unterinstanzen, „dass es heute nicht mehr üblich sei, Hühner ohne Einzäunung zu halten". Vielmehr werden Hühner heute eingezäunt gehalten, „weil sie – wie hier – in Gärten Schäden verursachen können". Kurzum: Die Richter nehmen bei Ziegen, Schafen, Schweinen und Hunden – wie bei Hühnern – eine „faktische Beherrschbarkeit" an, weshalb eine Einzäunung zumutbar sei. Anders bei den unbeherrschbaren (Klein-)Tieren, wie Bienen oder Katzen: Hier hat der Kläger das Eindringen hinzunehmen, selbst wenn damit eine wesentliche Beeinträchtigung der ortsüblichen Benützung seines Grundes verbunden ist. Die Grenze der gebotenen Toleranz liegt dort, wo es „zu Schäden an der Substanz des Grundstücks oder an der Person des Nachbarn kommt" – was aber (auch bei „unangenehmen") Verunreinigungen nicht der Fall sei.

auf die übliche Tierhaltung um unbeherrschbare Tiere. Tauben gehören zweifellos zu dieser Kategorie. In einem solchen Fall setzt ein Abwehranspruch einen Störungszustand durch menschliches Handeln (Füttern, Anlocken) oder durch eine besondere Rechtswidrigkeit (über die Grundstücksgrenze hängende Pflanzen) voraus. Ein Störungszustand kann auch durch eine unübliche Nutzung (z.B. Müllablagerungen) oder durch eine unübliche Bepflanzung (z.B. ungepflegtes Gestrüpp) der Dachterrasse geschaffen werden. Wenn die wilden Tauben durch das auf der Dachterrasse des Nachbarn wuchernde Gestrüpp und durch die über die Grundstücksgrenze ragenden Pflanzen angezogen werde, dann muss geklärt werden, ob die Bepflanzung auf der Dachterrasse des Nachbarn als ortsunüblich zu qualifizieren ist, sowie ob dadurch Tauben angelockt werden, die Ihren Innenhof verschmutzen.

Taubenfütterung

Ein Burgenländer hatte genauestens Buch darüber geführt, wie oft eine Nachbarin im selben Haus auf ihren Balkon Häufchen von Vogelfutter legte: an vier Tagen jeweils zwischen 11.45 Uhr und 12.00 Uhr, einmal um 11.05 Uhr, ein anderes Mal um 11.35 Uhr, zwei Tage darauf um 11.45 Uhr, dann um 11.55 Uhr. Der Burgenländer zeigte die Nachbarin an. Im Ort war Taubenfüttern durch Gemeinderatsbeschluss verboten. Die Frau bekam wegen der Verwaltungsübertretung eine Geldstrafe. Die sie letztendlich aber doch nicht bezahlen musste, weil ihr der Verwaltungsgerichtshof abnahm, dass sie nur Dohlen füttern wollte, sich aber auch Tauben „hinzugesellten".

Hahn und Henne

Ein in den vergangenen Jahren viel behandeltes nachbarrechtliches Thema ist die Frage der Geflügelhaltung. Wirkt sie auf Nachbarn störend und unterliegt sie dann Beschränkungen? Dabei geht es nicht etwa um den üblen Geruch, der von gewerblichen Geflügelfarmen ausgeht, sondern in erster Linie um das Krähen der Hähne. Denn Hähne schreien nicht

Der Hahnenschrei

Hühnergegacker stört Nachtruhe

Es war etwas nach vier Uhr in der Früh, als eine Familie in der Nähe von Knittelfeld, Steiermark, die Polizei alarmierte. Das Krähen eines Hahnes in der benachbarten Hühnerzucht habe sie (wieder einmal) aufgeweckt, und im Übrigen sei das Gegacker der Hühner unerträglich geworden, lautete die Beschwerde, die die Beamten sofort ausrücken ließ. Der Betreiber der Geflügelzucht hatte bei der Schließung des Hühnerstalls am Abend einen Hahn im Freien vergessen. Tatsächlich – als die Polizisten eintrafen, saß der Lärmerreger auf einem Obstbaum. Die Beamten trieben den Hahn in den Stall, dann war wieder Ruhe. Der Hühnerzüchter musste wegen ungebührlicher Erregung störenden Lärms eine Geldstrafe zahlen. Dass er sich darüber beschwerte, half nichts. Laut ständiger Rechtsprechung des Verwaltungsgerichtshofes hat der Halter von Hühnern dafür Sorge zu tragen, dass ihr Gegacker die Nachtruhe nicht stört: Das Gackern von Hühnern zur Nachtzeit ist als ungebührliche Erregung störenden Lärms zu qualifizieren; eine Schallpegelmessung ist nicht erforderlich.

Tierhaltung

Die Parteien sind Nachbarn in einem Kärntner Dorf. Sie streiten über die Frage, ob es die Klägerin hinnehmen muss, dass die Beklagte auf ihrer Liegenschaft einen Hahn und dreizehn Hennen hält. Es geht um übermäßige Lärm- und Geruchsbelästigung im aufgelockerten Wohngebiet und Verbot des Haltens des Geflügels.
Der Kläger kann dem Beklagten nur die Einwirkung (den Eingriff) untersagen, nicht aber den diese Einwirkung verursachenden Betrieb als solchen. Der Verpflichtete hat dafür zu sorgen, dass sein Nachbar nicht durch unzulässige Immissionen beeinträchtigt wird; die Auswahl der Mittel bleibt dabei ihm überlassen. Auch bei unzulässigen Immissionen kann daher die Tierhaltung als solche nicht untersagt werden.
Anderes könnte zwar allenfalls dann gelten, wenn offenkundig kein anderes Mittel zur Verhinderung unzulässiger Immissionen zur Verfügung steht. Das trifft hier aber schon deswegen nicht zu, weil auch bei Vorliegen einer unzulässigen Immission die Abhilfe durch Halten in einem (ausreichend) schalldichten Stall nicht ausgeschlossen wäre. Das pauschal auf Unterlassen der Hühnerhaltung gerichtete Begehren ist daher jedenfalls verfehlt.

nur laut (über 70 Dezibel!), sondern auch zu Tages- und Nachtzeiten, die den Nachbarn zur Ruhe dienen sollten.

Die zahlreichen zu diesem Aspekt der Tierhaltung ergangenen Entscheidungen weisen eine gemeinsame Tendenz auf. Der Hahnenschrei wird als wesentliche Beeinträchtigung und somit mit Klage „abstellbar" angesehen. Doch kommt es auch hier vor allem darauf an, ob eine Geflügelhaltung auf den Grundstücken der Umgebung ortsüblich ist oder nicht. Dies wird für landwirtschaftlich-dörfliche Gegenden als selbstverständlich angenommen. Hahn und Hühner sind ja schließlich für den Städter Inbegriff der Dörflichkeit. Und wer aufs Land zieht, muss sich mit den damit verbundenen besonderen Geräuschen eben vertraut machen. So muss auch die Lärmbelästigung durch frei herumlaufende Hühner geduldet werden. Nicht dulden hingegen müssen Sie, dass die Hendln des Nachbarn auf Ihrem Grund scharren. Sie können sie selbstverständlich verjagen. Allerdings in gemäßigter Weise: Wenn Sie dabei Schaden anrichten sollten, müssen Sie mit Schadenersatzforderung (und Strafanzeige) des Hendlhalters rechnen. Etwa dann, wenn Sie Giftkörner ausstreuen ...

Auf dem Land ist Geflügelhaltung ortsüblich

Andererseits sind Sie schadenersatzberechtigt, wenn das Federvieh sich auf Ihrem Grund nicht ordnungsgemäß verhält. In diesem Fall dürfen Sie die Tiere behalten, bis der Schaden beglichen ist. Sie haben dabei aber für eine ordentliche Fütterung der Tiere zu sorgen. Legt ein Hendl auf ihrem Grundstück Eier, dürfen Sie diese übrigens nicht behalten! Dasselbe musste sich auch ein Halter von Enten sagen lassen. Auch er muss dafür Sorge tragen, dass die Enten in der Nacht ihren Schnabel halten, sonst droht eine Anzeige. Der Tierhalter kann nicht damit argumentieren (auch das hat der VwGH geklärt), dass die Nachbarn ja bei geschlossenen Fenstern schlafen könnten!

Ortsüblichkeit der Hühnerhaltung

Nicht jeder will mit den Hühnern zu Bett gehen und mit dem Hahnenschrei aufstehen. Aber ein Hahn in der Nachbarschaft lässt sich trotz Ruhestörung nicht einfach auf „stumm" schalten. Wird wegen des Krähens eines Hahnes der Nachbar gestört, liegt (nur) ein Anwendungsfall einer allenfalls zulässigen Eigentumsbeschränkung vor. Zahlreiche zu diesem Aspekt der Tierhaltung ergangene Entscheidungen in Deutschland weisen eine gemeinsame Tendenz auf. Der Hahnenschrei wird als wesentliche Beeinträchtigung und somit mit Klage „abstellbar" angesehen. Doch kommt es darauf an, ob eine Geflügelhaltung auf den Grundstücken der Umgebung ortsüblich ist oder nicht.

Hühner gehören zur ländlichen „Idylle"

Dies wird für landwirtschaftlich-dörfliche Gegenden als selbstverständlich angenommen. Hahn und Hühner sind ja schließlich für Städter der Inbegriff der Dörflichkeit. Und wer „aufs Land" zieht, muss sich mit den damit verbundenen besonderen Geräuschen eben anfreunden. So muss auch die Lärmbelästigung durch frei herumlaufende Hühner geduldet werden. Und zwar selbst dann, wenn – wie Nachbarn in einem Kärntner Dorf – über die Frage streiten, ob es die Klägerin hinnehmen muss, dass die Beklagte auf ihrer Liegenschaft einen Hahn und 13 Hennen hält.

In einer Entscheidung begehrte die Klägerin die Unterlassung der Lärm- und Geruchsbelästigung durch die Hühner und den Hahn der Beklagten. Die Unterinstanzen gaben dem Klagebegehren statt. Die Liegenschaften seien seit 2005 als Bauland-Wohngebiet gewidmet. Daher sei das Halten auch nur eines Huhnes schon aus raumordnungsrechtlichen

Gründen unzulässig. Zudem gebe es im Umkreis von 250 m (sonst) keine Hühnerhaltung, weshalb jene der Beklagten nicht ortsüblich sei. Das Halten von 13 Hennen und einem Hahn beeinträchtige die Nutzung der Liegenschaft der Klägerin ganz erheblich und das Krähen eines Hahns in den „frühen Morgenstunden" sei nicht akzeptabel.

Der OGH hingegen gab der Beklagten Recht und wies das Klagebegehren ab. In der Sache verneint der OGH einen auf Unterlassen (nur) der Störung gerichteten Anspruch. Der (nachbarrechtliche) Unterlassungsanspruch setzt voraus, dass die Beeinträchtigung (Immission) sowohl ortsunüblich als auch unzumutbar ist. Zwischen diesen Kriterien besteht zwar ein Zusammenhang: Unzumutbarkeit wird umso weniger anzunehmen sein, je näher eine – an sich ortsunübliche – Beeinträchtigung an der Grenze zur Ortsüblichkeit liegt. Ist die Beeinträchtigung jedoch ohnehin ortsüblich, so ist eine gesonderte Prüfung der Zumutbarkeit nicht mehr erforderlich; solche Immissionen sind jedenfalls zu dulden.

Im konkreten Fall befinden sich die Liegenschaften der Parteien in einem aufgelockerten Siedlungsgebiet mit dörflich-ländlichem Charakter; sie sind von landwirtschaftlich genutzten Liegenschaften umgeben. Unter diesen Umständen sind Geräusche, die von artgerecht und in überschaubarer Zahl gehaltenen Hühnern (einschließlich eines oder zweier Hähne) ausgehen, als ortsüblich anzusehen, und zwar jedenfalls dann, wenn sich die Tiere zur Nachtzeit in einem Stall mit dicken Mauern aufhalten, sodass ihr Gackern und Krähen draußen nur in einer „gemäßigten Lautstärke" wahrgenommen werden kann. Soweit diese Geräusche dennoch die Nachtruhe besonders empfindlicher Personen stören, muss das als Folge des ländlichen Charakters der Umgebung hingenommen werden.

Zum Schluss noch ein Urteil aus Deutschland, konkret aus Celle, das einen vier Jahre dauernden Nachbarschaftsstreit um den Zwerghahn Willi beendete und wohl Anlass zum Schmunzeln gibt: Willi darf höchstens 50 Mal am Tag krähen, muss sein Geschrei auf 50 Dezibel einpegeln und ist zwischen 22 und 6 Uhr im schallgedämmten Stall zu halten.

Bienen

Mitunter kann man sich auch gegen Bienen wehren, die vom Nachbargrund über die Hecke geflogen kommen. Man mag sich vielleicht wun-

Der Bienenflug

Ein Steirer, der sich beim Rasenmähen einen Kartoffelsack mit Sehschlitzen über den Kopf stülpte, um von aggressiven Bienen des Nachbarn nicht gestochen zu werden, blitzte gleich in zwei Instanzen mit seiner Klage ab. Der Grund für die Ablehnung: Er hatte in der Klage gefordert, dass der Imker die Bienenvölker entfernen sollte. Das hätte er nicht tun dürfen. Er hätte nur die Unterlassung des Bienenflugs begehren dürfen.

dern, aber Bienen gelten als Gase, und wenn der Hobby-Imker sorglos ist und die Ausfluglöcher der Bienenstöcke in Richtung eines nahen Grundstücks gehen lässt, dann könnte ein (gestochener) Nachbar mit einer Unterlassungsklage Erfolg haben. Im Allgemeinen aber muss die Belästigung durch Bienenstöcke in der Nähe der Grundstücksgrenze geduldet werden, weil Bienen auch dann in einem Garten herumfliegen, wenn der Nachbar kein Imker ist. Es kommt aber auch hier darauf an, ob die Bienenhaltung den Nachbarn wesentlich beeinträchtigt und ob sie in der konkreten Umgebung ortsüblich ist (dann müssen auch wesentliche Beeinträchtigungen in Kauf genommen werden) oder nicht.

Entflogene Bienen dürfen 2 Tage, verlaufene Tiere 42 Tage vom Eigentümer verfolgt werden

Übrigens: Sind Sie selber Imker, so haben Sie als Eigentümer eines häuslichen Bienenschwarms grundsätzlich das Recht, diesen auch auf fremdem Grund zu verfolgen. Dabei brauchen Sie nicht einmal die Zustimmung des jeweiligen Grundeigentümers. Bei einem entflogenen Bienenschwarm haben Sie nach § 384 ABGB zwei Tage Zeit zur Verfolgung auch auf fremdem Grund. Wenn Sie es in dieser Zeit nicht schaffen, die entflogenen Bienen zurückzuholen, kann sich der jeweilige Eigentümer der Liegenschaft, auf der sich der Schwarm niedergelassen hat, diesen aneignen und Ihnen den Zutritt verweigern.

Dieses Tierverfolgungsrecht haben laut § 384 ABGB auch Eigentümer von anderen zahmen oder gezähmten Tieren. Für die Verfolgung eines entlaufenen Tieres auf fremdem Grund hat der jeweilige Eigentümer 42 Tage zur Verfügung. Bei der Verfolgung kann es geschehen, dass dem Grundeigentümer Schaden entsteht. In diesem Fall ist ihm der Schaden natürlich zu ersetzen. Nach Ablauf der genannten Frist werden die entlaufenen Tiere herrenlos. Herrenlose Tiere kann sich dann auf öffentlichem Grund jedermann, auf Privatgrund der jeweilige Eigentümer der Liegenschaft aneignen.

Kleine Kuriosität am Rande: Herrenlose Krokodile gibt es in unserer Rechtsprechung nicht. Entlaufene exotische Tiere können deshalb nicht herrenlos werden, weil sie in unseren Breitengraden nicht vorkommen und somit ihre natürliche Freiheit nicht wiedererlangen können.

Frösche

Es kommt in erster Linie darauf an, was konkret behördlich bewilligt wurde bzw. ob und welche Auflagen dafür erteilt wurden. Wenn die Bewilligung hierüber keinen Aufschluss gibt, so gilt ganz allgemein Folgendes: Wenn quakende Frösche in Nachbars Garten Lärm verursachen und einem das nicht bloß auf die Nerven geht, sondern dadurch der Aufenthalt im eigenen Garten erheblich beeinträchtigt wird, müssen die Nachbarn das nicht dulden. Ihre Nachbarn können Sie zur Unterlassung auffordern.

Doch keine Regel ohne Ausnahme: Ortsübliches Gequake muss laut Gesetz hingenommen werden. Gegen erhebliche, ortsunübliche Störungen kann jedoch vorgegangen werden. Entscheidend ist oft die Lage des Grundstücks. Ihr Grundstück kann unter Umständen als ländliche Umgebung gewertet werden – und dann ist mehr zu tolerieren als in städtischen Wohngebieten. Das heißt, wenn der Lärm ortsunüblich ist, werden die Gerichte dagegen schon bei einer geringeren Lautstärke annehmen, dass der Nachbar erheblich beeinträchtigt wird.

Eine Hilfestellung, ob der Lärm erheblich beeinträchtigt oder hingenommen werden muss, bieten unter Umständen die Richtlinie des ÖAL bzw. ÖNORMEN. Ergeben Lärmmessungen (wofür Sachverständige erforderlich sind), dass bestimmte Lärmgrenzen überschritten sind, kann vom Nachbarn verlangt werden, dass für eine geeignete Lärmeindämmung gesorgt wird.

Doch Achtung: Gemäß dem Naturschutzrecht gelten Frösche regelmäßig als streng geschützte Art. Das heißt, haben sich derart geschützte Tiere angesiedelt, dürfen sie grundsätzlich ohne Genehmigung der Naturschutzbehörde weder entfernt noch darf der Teich zugeschüttet werden. Gegen einen Froschteichbesitzer vorzugehen, kann daher problematisch sein. Die Erfolgschancen sind – wie auch der Mödlinger-Biotopfall zeigt – eher gering. Der deutsche Bundesgerichtshof hatte bereits 1992 ausdrücklich festgestellt, dass das geänderte Umweltbewusstsein und der Artenschutz hierbei berücksichtigt werden müssen.

Wildtiere

Zahlreiche Wildtiere dürfen zu Hause nicht gehalten werden

Nicht jeder, der gern ein Haustier haben möchte, gibt sich mit einem Hund, einer Katze oder einem Wellensittich zufrieden. So finden sich unter den Haustieren hin und wieder auch Exoten wie Schlangen, Affen oder Spinnen. Die Toleranz von Nachbarn kann durch solche Tiere mitunter auf eine harte Probe gestellt werden. Wer stellt sich schon gern darauf ein, dass jenseits der Thujenhecke ein Tier zu Hause ist, das man eigentlich nur aus dem Dschungelbuch oder dem Zoo kennt?

Wer sich ein exotisches Haustier anschaffen will, sollte sich zuvor erkundigen, ob das auch (gesetzlich) erlaubt ist. Denn unabhängig von Regelungen im Mietvertrag oder in der Hausordnung ist das Halten von bestimmten wilden (gefährlichen) Tieren unzulässig. Seit dem Jahr 2004 sind in der Tierhaltungsverordnung bundesweit einheitlich folgende Wildtierarten aufgelistet, deren Haltung aus Gründen des Tierschutzes – außerhalb von bewilligten Zoos – verboten ist:

- Kloakentiere, alle Arten
- Riesengleiter, alle Arten
- Menschenaffen
- Nebengelenktiere, alle Arten
- Schuppentiere, alle Arten
- Schleichkatzen, alle Arten
- Hyänen, alle Arten
- Hundeartige Raubtiere, alle Arten mit Ausnahme von Wolf, Fuchs, Marderhund und Goldschakal
- Großkatzen, alle Arten
- Kleinkatzen, alle Arten mit Ausnahme der Wildkatze und des Luchses
- Gepard
- Großbären, alle Arten mit Ausnahme des Braunbären
- Katzenbär

- Bambusbär
- Robben, alle Arten
- Wale, alle Arten
- Röhrchenzähner, alle Arten
- Seekühe, alle Arten
- Nashörner, alle Arten
- Tapire, alle Arten
- Flusspferde, alle Arten
- Giraffen, alle Arten
- Rüsseltiere, alle Arten

Die Länder regeln darüber hinaus die Haltung von gefährlichen Tieren unterschiedlich. Als gefährlich gelten in der Steiermark Tiere, die aufgrund ihrer arttypischen oder individuellen Verhaltensweise die Sicherheit von Menschen gefährden können (z.B. Schlangen, Giftspinnen, Raubkatzen oder Bären). Das Halten von gefährlichen Tieren ist nur mit Bewilligung der Gemeinde zulässig. Die – mitunter befristete und widerrufbare – Bewilligung ist zu erteilen, wenn keine Gefährdung der Gesundheit oder des Lebens von Menschen, keine unzumutbare Belästigung von Menschen und keine Gefährdung des Eigentums dritter Personen zu erwarten ist. Bei Gefahr im Verzug für die Gesundheit oder das Leben von Menschen durch ein nicht ordnungsgemäß gehaltenes Tier können von der Gemeinde die unmittelbar erforderlichen Maßnahmen (einschließlich einer schmerzlosen Tötung, wenn andere Maßnahmen nicht in Betracht kommen) auch sofort und erforderlichenfalls unter der Anwendung von Zwang gesetzt werden.

Bundesländer regeln die Haltung gefährlicher Tiere unterschiedlich

In Kärnten ist das Halten von gefährlichen Tieren, die üblicherweise ein Leben in Freiheit führen, verboten. Welche Tiere wegen der von ihnen ausgehenden Gefahren für die körperliche Sicherheit von Menschen als gefährlich anzusehen sind, ist durch Verordnung der Landesregierung bestimmt; ähnlich auch die Wiener Tierschutz- und Tierhalteverordnung. Das Verbot der Haltung gefährlicher Tiere gilt nicht für die Haltung gefährlicher Tiere in Zoos, in Tierheimen und im Rahmen gewerblicher Tätigkeiten sowie in wissenschaftlichen Einrichtungen, die die Haltung gefährlicher Tiere anzeigen.

In Salzburg hat die Gemeinde das Halten eines Tieres in einer Wohnung einschließlich deren Nebenräume usw. zu untersagen, wenn dadurch Dritte gefährdet oder über das zumutbare Maß hinaus belästigt werden. Bei Gefahr im Verzug für das Leben oder die Gesundheit von Menschen durch ein nicht ordnungsgemäß gehaltenes Tier können die unmittelbar erforderlichen Maßnahmen auch ohne vorangegangenes Verfahren gesetzt werden.

Prinzipiell kann die Behörde über ein gefährliches Tier als Strafe im Verwaltungsverfahren den Verfall aussprechen. Bei Gefahr im Verzug können Organe der öffentlichen Aufsicht (Polizei) Verfallsgegenstände auch vorläufig in Beschlag nehmen. Verfallene Tiere sind einem bewilligten Tierheim zu übergeben; die Tiere gehen bei der Übergabe in das Eigentum des Tierheimes über.

Kampfhundeverbot möglich

Verbot bestimmter Hunderassen in Diskussion

Nach einigen schrecklichen Unfällen mit aggressiven Hunden wurde ein Kampfhundeverbot österreichweit diskutiert. Die Landespolizeistrafgesetze sehen die Möglichkeit vor, die Haltung von ihrer Art nach für das Leben oder die Gesundheit von Menschen gefährlichen Tieren an eine Genehmigung der Gemeinde zu binden. Die Landesregierung kann dazu eine Verordnung erlassen, in der die wichtigsten für die Tierhaltung in Betracht kommenden und für das Leben und die Gesundheit von Menschen gefährlichen Tierarten verzeichnet werden.

Kampfhunde-Regelungen in Österreich

Die Haltung von sogenannten „Kampfhunden" (auch „Listenhunde" oder „Anlagehunde" genannt) bzw. „Hunden mit erhöhtem Gefährdungspotenzial" ist in Österreich von Bundesland zu Bundesland unterschiedlich geregelt. In Vorarlberg, Niederösterreich und Wien muss die Haltung von Hunden bestimmter, als gefährlich geltender Rassen, der Behörde angezeigt bzw. von dieser bewilligt werden. In Oberösterreich, der Steiermark und in Salzburg müssen Halter von Hunden aller Rassen grundsätzlich ihre Sachkunde nachweisen (z.B. durch Besuch eines Kurses). In Tirol, dem Burgenland und Kärnten gibt es grundsätzlich keine besonderen Voraussetzungen, die erfüllt werden müssen, damit ein Hund, egal welcher Rasse, gehalten werden darf. Wird ein Hund jedoch auffällig, sind behördliche Maßnahmen möglich.

Eine solche Verordnung wurde bisher nicht erlassen, da offenbar nach allgemein sachverständiger Auffassung die Gefährlichkeit bei Hunden kein Kriterium einer Rassezugehörigkeit ist, sondern ein individuelles Merkmal.

In Vorarlberg bestehen Beschränkungen für das Halten bestimmter Hunderassen. In Tirol wurden Beschränkungen für bestimmte Hunderassen wieder aufgehoben. Eine Kampfhundeverordnung des Landes Steiermark wurde 1997 vom Verfassungsgerichtshof aus formalen Gründen aufgehoben. Es wurde keine neue Verordnung erlassen. Die restlichen Bundesländer verzichten auf eine Differenzierung nach Hunderassen.

Landwirtschaftliche Nutztiere

Je näher Stadt und Land in stadtrandnahen Wohngebieten aneinander rücken, desto häufiger kommt es zu Konflikten, die durch die Haltung landwirtschaftlicher Nutztiere ausgelöst werden. Dabei sind zwei (juristisch) ganz unterschiedliche Fallgruppen auseinander zu halten: Dort, wo die Tierhaltung so intensiv ist, dass sie den Charakter eines Gewerbebetriebes hat – Schweinemast, Rinderzucht, Hühnerfarm –, gelten Sonderregelungen, vor allem des Öffentlichen Rechts. In diesen Fällen geht es

Schweinestall

Landwirt und Gastwirt sind Nachbarn in einer kleineren Gemeinde. Ursprünglich hatte der Bauer 250 Schweine, seit dem – baubehördlich genehmigten – Umbau sind es über 820 Schweine. Dadurch nahm die Geruchsbelästigung massiv zu und der Umsatz des Wirts ab. Das Gericht untersagte dem Bauern den von dessen Grund ausgehenden Gestank insoweit, als er das nach den örtlichen Verhältnissen gewöhnliche Maß überschreitet und die ortsübliche Benutzung des Gasthauses wesentlich beeinträchtigt. Denn eine baubehördliche Bewilligung – hier der Bestanderweiterung eines Mastschweinestalls – begründet keine „behördlich genehmigte Anlage" im Sinn des Nachbarrechts. Daran ändert auch nicht das Bemühen der Bauordnungen, im Rahmen des Baubewilligungsverfahrens durch entsprechende Auflagen auch Immissionen der Bauherren entgegenzuwirken und damit den „Nachbarrechten" Rechnung zu tragen.

Rindvieh auf Autobahn

Ein Tierhalter haftet für die mangelhafte Verwahrung einer Rinderherde. Befindet sich eine Weidefläche in unmittelbarer Nähe einer Autobahn, ist der Tierhalter zu besonderer Sorgfalt verpflichtet. Ein elektrischer Weidezaun mit (teilweise) nur einfacher Drahtführung kann für eine ordnungsgemäße Verwahrung der Tiere unzureichend sein. Im Allgemeinen ist die Verwahrung von Weidevieh mit elektrischem Weidezaun zwar als ausreichend anzusehen, die Verwahrung in der Nähe von stark befahrenen Straßen muss aber besonders sorgfältig erfolgen. Denn je größer die Schadensmöglichkeit, desto strenger die Sorgfaltsanforderungen. Im zu beurteilenden Fall reichte die Weidefläche bis auf wenige Meter an die Autobahn heran. Für das Vorhandensein abschreckend wirkender natürlicher Hindernisse gab es im Verfahren keinen Anhaltspunkt. Das Erstgericht hatte – gestützt auf das Gutachten eines Sachverständigen – überdies festgestellt, dass die Verwendung eines Weidezauns mit durchgehend zwei- oder dreifacher Drahtführung zu einer erhöhten Hütesicherheit geführt hätte.

Gegen Gestank aus kommerzieller Tierhaltung ist schwierig vorzugehen

um die meist sehr starken Emissionen, meist um Geruchsbelästigungen solcher Betriebe. Hier sind zahlreiche einschlägige Vorschriften (z.B. bau- und wasserrechtliche), Auflagen und Richtlinien maßgebend, sodass im Streitfall der gestörte Nachbar ebenso wie der störende Betrieb ohne die Hilfe eines Rechtsanwalts kaum auskommen werden, zumal es für den Betrieb um die wirtschaftliche Existenz gehen kann, wenn ihm einschneidende Betriebseinschränkungen zugemutet werden sollen.

Dort hingegen, wo die Tierhaltung weniger intensiv ist, sich also im Rahmen dessen hält, was der Städter von einem Bauernhof gewissermaßen erwartet, lassen sich einige Regeln formulieren, die Streit von vornherein vermeiden helfen können. Vor allem muss derjenige, der von der Stadt aufs Land flieht, wohl akzeptieren, dass er damit zwar den Lärm der Stadt hinter sich lässt, gleichzeitig aber nicht in eine Oase vollkommener Ruhe und reinster Landluft zieht: Kühe und Kuhglocken, die Lagerung von Pferdemist inklusive Fliegen, einige Schweine im Stall, auch eine einzelne Kuh oder einige Schafe in einem größeren Hausgarten eines Bauern sind auf dem Land durchaus üblich. Die damit verbundenen Belästigungen müssen hingenommen werden. Vom „Zuagrasten" wird also Toleranz erwartet.

Natürlich gibt es auch hier Grenzen, und es sind Fälle denkbar, in denen sich die Haltung landwirtschaftlicher Nutztiere so stark zu Lasten der Nachbarn auswirkt, dass diese Unterlassungsansprüche haben. Wenn sich der Charakter der Umgebung nach und nach von einem Dorfgebiet weg und hin zu einem Wohngebiet entwickelt, dann kann das auch à la longue mit sich bringen, dass die Zugezogenen allmählich die Mehrheit gewinnen und sich auch mit ihren Ansprüchen durchsetzen können.

Tierhaltung in Miet- und Eigentumswohnungen

Erlaubt der Mietvertrag dem Mieter die Haltung von Tieren ausdrücklich, ist eine derartige Regelung gültig. Überdies ist das Halten von üblichen Haustieren, also insbesondere von Hunden und Katzen, regelmäßig erlaubt, wenn der Mietvertrag keine Regelung zur Tierhaltung an sich enthält. Laut Mietvertrag kann es umgekehrt aber auch generell und schlechthin verboten sein, Tiere in der Mietwohnung zu halten. Eine derartige Regelung wird in Österreich als zulässig angesehen. Sie verstößt, wenn sie etwa in Vertragsformularen enthalten ist, laut Rechtsprechung auch nicht gegen die Sittenwidrigkeit.

Hausordnung und Mietvertrag können Tierhaltung beschränken

Je enger Nachbarn miteinander wohnen, desto problematischer kann eine Tierhaltung sein. Dies betrifft vor allem das Zusammenwohnen in Häusern, Miet- oder Eigentumswohnungen. Häufig finden sich Regelungen über die Tierhaltung im Mietvertrag oder in der Hausordnung.

Gibt es keine Regelung, ist das Halten üblicher Haustiere erlaubt, vor allem von Hunden und Katzen sowie Kleinvögeln und Meerschweinchen (letztere in Käfigen). Das Halten atypischer Haustiere wie Ziegen, Schweine oder Schafe wird in der Praxis auch dann als unzulässig angesehen, wenn keine vertragliche Regelung vorliegt.

Ist im Mietvertrag die Tierhaltung untersagt, ist ein solches Verbot generell wirksam. Der Mieter einer Wohnung weiß dann von Anfang an, dass das Halten von Haustieren eben nicht gestattet ist.

Ist in einer Hausordnung oder in einem Mietvertrag die Tierhaltung an eine Zustimmung des Vermieters oder Hausverwalters gebunden, dann ist zu unterscheiden:

- Ist vorgesehen, dass die Tierhaltung nur mit Bewilligung zulässig ist, so besteht kein Rechtsanspruch auf Erteilung einer Bewilligung. Sie liegt vielmehr im begründeten Ermessen desjenigen, der die Bewilligung erteilen kann.
- Ist jedoch vorgesehen, dass die Haltung von Haustieren nur aus triftigen Gründen untersagt werden kann, dann besteht ein Anspruch des Mieters oder Wohnungseigentümers auf Zustimmung, wenn keine triftigen Gründe gegen die Tierhaltung sprechen.

Mieter können auch bei generellem Tierhalteverbot Besucher mit Tieren empfangen

Der Vermieter hat zwar die Möglichkeit, von Anfang an generell Tierhaltung im Mietobjekt zu verbieten; räumt er dem Mieter jedoch eine von seiner Zustimmung abhängige Möglichkeit dazu ein, darf er diese nicht willkürlich ablehnen. Überdies kann auch dann, wenn die Tierhaltung in einem Haus generell verboten oder an eine vorherige Zustimmung gebunden wurde, ein Mieter jederzeit Besucher empfangen, die ein Tier mitführen (in der Regel wird das wohl ein Hund sein). Der Besuch eines Tieres ist also etwas anderes als seine Haltung. Nach der Rechtsprechung ist Tierhalter nämlich derjenige, der das Tier pflegt, verköstigt und darüber zu entscheiden hat, wie es zu verwahren und zu beaufsichtigen ist.

Sogenannte gefährliche Hunde wie Bullterrier oder Mastinos muss der Vermieter nicht unbedingt dulden. Er wird aber wohl dann zustimmen müssen, wenn der Mieter dafür garantieren kann, dass er in der Lage ist, mit dem Tier auch umzugehen, und wenn außerdem keine besonders gefährdeten Nachbarn, z.B. Kinder, in dem Haus wohnen. Einzelheiten lassen sich dazu allerdings noch nicht verlässlich angeben, weil es zum Thema Kampfhunde (► Seite 112) noch keine ständige Rechtsprechung gibt.

Streit um Haustiere – Ende nicht in Sicht

Die weit verbreitete Meinung, dass die Haltung von Haustieren, die keine Kleintiere sind, generell erlaubt sei, ist falsch. Die Haltung größerer Tiere wie z.B. Hunde oder Katzen bedarf der Zustimmung bzw. der Erlaubnis des Vermieters, auch wenn nichts im Mietvertrag steht. Der Vermieter darf zwar nicht die Erlaubnis rechtmissbräuchlich (schikanös bzw. willkürlich) verweigern. Aber wenn gute Gründe vorliegen, wie z.B. Belästigungen anderer Hausbewohner oder Gefahr für das Mietobjekt, ist eine Erlaubnisverweigerung zulässig. Umgekehrt hängt es auch von den Umständen des Einzelfalles ab, ob der Vermieter dem Wunsch des Mieters nach Erlaubniserteilung nachzukommen hat. Dies kann dann der Fall sein, wenn andere Mieter des Hauses bereits ein Haustier halten oder erhebliche Belange des Mieters betroffen sind. Generell gilt, dass Gleichbehandlung aller Mieter im Haus dort verlangt werden kann, wo auch die gleiche Situation gegeben ist. Im Einzelfall können die Belange des Mieters überwiegen, z.B. wenn der Blinde auf einen Blindenhund angewiesen ist. Tierhaltung aus psychischen Gründen soll nur dort erlaubt werden müssen, wo die psychischen Gründe erhebliches Gewicht haben.

Der Vermieter kann aber auch vom Mieter als Vorbedingung zur Erlaubniserteilung den Abschluss oder den Nachweis einer einschlägigen Versicherung verlangen, z.B. einer Wasserschadenversicherung bei Aquarienhaltung. Apropos Aquarien: Streit besteht mitunter auch über die Anzahl oder Menge der gehaltenen Kleintiere. Diese darf das übliche Maß nicht wesentlich übersteigen. Nur was ist dieses Maß? Auch hier kommt es auf den Einzelfall an. Vier Aquarien, die jeweils 1000 Liter fassen, können der Erlaubnis des Vermieters bedürfen, schon weil die Bodenbelastung mit dem beträchtlichen Gewicht eines großen Aquariums zu Schäden an der Mietsache führen könnte.

Klauseln in Mietverträgen, die die Haltung von Tieren generell verbieten, sind nach nunmehriger (jüngster) Rechtsprechung unwirksam. Das bedeutet jedoch nicht, dass der Mieter sich dann sorglos jedes Tier anschaffen kann; bei Tieren, die nicht Kleintiere sind, gilt auch dann der Erlaubnisvorbehalt des Vermieters. Wurde vertraglich nichts vereinbart, hängt die Zulässigkeit der Tierhaltung davon ab, ob sie zum vertragsgemäßen Gebrauch der Mietwohnung gehört. Es kommt also – nach Meinung des OGH – auf den Zweck des Vertrages, auf den Ortsgebrauch und auf die Verkehrssitte an. Das macht die Sache weder für den Vermieter noch für den Mieter einfacher.

Als Faustformel im Fall des Fehlens einer Klausel für Tierhaltung in Mietwohnungen gilt: Das Halten der üblichen Haustiere (insbesondere von Hunden und Katzen) ist regelmäßig erlaubt und gilt als „gerichtsnotorische Tatsache". Belästigungen, die über das zu duldende „Normalmaß" hinausgehen, müssen aber nicht hingenommen werden. Dieses

Maß hängt von vielen Faktoren ab. Gelegentliches Bellen eines Hundes ist z.B. hinzunehmen. Ständiges Bellen jedoch nicht (Problem: Wachhund). Der Vermieter kann dann vom Mieter die Unterlassung des mit der Tierhaltung verbundenen störenden Verhaltens begehren, nicht jedoch die Unterlassung der Haltung von Haustieren generell.

Ist im Mietvertrag von Kleintieren die Rede, so handelt es sich in diesem Sinn meist nicht um größere Vögel wie einige Papageienarten, die sehr laut werden können, oder um giftige Schlangen, die einen erheblichen Gefahrenherd darstellen. Andere Haustiere im Sinn der mietrechtlichen Tierhaltung sind Hunde und Katzen, größere Vögel usw. Grundsätzlich ist bei anderen Haustieren als Kleintieren eine umfassende Abwägung der Interessen des Vermieters und des Mieters sowie der weiteren Beteiligten erforderlich. Diese Abwägung lässt sich nicht allgemein, sondern nur im Einzelfall vornehmen, weil die dabei zu berücksichtigenden Umstände so individuell und vielgestaltig sind, dass sich jede schematische Lösung verbietet.

Wer ein Haustier hält, obwohl er sich dazu die Erlaubnis nicht beschafft hat, kann nur deswegen allein in aller Regel nicht gekündigt werden. Fordert allerdings der Vermieter den Mieter auf, das Tier abzuschaffen, und stehen dafür gewichtige Gründe, dann muss der Mieter das Tier wieder weggeben. Tut der Mieter das nicht, dann besteht in der Regel immer noch kein Recht auf Kündigung. Der Vermieter muss dann auf Unterlassung (Beseitigung des Tieres) klagen und kann nicht kündigen. Anders ist die Lage nur, wenn das Tier erheblich stört oder für das Wohnobjekt bzw. die Mitbewohner erheblich gefährlich ist und der Mieter es nicht abschafft. Dann kommt unter Umständen auch eine Kündigung des Mietverhältnisses in Frage.

Stirbt ein Tier, so muss man für ein neues Tier nicht nochmals um Erlaubnis bitten, es sei denn, der neue Hausgenosse sprengt die bisherigen Dimensionen völlig (z.B. ein Yorkshire Terrier wird durch einen Rottweiler ersetzt). Unterlässt der Mieter, die Zustimmung für die Tierhaltung einzuholen, bekommt der Vermieter aber mit, dass ein Tier gehalten wird, und duldet er das längere Zeit, dann kann dies als eine Zustimmung seinerseits ausgelegt werden. Diese Zustimmung kann er nicht ohne Grund wieder zurücknehmen, selbst dann nicht, wenn der Mietvertrag das vorsieht. Er muss dann triftige Gründe dafür vorbringen, warum das genehmigte Haustier plötzlich wieder abgeschafft werden muss (z.B. nebenan zieht ein Mieter ein, der auf Katzenhaare allergisch ist; die Versammlung der Wohnungseigentümer hat mit Mehrheit – und gegen den Willen des eigenen Vermieters – beschlossen, im ganzen Haus die Tierhaltung zu verbieten).

Untersagung der Tierhaltung

Liegt eine unzulässige Tierhaltung vor, dann hat der Vermieter oder die Miteigentümergemeinschaft der Wohnungseigentümer Anspruch auf Untersagung. Die Wohnungseigentümer können gegen den Tierhalter also eine Klage auf Unterlassung der Störung bei Gericht einbringen.

Ist im Mietvertrag vereinbart, dass die Tierhaltung nur aus triftigen Gründen untersagt werden kann, und liegen solche triftigen Gründe nicht vor, kann der Mieter sich ein Haustier anschaffen und in einem allfälligen Unterlassungsprozess, den der Vermieter gegen ihn anstrengt, einwenden, dass die Zustimmung zur Tierhaltung vom Vermieter zu Unrecht versagt worden ist. Darüber hinaus hätte der Mieter in so einem Fall auch die Möglichkeit, von sich aus aktiv zu werden und den Vermieter auf Zustimmung zu klagen.

Wohnungseigentümer haben ein gewichtiges Wort dabei mitzusprechen, ob in dem Haus, in dem sie leben, auch Tiere gehalten werden dürfen: Es entscheidet nämlich die Mehrheit der Wohnungseigentümer, ob die Tierhaltung in der Hausordnung überhaupt für zulässig erklärt wird oder nicht. Das heißt aber trotzdem noch lange nicht, dass sich ein einzelner Tierliebhaber, der in dem betreffenden Haus eine Eigentumswohnung hat, mit der Mehrheitsentscheidung abzufinden hat.

Jeder einzelne Wohnungseigentümer kann bei Gericht eine Entscheidung darüber verlangen, dass ein von der Mehrheit der Hausparteien beschlossener Hausordnungspunkt aufgehoben oder geändert wird, weil die Einhaltung dieser Bestimmung ihm unzumutbar ist bzw. seine schutzwürdigen Interessen verletzt. Dazu könnte auch eine Bestimmung gehören, wonach jede Art von Haustierhaltung unzulässig ist; doch hier kommt es auf den Einzelfall an.

Neben dem Anspruch auf Unterlassung können sich aus einer verbotenen Haustierhaltung auch noch viel weiter gehende Konsequenzen ergeben. So anerkennt die Rechtsprechung sogar ein Recht zur Aufkündigung des Mietvertrages in begründeten Fällen. Als solche gelten:

Wegen verbotener Tierhaltung kann Mietvertrag gekündigt werden

- die durch Hundehaltung größeren Umfangs verursachte Geruchsentwicklung,
- die nicht ordentliche Verwahrung eines bissigen Hundes trotz Verwarnung,
- das Halten eines „Kläffers",
- das Halten vieler Katzen wegen des damit verbundenen üblen Geruchs.

Im Wohnungseigentumsrecht ist zwar auch der Ausschluss eines Miteigentümers vorgesehen, doch wird eine unzulässige Tierhaltung nur in extremen Fällen einen solchen Ausschlussgrund bilden, zumal dann, wenn der Anspruch auf Unterlassung dieser Tierhaltung gegeben ist. Dem Eigentümer eines Einfamilienhauses kann eigentlich kraft seines Eigentumsrechtes kaum einer etwas dreinreden, wenn er sich dafür entscheidet, ein Haustier anzuschaffen. Sein Nachbar muss die Tierhaltung jenseits des Zauns dulden, sofern es dadurch nicht zu einer das gewöhnliche Maß übersteigenden Störung kommt, welche die ortsübliche Benutzung des Nachbargrundes wesentlich beeinträchtigt. In Grundzügen gilt für Störungen durch Tiere also das gleiche wie für jene durch Immissionen.

Fühlen Sie sich durch die Tiere eines Nachbarn gestört, so werden Sie nur dann mit Aussicht auf Erfolg dagegen vorgehen können, wenn die Störungen das ortsübliche Maß überschreiten und gleichzeitig die Benutzung des eigenen Grundstücks massiv (im Juristenjargon: wesentlich) beeinflusst wird. Ein ziemlich eindeutiges Beispiel wäre etwa die Haltung einer Herde von Yaks, die üblen Geruch verbreiten, in einer Villengegend.

Schatten durch Nachbars Baum

Bäume und andere Pflanzen an Grundgrenzen sind häufig der Grund für nachbarschaftsrechtliche Konflikte. Dem Einen ist der Schatten zu

Kein Recht auf schöne Aussicht

groß, den Anderen stören die von den überhängenden Zweigen herabfallenden Früchte und Blätter, dem Dritten wird die schöne Aussicht verstellt. Grundsätzlich werden die von einem Nachbargrundstück ausgehenden „Belastungen" in sogenannte direkte und indirekte Belastungen eingeteilt. Direkte Belastungen, auch positive Immissionen (► Seite 50) genannt, sind z.B. Rauch, Gerüche, Abwässer oder Geräusche, die stark auf das Nachbargrundstück einwirken. Indirekte oder sogenannte passive Belastungen (► Seite 49) können z.B. der Entzug von Luft oder Licht sein – sie werden auch negative Immissionen genannt.

Nach der Rechtslage bis 2004 konnte sich ein Nachbar nur gegen eine direkte (positive) Belastung wehren, wenn diese „das ortsübliche Maß überschreitet und die ortsübliche Benutzung des Grundes wesentlich beeinträchtigt ist". Indirekte Belastungen musste man hingegen dulden. Als Nachbar blieb einem nur die vom Gesetzgeber eingeräumte Möglichkeit, im Wege der Selbsthilfe auf eigene Kosten die vom Nachbargrundstück ins eigene Grundstück herüberhängenden Äste und die herüber wachsenden Wurzeln abzuschneiden bzw. auszureißen, wobei man allerdings bei derartigen Aktivitäten – weil man ja das Eigentum des Nachbarn zu achten hat – das Nachbargrundstück nicht betreten durfte. Und man konnte den Nachbarn nicht dazu zwingen, das selbst zu tun.

Da die nachbarschaftlichen Streitigkeiten spürbar zunehmen und sich die Bedürfnisse der Menschen geändert haben, sah der Gesetzgeber die Notwendigkeit, diese – zuletzt 1916 „aktualisierten" – Vorschriften an die Anforderungen der modernen Gesellschaft anzupassen. Seit 1. Juli 2004 gilt daher in Österreich ein neues Nachbarschaftsrecht hinsichtlich Pflanzen an der Grundgrenze.

Nun kann sich der Grundeigentümer in besonders massiven Fällen gegen den Entzug von Licht und Luft zur Wehr setzen. Nach den neuen Bestimmungen des ABGB muss der Nachbar, wenn die Beeinträchtigung unzumutbar ist, selbst entsprechende Maßnahmen ergreifen. Also etwa Äste zurückschneiden, Hecken reduzieren etc. Bei schwerer Beeinträchtigung haben beide Nachbarn je die Hälfte der Kosten für die Entfernung zu tragen. Für eine zerstörte Sichtschutzhecke besteht aber kein Anspruch auf ideellen Schadenersatz, wenn der Nachbar die entlang der Grundstücksgrenze verlaufende, aber zur Gänze auf seinen Grund verwurzelte Hecke von ca. 7 m auf 2 m zurückschneidet.

Ersitzung der Lufthoheit durch Öffnen von Fenstern

Das Recht auf Licht und Luft können Sie nicht dadurch erwerben, dass Fenster in den Luftraum des Nachbarn geöffnet werden. In einem solchen Fall sprechen Juristen von einer „verneinenden Dienstbarkeit". Für die Ersitzung dieser Dienstbarkeit reicht weder der Ablauf eines längeren Zeitraums noch der tatsächliche Zustand der Sache, der einem anderen zugutekommt, für sich allein aus. Der bloße Bestand eines Fensters, das dem Nachbarn im eigenen Haus Luft und Licht verschafft, bedeutet an sich noch nicht den Besitz der Dienstbarkeit. Anders bei Inanspruchnahme des Luftraums durch nach außen zu öffnende Fenster, insbesondere, wenn die Fenster z.B. vor einem Umbau über 30 Jahre hinweg nach außen geöffnet worden wären: Hier könnte eine Dienstbarkeit erworben worden sein, die nicht nachfolgend infolge Nichtgebrauchs verloren wäre. Haben Sie die verneinende Dienstbarkeit nicht erworben, kann der Nachbar nicht gehindert werden, Ihnen durch Bauten auf dem eigenen Grund Licht und Luft zu entziehen. Das ABGB sieht lediglich für den Entzug von Luft und Licht durch Bäume oder Pflanzen des Nachbarn einschränkende Regeln vor. Diese sind nicht ohne weiters auf Gebäude zu übertragen.

Darauf, ob die Pflanzungen vor oder nach Inkrafttreten der gesetzlichen Regelung über das Verbot unzumutbaren Lichtentzugs gepflanzt wurden, kommt es nicht an. Ein Wohnungseigentümer muss daher eine intensive Beschattung seiner Wohnung und seines Gartens auch dann nicht hinnehmen, wenn die Bepflanzung auf dem Nachbargrundstück vor Inkrafttreten der gesetzlichen Regelung über das Verbot unzumutbaren Lichtentzugs vorgenommen wurde.

Mehr Licht

Massiver Entzug von Luft und Licht ist bekämpfbar

Bäume und andere Pflanzen an oder in der Nähe von Grundstücksgrenzen haben immer schon zu Streitigkeiten zwischen Nachbarn geführt. Dabei kann es um die unterschiedlichsten Fragen gehen, angefangen mit Ästen und Wurzeln, die über die Grundstücksgrenze wachsen, über das herüber gewehte Laub und dessen Auswirkungen auf den fremden Grund bis hin zu den Beeinträchtigungen, die Grundeigentümer wegen des Schattens fremder Bäume und Pflanzen erleiden. Gerade gegen einen solchen Schattenwurf konnte, wie bereits erwähnt, der davon betroffene

Wohnen am Wald

Ein über zwei Hektar großer Wald verursacht am Rand eines Siedlungsgebiets viel Schatten. Betroffene wollen mehr Licht und stellen einen Unterlassungsanspruch. Ist der Schatten ortsüblich oder nicht? Ortsüblich - urteilte der Oberste Gerichtshof (OGH) und argumentierte: Schon bei der Errichtung des nun beschatteten Gebäudes sei die Beeinträchtigung durch die damals 30 bis 40 Jahre alten Bäume vorherzusehen gewesen - und die zu erwartende (ortsübliche) Bewirtschaftung des Waldes auch.
Anderer Fall: In einer waldreichen, begrünten Villengegend befindet sich auf der einen Seite der Straße eine alleeartige Anordnung von 55 Fichten mit einer durchschnittlichen Höhe von 22 m. Auf der anderen Seite der Straße ist ein Bungalow. Deren Besitzer klagen. Der Lichtentzug, so argumentieren sie, überschreite das nach den örtlichen Verhältnissen gewöhnliche Maß und führe zu einer unzumutbaren Beeinträchtigung. Abgelehnt, sagen die Gerichte bis hin zum Obersten Gerichtshof. „Gerade dieser Baumbestand mache die Qualität des Wohnviertels aus. Die Bäume der Beklagten entsprächen dem ortsüblichen Ausmaß und entzögen der Liegenschaft der Kläger nicht zur Gänze das Sonnenlicht. Vielmehr sei die Bauweise des Hauses, für die die Kläger selbst verantwortlich seien, im Wesentlichen Ursache dafür, dass nur eingeschränkt Sonnenlicht in das Haus dringen könne. Selbst wenn man sich die Bäume der Beklagten zur Gänze wegdenke, sei der Licht- und Sonneneinfall durch die Bauweise des Hauses und die eigene Bepflanzung der Kläger eingeschränkt." Die Klage sei überschießend.
Das Höchstgericht äußert sich in diesem Urteil auch zu Grundsätzlichem: Die für die Beurteilung der Unzumutbarkeit gebotene Interessenabwägung hat nach einem objektiven Maßstab zu erfolgen. Je näher die Beeinträchtigung an der Ortsüblichkeit liegt, desto zumutbarer wird sie sein. Ferner hat das Gericht Ausmaß und Lage der durch Lichteinfall beeinträchtigten Fläche zu berücksichtigen und zu fragen: Welche konkrete Nutzung wird für den Kläger eingeschränkt oder unmöglich gemacht? Ist nur eine verhältnismäßig geringfügige Fläche der Liegenschaft beeinträchtigt, wird dies im Regelfall zumutbar sein - unabhängig von ihrer Dauer. Je größer jedoch die beschattete Fläche im Verhältnis zur Gesamtfläche ist, umso eher wird die Beeinträchtigung unzumutbar sein. Das gilt auch dann, wenn zeitlich nicht von einem dauernden gänzlichen Entzug des Lichtes auszugehen ist. Unzumutbarkeit ist im Einzelfall umso eher gegeben, wenn zeitlich und räumlich überwiegend (über 50 Prozent) kein (Sonnen-, Tages-)Licht in Wohnräumen und/oder im Garten einfallen kann.
Nächster Fall: In einer Wohngegend steht an der Grenze eine Hecke aus 70 eng gepflanzten Fichten mit einer Höhe von 12 bis 15 Metern. Hier liegen, so das Gericht, massive Beeinträchtigungen der Nachbarliegenschaft im Osten auf der Hand – Stichwort Lichtentzug. In so einem Extremfall sei es unwichtig, wann in welchem Ausmaß den bebauten oder unbebauten Teilen der Liegenschaft durch die Bäume das Licht entzogen wird. Der Eigentümer brachte vor, dass der Kläger bereits bei Erwerb der Liegenschaft vom exorbitanten Schatten wissen musste. Doch dem Argument komme, so das Gericht, kein entscheidendes Gewicht zu.
Ähnlicher Fall, anderes Urteil: Eine lange Hecke mit Fichten, Säuleneichen und Haselsträuchern (am höchsten Punkt 12m hoch) beginnt den Nachbarn zu stören. Der Schatten nehme, vor allem am Nachmittag, zu – Garten ab 14, Terrasse ab 15 und Schwimmbereich ab 16 Uhr. Das Höchstgericht stellt das Urteil der ersten Instanz wieder her. Die Umstände seien nicht gravierend genug, keine zeitlich und örtlich überwiegende Beschattung, keine unzumutbare Beeinträchtigung, also kein Unterlassungsanspruch. Klage abgewiesen.
Noch eine Hecke: In einem anderen Fall geht es um eine an die Ostseite des Grundstücks der damaligen Kläger grenzende Buchenhecke mit einer Höhe von sechs bis acht Metern. Hier sieht der Gerichtshof einen höheren Bewuchs als 2,5 m für die Kläger als unzumutbar und ortsunüblich an. Denn das Grundstück der Kläger vermoost im Bereich der Hecke zusehends und es ist anders als früher in diesem Bereich nicht mehr möglich, Erdbeeren und Grünpflanzen zu setzen.

Grundstückseigentümer nach bisher geltendem Recht selbst dann nicht mit Aussicht auf Erfolg vorgehen, wenn er dadurch unzumutbar beeinträchtigt wurde.

Ein Grundstückseigentümer kann dem Nachbarn die von dessen Pflanzen ausgehenden Einwirkungen durch den Entzug von Licht oder Luft insoweit untersagen, als sie das nach den örtlichen Verhältnissen gewöhnliche Maß überschritten und die ortsübliche Nutzung des Grundstücks wesentlich beeinträchtigt haben. Eine eindeutige Regelung, ab wann eine solche Einwirkung unzumutbar ist, sieht das Gesetz nicht vor, weil es stets auf die besonderen Umstände des Einzelfalls ankommt.

Während deutsche Nachbarrechtsgesetze minutiös Grenzabstände von Bäumen und Sträuchern festlegen, begnügt sich der Gesetzgeber hierzulande mit vagen Kriterien wie Wesentlichkeit und Zumutbarkeit. Nur wenn die Beeinträchtigung unüblich und unzumutbar ist, besteht Aussicht auf erfolgreiche Durchsetzung der eigenen Bedürfnisse vor Gericht. Beeinträchtigungen durch zu viel Baumbeschattung sind vor Gericht aus Erfahrung meist schwer geltend zu machen. Entscheidend ist die wesentliche Beeinträchtigung. Dabei kommt es unter anderem an auf:

- **die Art des Grundstücks:** Ein Industriegrund ist anders zu bewerten als ein Garten;
- **die Lage des Grundstücks:** In einem Kleingartengebiet sind die Auswirkungen von fremden Pflanzen anders zu beurteilen als bei einer Liegenschaft in waldreichem Gebiet;
- **die Größe des Grundstücks:** Je größer das Grundstück ist und je kleiner die Belastung insgesamt, desto eher wird sich der Grundeigentümer eine Beschattung durch fremde Gewächse gefallen lassen müssen;
- **wer das „ältere" Recht hat:** Ein Grundstück billig, weil schattig, zu kaufen und dann klageweise die Entfernung von Pflanzen zu verlangen, wird nicht zulässig sein.

Andererseits verlangt das Gesetz, dass der Grundstückseigentümer in der Benutzung seines Grundstücks nicht unzumutbar beeinträchtigt wird. Das wird etwa dann der Fall sein, wenn der Schattenwurf zu gesundheitlichen Beeinträchtigungen des Nachbarn führt, wenn größere Teile des Grundstücks wegen des fehlenden Lichteinfalls versumpfen, vermoosen oder sonst unbrauchbar werden, wenn fremde Bäume und Gewächse zu Mittag eines helllichten Sommertags eine künstliche Beleuchtung der Räume im angrenzenden Haus notwendig machen oder wenn der Schattenwurf der Bäume zur völligen Unbrauchbarkeit einer schon bestehenden (also nicht erst im Nachhinein im Schatten errichteten) Solaranlage führt.

Was die Zumutbarkeit betrifft, ist besonders auf die Art, die jeweilige Benützung, die Lage und die Größe der benachbarten Liegenschaft Bedacht zu nehmen. Die Unzumutbarkeit hängt auch davon ab, wieweit die Beeinträchtigung von der Grenze der Ortsüblichkeit entfernt liegt, welche konkreten Nutzungsmöglichkeiten eingeschränkt oder unmöglich gemacht werden und in welchem Verhältnis die vom Lichteinfall beeinträchtigte Fläche zur Gesamtfläche steht. Maßstab für die Beurteilung der Zumutbarkeit ist nicht das subjektive Empfinden des beeinträchtigten Nachbarn. Vielmehr ist auf das Empfinden eines durchschnittlichen Nachbarn in einer vergleichbaren Lage abzustellen.

Zumutbarkeit bzw. Unzumutbarkeit hängt mit der Benutzbarkeit des Grundstückes zusammen

Grundsätzlich kann aber auch das Gericht angerufen werden, wenn dadurch die Benutzung des betroffenen Grundeigentums wesentlich beeinträchtigt wird und dieser Zustand unzumutbar ist, ohne dass ihm durch eine leichte und einfache Ausübung des Selbsthilferechts abgeholfen werden kann. Ist etwa die Einwirkung durch die fremden Pflanzen so intensiv, dass es auch für einen Freund der Botanik nicht mehr auszuhalten ist, dann wird eine einklagbare Unzumutbarkeit vorliegen.

Muss ein Wald im Nachbargarten geduldet werden? Dieser Frage lag folgender Rechtsstreit zugrunde: Der Kläger ist Wohnungseigentümer in einem in einer ländlichen Wohnsiedlung gelegenen Mehrparteienhaus. Die Beklagte ist Eigentümerin eines Nachbargrundstücks. Ihr Garten ist waldartig dicht mit bis zu 14 m hohen Bäumen und Sträuchern bepflanzt. Die Art und die derzeitige Höhe der Bäume sind in der Umgebung nicht unüblich, sehr wohl aber die Bestandstruktur. Die Richter befanden, dass in einem geschlossenen Siedlungsgebiet ein neu zugezogener Nachbar nicht damit rechnen muss, dass Jungbäume einem ungebremsten, waldartigen Wildwuchs preisgegeben werden. Die Entscheidung, ob eine unzumutbare Beeinträchtigung besteht, hängt aber davon ab, in welcher Intensität die Wohnung des Nachbarn vom Schattenwurf tatsächlich betroffen ist.

Außergerichtliche Streitbeilegung

Vor Anrufung des Gerichts muss eine außergerichtliche Streitbeilegung versucht werden

Ob im konkreten Einzelfall die Kriterien der Überschreitung des ortsüblichen Ausmaßes und der unzumutbaren Beeinträchtigung erfüllt sind, hat das Bezirksgericht, in dessen Sprengel die Grundstücke gelegen sind, zu entscheiden. Vor der Einbringung einer Klage im Zusammenhang mit dem Entzug von Licht oder Luft ist jedoch zwingend der Versuch einer außergerichtlichen Streitbeilegung zu unternehmen. Das obligatorische Streitschlichtungsverfahren hat nur im Falle einer Beeinträchtigung durch mit dem Erdreich verwurzelte Pflanzen und nicht auch durch bewegliche Pflanzentröge Anwendung zu finden. Sowohl die österreichische Notariatskammer als auch die Rechtsanwaltskammern in Österreich haben Schlichtungsordnungen erlassen und führen Listen von Notaren bzw. Rechtsanwälten aus ganz Österreich, die als Schlichter tätig sind.

Das neue Nachbarrecht schützt die vom Schattenwurf betroffenen Nachbarn lediglich vor den Einwirkungen fremder Pflanzen. Gegen Einwirkungen fremder Gebäude, also z.B. gegen Schattenwurf eines Nachbarhauses, kann man sich nicht vor den Zivilgerichten zur Wehr setzen. Hier muss sich der Betroffene an die Baubehörde wenden (► Seite 174).

Das Gesetz sagt nichts darüber, wenn ein Grundeigentümer durch das Laub fremder Bäume beeinträchtigt wird, weil es bei ihm liegen bleibt oder z.B. die Dachrinne verstopft. Solche Auswirkungen wird der

Erst reden

Ein Rechtsstreit vor Gericht sollte wirklich das letzte Mittel sein. Auch in Ihrem ganz persönlichen Interesse. Vor allen möglichen rechtlichen Schritten: Versuchen Sie, direkt mit dem Nachbarn zu reden!

- Sprechen Sie mit dem Nachbarn zu einem Zeitpunkt, wenn Sie sich nicht gerade über ihn geärgert haben.
- Vielleicht können Sie mit ihm auch einen Gesprächstermin vereinbaren, damit sich niemand überrumpelt vorkommt.
- Reden Sie in diesem Gespräch nicht darüber, was er (falsch) macht, sondern darüber was Sie empfinden! Also nicht „Du raubst mir mit deiner hohen Hecke die letzten Sonnenstrahlen!“, sondern „Ich habe das Gefühl, im Dunklen zu sitzen, weil die Hecke keine Sonnenstrahlen durchlässt.“

Recht auf Aussicht?

An sich ist es den Grundeigentümern unbenommen, wie und wo sie ihre Bäume pflanzen oder wachsen lassen. Der Nachbar kann sich gegen solche Pflanzungen nach dem neuen Recht nicht mit dem Argument zur Wehr setzen, dass ihm durch die fremden Bäume und Pflanzen die Aussicht verstellt werde. Will er solche Beeinträchtigungen verhindern, so muss er mit dem anderen Grundeigentümer entsprechende Vereinbarungen treffen. Es empfiehlt sich, derartige Vereinbarungen in das Grundbuch eintragen zu lassen.

Gelegentliche Reinigung der Dachrinne ist zumutbar

dadurch beeinträchtigte Nachbar im Allgemeinen dulden müssen. Wenn überhaupt kann er sich dagegen nur dann gerichtlich zur Wehr setzen, wenn sie das örtlich übliche Maß übersteigen und die Benützung seines Grundstücks wesentlich beeinträchtigen. Der Oberste Gerichtshof hat bereits ausgesprochen, dass eine gelegentliche Reinigung der Dachrinne von Laub und Nadeln einem Nachbarn nach den örtlichen Verhältnissen jedenfalls zumutbar ist.

Laub ist in der Regel zu dulden

Das wird aber nur in den seltensten Konstellationen der Fall sein. Dass ein Hauseigentümer beispielsweise wegen der Birken des Nachbarn seine Dachrinne jährlich einmal reinigen muss oder das fremde Laub im Herbst mehrfach zusammenrechen muss, ist noch keine wesentliche Beeinträchtigung. Gegen das Herüberwachsen fremder Wurzeln und Äste kann sich ein Nachbar auch nach neuem Recht nicht gerichtlich zur Wehr setzen, er kann sie nur abschneiden und entfernen.

Eine Ausnahme gilt nach der Rechtsprechung nur für den Veitschii (wilden Wein). Hier muss der Nachbar nach der Rechtsprechung des Obersten Gerichtshofs nicht dulden, dass der fremde Veitschii (bzw. der Efeu) die eigenen Mauern bewächst. Daran hat das neue Nachbarrecht nichts geändert.

Wer kann das Recht auf Licht geltend machen? Das Gesetz spricht davon, dass der Grundeigentümer Anspruch auf Untersagung von Lichtentzug hat. Daneben werden aber auch andere am Grundstück berechtigte Personen solche Ansprüche haben, etwa der Fruchtgenussberechtigte oder auch Mieter und Pächter der Liegenschaft. Auch Wohnungseigentümern steht dieser Anspruch gegen die Eigentümer einer Nachbarliegenschaft zu.

Der Veitschii-Streit

26 Wohnungseigentümer in einem Haus in Wien wurden verurteilt, den von ihrer Liegenschaft ausgehenden Bewuchs des Garagendaches und der Hoffassade der Liegenschaft der Kläger durch Veitschii-Pflanzen zu unterlassen und den bestehenden Bewuchs binnen zwei Monaten zu entfernen, dies zur ungeteilten Hand. „Die Grenze ist dort zu ziehen, wo der Bewuchs über die zum Hof der Beklagten hinzeigende Seite der Feuermauer hinaus über die Grundstücksgrenze zu den benachbarten Klägern hin vordringt und auf deren sonstige Gebäudeteile übergreift. Selbst wenn auch jenseits der Grundstücksgrenze liegende Hausteile der Nachbarn von den Beklagten optisch ansprechender empfunden werden sollten, würde die Bejahung eines mit der Liegenschaft der Beklagten verbundenen derartigen Nutzungsrechtes der Fassaden des im Eigentum der Kläger stehenden Bauwerkes zu einer unzumutbaren, nicht mehr mit dem Utilitätserfordernis zu rechtfertigenden Einschränkung des Eigentumsrechtes der Kläger an ihrer Liegenschaft führen, wozu auch die Freiheit der Gestaltung der äußeren Bauteile ihres Hauses gehört. Während der Unterschied des optischen Effektes, ob ein Gebäudeteil durch Kletterpflanzen begrünt oder kahl ist, bei einer hofinnenseitigen Wand für die Hofbenützer und Hausbewohner als durchaus noch erheblich anzusehen ist, gilt dies für jenseits der Grundgrenze liegende Bereiche benachbarter Liegenschaften nicht mehr", so der OGH in seiner Urteilsbegründung.

Es ist weiter möglich, dass ein Wohnungseigentümer gegen den anderen wegen der Einwirkungen seiner Pflanzen auf die eigene Wohnung vorgeht, z.B. wegen Gewächsen auf dem Balkon oder im Garten, die ihn unzumutbar beeinträchtigen. In solchen Fällen wird es aber auch darauf ankommen, ob und welche Vereinbarungen zwischen den Wohnungseigentümern bestehen. Wegen Pflanzen, die Teil der gemeinsamen Liegenschaft sind und einen Wohnungseigentümer beeinträchtigen, wird sich dieser an den Außerstreitrichter wenden müssen. Hier wird eine Klage unzulässig sein.

Gegen wen kann der Anspruch geltend gemacht werden? Das Recht auf Licht kann gegen den anderen Grundeigentümer geltend gemacht werden. Darüber hinaus können auch andere Personen in Anspruch genommen werden, die das Grundstück aufgrund eines Rechtsverhältnisses mit dem Eigentümer für ihre eigenen Zwecke benützen und damit dem

Nachbarn das Licht nehmen, etwa der Pächter eines Grundstücks oder auch ein Mieter.

Wie der Nachbar zum Licht kommt, bleibt dem Eigentümer der Bäume überlassen

Dem Eigentümer oder sonst Nutzungsberechtigten kann allerdings nicht vorgeschrieben werden, was er nun genau zu tun hat. Er kann nur verpflichtet werden, die unzumutbare Beeinträchtigung zu unterlassen. Wie er das macht, ist grundsätzlich seine Sache, er kann die Bäume z.B. ausästen oder zurückstutzen. Nur ausnahmsweise wird das Recht des Nachbarn auf Licht dazu führen, dass der Grundeigentümer seine Pflanzen umschneiden muss.

Ganz allgemein bereitet in der Praxis häufig die Formulierung des Klagebegehrens Schwierigkeiten. Das Begehren des Nachbarn zielt auf Unterlassung des Eingriffs. Der eigentliche Inhalt des nachbarrechtlichen Untersagungsanspruchs ist, dass der Beklagte dafür zu sorgen hat, dass sein Nachbar nicht durch Immissionen beeinträchtigt wird, wobei die Art, wie dies zu geschehen hat, dem Beklagten überlassen bleibt. Ein Unterlassungsbegehren beispielsweise des Inhalts, in einem bestimmten Haus störenden Lärm, durch den die Nachtruhe der Kläger gestört wird, zu unterlassen, wurde von der Rechtsprechung als hinreichend bestimmt qualifiziert; der Angabe von Messeinheiten bedarf es nicht. Hingegen war das Begehren auf „Unterlassung des Schlagens von Kirchenglocken zu den Zwecken von Zeitmessung (Zeitschlagen) zwischen 22:00 Uhr und 06:00" unzulässig. Das Klagebegehren sei „zu wenig spezifiziert". Wesentlich ist, dass die Unterlassungspflicht ausreichend deutlich gekennzeichnet ist.

Unterlassungsbegehren muss keine Maßeinheit beinhalten

Die von der Judikatur entwickelten Grundsätze für die Formulierung eines Unterlassungsbegehrens zur Abwehr von (ortsunüblichen) Lärmeinwirkungen sind auch bei Lichtimmissionen (sowie für Immissionen durch Geruch bzw. Gestank) heranzuziehen. Was für die Unterlassung nicht ortsüblicher Lichtimmissionen gilt, muss im Kern für den umgekehrten Fall eines nicht ortsüblichen Entzugs von Licht gleichfalls gelten. Ein Urteilsbegehren setzt jedenfalls nicht voraus, dass in ihm die angestrebte Untersagung des Entzugs von Licht oder Luft durch ein bestimmtes, in der Natur jederzeit nachvollziehbares Maß bezeichnet wird.

Mangelt es an einer evidenten Überschreitung der ortsüblichen Immissionsintensität, so soll das Gericht im Urteilsspruch erforderlichenfalls den Umfang eines nicht mehr hinzunehmenden Entzugs von Licht oder Luft als Ergebnis seiner Interessenabwägung innerhalb der Grenzen des Begehrens näher determinieren. Ein Klagebegehren, wonach die Beklagten unterlassen sollen, auf ihren Liegenschaften Pflanzen und Bäume zu setzen, zu pflegen und zu erhalten, durch die der Liegenschaft des Klägers Licht in einem das ortsübliche Ausmaß überschreitenden Ausmaß entzogen werde, ist nicht zu unbestimmt.

Anfallende Kosten trägt der Verursacher des Schattenwurfs

Maßnahmen, die der Baumeigentümer durchführen muss, um dem Nachbarn mehr Licht zu verschaffen, gehen auf seine Kosten. Zu beachten ist allerdings, dass bundes- und landesgesetzliche Regelungen über den Schutz von oder vor Bäumen und anderen Pflanzen, insbesondere über den Wald-, Flur-, Feld-, Ortsbild-, Natur- und Baumschutz, dieser zivilrechtlichen Regelung vorgehen. Wenn es etwa ein Naturschutzgesetz verbietet, die betreffenden Bäume zu fällen, zurückzuschneiden oder auszulichten, so kann dies auch der durch den Schattenwurf beeinträchtigte Grundstückseigentümer nicht erreichen.

Überhängende Äste und eindringende Wurzeln

Überhängende Äste und eindringende Wurzeln dürfen (schonend) entfernt werden

Für über die Grundstücksgrenze wachsende Äste oder Wurzeln gilt der Grundsatz, dass der Grundstückseigentümer die in den Grund eindringenden Wurzeln eines Baumes oder einer anderen Pflanze des Nachbarn aus dem Boden entfernen und die über dem Luftraum hängenden Äste abschneiden oder sonst auch benützen darf. Er hat dabei aber fachgerecht vorzugehen und die Pflanze möglichst zu schonen. Würde also etwa das Abschneiden sämtlicher Wurzeln unmittelbar an der Grundstücksgrenze das Überleben der Pflanze oder die Statik des Baumes gefährden, sodass dieser umzustürzen drohte, so hat er sich auf das Abschneiden jener Wurzeln oder Wurzelteile zu beschränken, die die Pflanze gefahrlos „entbehren" kann. Erforderlichenfalls ist ein Fachmann zu Rate zu ziehen. Wird durch das Entfernen des Überhangs keine Gefahrenlage geschaffen, ist ein einmaliger Rückschnitt bis zur Grundgrenze auch dann zulässig, wenn ein fachgerechtes (lauberhaltendes) Rückschneiden nur in kleinen Schritten über mehrere Jahre möglich (gewesen) wäre.

Nachbarstreit um Bäume: Eigentümer kann mit Urteil zu Baumpflege gezwungen werden

Vergleichsweise glimpflich verlief ein Astabbruch an der Grenze zwischen zwei Grundstücken in Vorarlberg, deren Eigentümerinnen dennoch nicht wenig intensiv stritten: Ein offenbar abgestorbener, 15 Meter langer Ast löste sich von einer Stieleiche und krachte auf das Nachbargrundstück. Glücklicherweise war dabei nur Sachschaden an einer Mauer zu beklagen. Doch die Eigentümerin der Liegenschaft getraute sich angesichts weiteren bedrohlichen Überhangs nicht mehr, das Grundstück in diesem Bereich zu benützen. Sie klagte ihre Nachbarin auf Beseitigung des Überhangs – und erhielt auch vom Obersten Gerichtshof recht.

Das ist insofern bemerkenswert, als das ABGB primär Unterlassungsansprüche vorsieht, um den Frieden zwischen Nachbarn zu sichern: Wer sich durch Immissionen des Nachbarn gestört fühlt, kann diesen auf Unterlassung klagen. Bäume haben es aber so an sich, dass sie von selbst wachsen – ein Vorgang, den der Nachbar schwerlich unterlassen kann. Nun gibt es zwar das Selbsthilferecht: Demnach kann jeder Eigentümer unter anderem die über seinen Luftraum hängenden Äste (fachgerecht) abschneiden; das ist bei größeren Kalibern aber weder einfach noch ungefährlich.

Kann man also den Nachbarn, von dessen Grund die Äste kommen, und der sich offenkundig nicht um die schon aus Sicherheitsgründen nötige Baumpflege kümmert, zum Handeln zwingen? Man kann – siehe Veitschii. Auch im vorliegenden Fall sind nach dem Urteil des Höchstgerichts die Voraussetzungen für die Zuerkennung eines Beseitigungsanspruchs erfüllt: „Nach den Verfahrensergebnissen birgt der Überhang erhebliche Gefahr für Sachschäden und für Leib und Leben. Der davon betroffene Grundstücksteil der Klägerin ist für die ortsübliche Benutzung (Aufenthalt im Garten) deshalb unbrauchbar und kann von der Klägerin als Eigentümerin nicht genutzt werden." Indem die beklagte Nachbarin durch Unterlassen baumpflegerischer Maßnahmen den gefährlichen Zustand aufrecht erhält, greift sie weiterhin widerrechtlich in das Nutzungsrecht der Klägerin ein. Die Klägerin kann die Beseitigung konkret bezeichneter gefährlicher Äste und Bäume verlangen, so der OGH (Die Presse 2012/02/02).

Beim Abschneiden der fremden Wurzeln und Äste muss besondere Vorsicht an den Tag gelegt werden. Der beeinträchtigte Nachbar darf dabei ohne das Einverständnis des anderen nicht den fremden Grund betreten, er darf ohne Einverständnis des Nachbarn nicht einmal eine Leiter an

Schlehdornhecke an der Grundgrenze

Die Kläger sind Eigentümer eines Gartengrundstücks in der Nähe eines Flusskraftwerks in Oberösterreich. Im Zuge des Kraftwerksbaus wurde – entsprechend dem Bewilligungsbescheid – auf einem Grundstück, das einer Gemeinde gehört, eine Hecke aus Wildsträuchern gepflanzt, darunter auch Schlehdorn. Diese Hecke steht an der Grenze hin zum Grundstück der Kläger. Sie ist mittlerweile 3 – 4 m hoch. Speziell mit dem Schlehdorn haben die Kläger ein Problem: Zum einen kommt es zu einem starken Überhang auf ihr Grundstück. Zum anderen bildet der Schlehdorn Wurzelausläufer, die sich auf ihrem Grundstück ausbreiten und kaum zu bekämpfen sind. Sie sind nämlich nicht durch einfache Selbsthilfemaßnahmen wie Abhacken oder Ausgraben entfernbar, weil sie genetisch bedingt nachwachsen.
Dazu der OGH: Grundsätzlich kann das Herüberwachsen von Ästen und Wurzeln über die Grundgrenze nicht untersagt werden. Seit dem Zivilrechts-Änderungsgesetz 2004 qualifiziert der OGH allerdings „hereinragende" Pflanzen ausnahmsweise als eine so genannte unmittelbare Zuleitung, die einen Anspruch auf Beseitigung und Unterlassung begründet. Die strengen Voraussetzungen dafür sind, dass es entweder durch Pflanzenteile zu einem gefährlichen Zustand kommt oder dass die Beeinträchtigung die ortsübliche Benützung unzumutbar macht. In erster Linie muss der gefährdende Zustand vom Eigentümer des betroffenen Grundstücks beseitigt werden, sofern dies leicht und einfach möglich ist.

den fremden Baum anlehnen. Das Schnittgut muss der Nachbar selbst entsorgen, er darf es auch nicht über die Grundgrenze werfen.

Zum Überhang zählen auch die Früchte. Die gehören zwar dem Baumeigentümer, aber der Nachbar, in dessen Grund die Äste hineinragen, hat das Recht, die betreffenden Früchte zu pflücken. Dazu darf er aber weder auf den Baum klettern noch eine Leiter daran lehnen. Und er darf schon gar nicht den fremden Grund betreten. Alle Früchte, die er dennoch erwischt, gehören ihm. Werden Zweige und Äste (Wurzeln) eines Baumes nicht vom Grundeigentümer, sondern von einem Dritten entfernt, könnte der Baumeigentümer diesen Eigentumseingriff mit Klage abwehren, denn nur der Grundeigentümer oder ein Fruchtnießer des Nachbargrundes, nicht aber ein Dritter hat das Recht, sich den Überhang anzueignen. Wenn von einem überhängenden Ast Obst abfällt, gehört es dem Grundeigentümer. Wenn aber mit einer Windböe Früchte von einem (nicht überhängenden) Ast über den Zaun geweht werden, dann gehören diese Früchte weiterhin dem Eigentümer des Baumes. Dieser könnte sie auch wieder zurückfordern.

Allein in dem Umstand, dass an der Oberfläche eine Wurzel zur Straße hin sichtbar ist, heißt nicht, dass das Weiterwachsenlassen der Wurzeln ein rechtswidriges Verhalten (hier ein Unterlassen) sei. Bei Pflanzen, die sich naturgemäß in alle Richtungen ausdehnen, entsteht überhaupt erst aufgrund der Erkennbarkeit eines bestimmten, dem Nachbarn drohenden Schadens einer „konkreten Gefahr für Sachen oder Leib und Leben" eine (konkrete) Beseitigungspflicht. Die „erkennbare Schädigung" ist demnach Ursache und (gleichzeitig) Grenze der Beseitigungspflicht. Es wird etwa in der Regel bei (bloß) einem morschen Ast (der erkennbar bald abbrechen und dann etwa in den Garten des Nachbarn fallen wird und so dort spielende Kinder verletzen oder einen Pavillon beschädigen kann) genügen, nur diesen Ast abzuschneiden. Der Baum als Ganzes wird in der Regel nicht gefällt werden müssen.

Wer zahlt?

Die für die Entfernung der Wurzeln oder das Abschneiden der Äste notwendigen Kosten hat der beeinträchtigte Grundeigentümer zu tragen. Eine Ausnahme von diesem Grundsatz gilt nur dann, wenn durch Äste oder Wurzeln ein Schaden entstanden ist oder offenbar zu entstehen drohte.

In einem solchen Fall hat der Eigentümer der fremden Pflanze dem betroffenen Grundstückseigentümer die Hälfte der notwendigen Kosten zu ersetzen. Zu denken ist hier etwa daran, dass die Wurzeln eines Baumes eine Kanalleitung zerstört haben oder zu zerstören drohen (z.B. Wasser-, Kanal-, oder andere Leitungen werden zerstört oder verstopft, Platten eines Weges gehoben, Schäden an Dach, Fassade oder geparkten Fahrzeugen verursacht). Auch in diesem Zusammenhang gilt, dass spezielle bundes- oder landesgesetzliche Rechtsvorschriften über den Schutz von oder vor Bäumen und anderen Pflanzen zu beachten sind.

Der beeinträchtigte Nachbar kann das Zurechtschneiden von Ästen und Zweigen nicht verlangen. Die Behörde dagegen schon: Gemäß § 91 Straßenverkehrsordnung (StVO) hat die Behörde (Bezirkshaupt-

Behörde kann Zurechtstutzen von Ästen und Zweigen verlangen

mannschaft, Magistrat) die jeweiligen Grundeigentümer, deren Bäume, Sträucher, Hecken und dergleichen die Verkehrssicherheit beeinträchtigen, aufzufordern, diese auszuästen oder überhaupt zu entfernen. Mit dieser Maßnahme soll jederzeit eine freie Sicht auf den Straßenverlauf gewährleistet werden. Einen Entschädigungsanspruch hat nur derjenige, der einen Obstbaum zurechtstutzen muss, obwohl dessen Äste gar nicht in die Straße hineinragen.

§ 91 StVO betrifft jede Beeinträchtigung der Verkehrssicherheit. Es kommt nicht darauf an, welche Art von Verkehr betroffen ist bzw. wie frequentiert die Straße ist. Eine Aufforderung zum Zurückschneiden einer Hecke ist als vorbeugende Maßnahme zu verstehen. Diese hat die Verwaltungsbehörde anzuordnen, um Unfälle zu vermeiden, ohne dass es darauf ankommt, ob sich an dieser Straßenstelle wegen der eingeschränkten Sichtverhältnisse schon Unfälle ereignet haben. Unzulässig ist aber ein Auftrag, wenn bloß die allgemeine Befürchtung besteht, dass ein Baum bei einem Unwetter umstürzen könnte. Besteht jedoch z.B. infolge starker Neigung, hohen Alters oder Krankheit eines Baumes eine konkrete Gefahr des Umstürzens, so ist ein Auftrag nach dieser Gesetzesstelle zulässig. Das heißt, dass dem Grundeigentümer nicht nur die Ausästung, sondern gegebenenfalls sogar die Entfernung der Bäume, Sträucher, Hecken und dergleichen aufgetragen werden kann. Letztere Maßnahme (Entfernungsauftrag) ist aber nicht zulässig, wenn mit weniger einschneidenden Maßnahmen dasselbe Ziel erreicht werden kann, die Entfernung also nicht das einzige Mittel darstellt, um einer Beeinträchtigung der Verkehrssicherheit zu begegnen.

Behördlicher Entfernungsauftrag ist ultima ratio

Nach § 21 des Bundesstraßengesetzes dürfen in einer Entfernung bis 40 Meter beiderseits von Autobahnen, bis 25 Meter beiderseits von Schnellstraßen und bis 15 Meter beiderseits von Freilandstraßen unter anderem aus Verkehrsrücksichten keine Neu-, Zu- und Umbauten, Einfriedungen sowie Anlagen jeder Art errichtet oder geändert werden. Die Bundesstraßenverwaltung kann mit Bescheid auch anordnen, dass der an eine Bundesstraße angrenzende Wald ohne Entschädigung des Eigentümers in einer Breite von vier Metern zu beiden Seiten der Straße zu schlägern, auszulichten oder nach einer bestimmten Weise zu bewirtschaften ist, wenn dies mit Rücksicht auf den Bestand der Straße oder der Straßenerhaltung oder wegen schlechter Sicht notwendig ist.

Haftung bei Bäumen

Ist der Nachbar Baumbesitzer, geht es nicht immer nur um Licht und Schatten. Was die wenigsten wissen, sind die mit Bäumen verbundenen Verpflichtungen und (zivil- und strafrechtlichen) Haftungen. Baumbesitzer haben für die Sicherheit ihrer Bäume zu sorgen – Juristen sprechen hierbei von „Verkehrssicherungspflicht". Darunter ist die Pflicht zur Absicherung von Gefahrenquellen zu verstehen. Jeder Grundbesitzer hat alle erforderlichen Vorkehrungen zu treffen, damit von seinem Grundstück keine Gefahren ausgehen.

Das Ausmaß der Verkehrssicherungspflicht variiert nach Maßgabe der Umstände des Einzelfalls, eine allgemeine Regel lässt sich dafür nicht geben. Die Sorgfalt, die der Besitzer aufwenden muss, wird umso höher sein, je gefährlicher die Gefahrenquelle ist, je überraschender bzw. tückischer sie für den Nutzer ist, je schwerer die drohenden Schäden und Beeinträchtigungen sind und je leichter der Verfügungsberechtigte Schadensfälle vorhersehen und Gefahren abwehren kann. Entscheidend für das Ausmaß von Verkehrssicherungspflichten ist, welche Maßnahmen zur Vermeidung einer Gefahr möglich und zumutbar sind. Besonders streng sind die Anforderungen an die Verkehrssicherungspflicht dann, wenn Kinder und andere Personen, die nicht über die notwendige Einsichtsfähigkeit verfügen, in den Gefahrenbereich gelangen können.

Verkehrssicherungspflicht für Baumbesitzer

Die zivil- und strafrechtliche Verantwortung für Schäden, die durch Bäume im Wald verursacht werden, resultiert aus den „Allgemeinen Haftungsbestimmungen" im Forstgesetz. Bei Wegen außerhalb des Waldes gilt die Wegehalterhaftung nach § 1319a ABGB. Vielfach kommt auch die Bestimmung des § 1319 ABGB über die verschärfte Haftung für ein fehlerhaftes Bauwerk, die nach der Rechtsprechung auch auf Bäume ausgedehnt wird, zur Anwendung.

Eine Haftung nach dem ABGB setzt in der Regel voraus, dass das Umstürzen des Baumes oder das Herabfallen von Ästen auf dessen mangelhaften Zustand zurückzuführen ist. Dieser Mangel muss Ursache der Schädigung sein. Ein gesunder Baum, der durch einen orkanartigen Sturm ausgerissen wird, begründet – wegen höherer Gewalt – keine Haftung. Mangelhaft können Bäume sein, wenn ihre Wurzeln bei Bauarbeiten beschädigt werden, worunter die Standfestigkeit leidet.

Haftung nur bei mangelhaften Bäumen

Laut OGH liegt bei Bäumen der Grund für die verschärfte Haftung nach § 1319 ABGB nicht darin, dass Bäume an sich als gefährlich angesehen werden, sondern dass die erhöhte Gefährlichkeit auf einem Mangel beruht. Mangelhafte Beschaffenheit liegt daher nur dann vor, wenn durch den Zustand eines Baums von diesem eine besondere Gefahr ausgeht. Sie kann infolge mechanischer Verletzungen des Baums oder einer Krankheit, unter Umständen aber auch bei einem abnormen Wuchs bestehen.

Eine Haftung wird auch bejaht, wenn Bäume entgegen den Regeln der Ö-Norm L 1122 (= Stand der Technik), nicht ihrem Alter und Zustand entsprechend regelmäßig kontrolliert werden. In einem Fall hatte ein Baumpfleger die Betreuung einer umgestürzten Pappel mit einem Alter von 60 – 80 Jahren bei einer allgemeinen Lebensdauer solcher Bäume von rund 80 Jahren übernommen, aber in der Zeit von einer Einkürzung im Jahr 2003 bis zum Umstürzen des Baumes 2008 keine einzige fachgerechte Begutachtung des Baumes vorgenommen, obwohl er im Einzugsbereich einer rege frequentierten Verkehrsfläche stand.

Ein neues Haftungsrecht soll Bäume vor Angstschnitten schützen. Eine geplante Gesetzesänderung – ein neuer § 1319b ABGB – soll Haftungserleichterungen für Baumhalter vorsehen. Denn Bäume werden in der Praxis vorsorglich oft deshalb gefällt, weil Eigentümer die Haftung für herabfallende Äste fürchten. Bei der Beurteilung des jeweiligen erforderlichen Sorgfaltsmaßstabes spielen die Größe der Gefahr, die Wahrscheinlichkeit des Schadenseintritts aber auch die Zumutbarkeit und Verhältnismäßigkeit eine bedeutende Rolle.

Wegehalterhaftung

Die Wegehalterhaftung greift bei Bäumen, die sich im unmittelbaren Nahbereich von öffentlichen Straßen oder Wegen befinden, wobei der Begriff des Weges vom Gesetzgeber sehr weit gefasst wird (z.B. auch Parkanlagen, Steige, Loipen, Schipisten, Kletterrouten etc.). Ausgenommen davon sind Forststraßen und Waldwege, für die die Haftungsbestimmungen des Forstgesetzes gelten. Die Definition eines Weges kann so weit gehen, dass ein Wegebenützer davon ausgehen kann, dass ein ausgetretener Pfad ein gewidmeter Weg ist. Damit treffen den Grundeigentümern entsprechende Sicherungspflichten bzw. Kennzeichnungs- oder Absperrungspflichten, wenn sie deren Benutzung verhindern möchten. Es wird nicht für den Weg an sich, sondern für dessen Verkehrssicherheit gehaftet.

Der Wegehalter haftet aber nur bei Vorliegen grober Fahrlässigkeit – also bei auffallend großer Sorglosigkeit und extremem Abweichen von der objektiv gebotenen Sorgfalt. Wichtig im Zusammenhang mit der Wegehalterhaftung ist die Regelung der Sicherungspflichten für Straßenerhalter (Bund, Länder, Gemeinden). Der Wegehalter (= Straßenerhalter) hat grundsätzlich die Verkehrssicherheit einer Straße zu gewährleisten, das schließt auch die Fahrbahnränder und damit einen allfälligen Baumbestand ein. Absolute Entfernungszahlen (Breite des Sicherungsstreifens in Metern) werden vom Gesetz nicht genannt, vielmehr können auch Bäume in Steillagen, die länger als eine Baumlänge von der Straße entfernt sind und durch Herabfallen die Straße gefährden, eine Haftung auslösen. Somit sind auch Kontrollmaßnahmen im unmittelbaren Nahbereich einer Fahrbahn/Verkehrsfläche erforderlich. Da Straßenrandbereiche meist dem Eigentum von Nachbarn zuzuordnen sind, bedeutet ein eigenmächtiges Entfernen fremder Bäume im Nahbereich einer Straße einen unzulässigen Eigentumseingriff. Hier hat der Wegehalter die Möglichkeit, eine behördliche Anordnung von Baumschlägerungen nach dem Bundesstraßengesetz, vergleichbaren landesrechtlichen Regelungen bzw. nach § 91 der StVO zu bewirken.

Haftung im Wald

Der Begriff „Wald" ist nach dem Forstgesetz eindeutig definiert. Der Waldeigentümer haftet nicht für Schäden durch den Zustand des Waldes, es sei denn, der Schaden wird durch den Zustand einer Forststraße oder eines sonstigen Weges verursacht. Die Haftung für Waldwege und Forststraßen greift jedoch nur im Falle grober Fahrlässigkeit auf Seiten des Waldeigentümers, welche in der Praxis selten vorliegt bzw. jedenfalls schwer nachzuweisen sein wird.

So verneinten die Gerichte eine auffallende Sorglosigkeit im folgenden Fall: Ein Motorradfahrer war mit einem unmittelbar zuvor auf die Straße gestürzten Baumstamm kollidiert. Zwar war der umgestürzte Baum – eine rund 10 m hohe Rotkiefer – von Borkenkäfern befallen, wodurch sich seine Rinde sichtbar ablöste, und er wies auch keine Äste mehr auf.

Morscher Waldbaum stürzt auf Nachbargrund – forstrechtliche Haftungsfreiheit oder nachbarrechtliche Haftung?

Der Oberste Gerichtshof hatte zu beurteilen, ob der Waldeigentümer bei Schäden, die durch einen umstürzenden Waldbaum am Nachbargrundstück eintreten, nach dem Forstgesetz von einer Haftung befreit ist oder nach einem anderen Rechtsgrund, insbesondere dem Nachbarrecht, zu haften hat.
Der Beklagte war Eigentümer eines (Schutz-)Waldes. Bei einem Sturm stürzte ein Baum mit intensiver Wurzelfäule und abgestorbenem Wipfelbereich auf die benachbarte Liegenschaft des Klägers und beschädigte dort den Zaun und das Gartenhaus. Es konnte nicht festgestellt werden, dass der Baum im Zuge einer forstrechtlichen Begehung in Augenschein genommen worden war. Der Kläger begehrte Sanierungskosten von 7.000 EUR. Der Beklagte bestritt seine Haftung, weil ihn am Umstürzen des Baumes kein Verschulden treffe, das Umstürzen nicht vorhersehbar gewesen sei und ihn nach dem Forstgesetz außerhalb von öffentlichen Straßen und Wegen keine Pflicht zur Schadensabwehr treffe. Während das Erst- und das Berufungsgericht der Klage aus nachbarrechtlichen Erwägungen stattgaben, kam der Oberste Gerichtshof zu folgendem Schluss: Nach dem Forstgesetz trifft den Waldeigentümer, vorbehaltlich eines besonderen Rechtsgrundes, keine Pflicht zur Abwendung der Gefahr von Schäden, die abseits von öffentlichen Straßen und Wegen durch den Zustand des Waldes entstehen könnten; er ist insbesondere nicht verpflichtet, den Zustand des Waldbodens und dessen Bewuchses so zu ändern, dass dadurch solche Gefahren abgewendet oder vermindert werden. Diese Bestimmung („Haftungsprivileg" des Waldeigentümers) verdrängt die allgemeine deliktische Haftung nach dem ABGB. Sie wurde im Zuge der Gesetzwerdung bewusst nicht auf Schäden von Waldbenützern beschränkt und trägt auch dem Umstand Rechnung, dass die Einhaltung einer Gefahrenabwehrpflicht außerhalb von Straßen und Wegen bei einem österreichweiten Waldbestand von 4 Millionen Hektar an die Grenzen des forstwirtschaftlich Zumutbaren stieße. Eine Haftungsgrundlage findet sich auch nicht in der für Baumkontrolle und -pflege einschlägigen ÖNORM, weil sie auf Waldbestände nicht anwendbar ist. Zwar enthalten die nachbarrechtlichen Bestimmungen des ABGB einen „besonderen Rechtsgrund" für eine Gefahrenabwehrpflicht. Sie waren hier aber nicht anwendbar: Nachbarrechtliche Ansprüche wegen einer Verletzung des Immissionsverbots dienen nur der Störungsabwehr. Sie begründen einen Anspruch auf Unterlassung oder Beseitigung, nicht aber auf Wiederherstellung des vorigen Zustandes oder auf Geldausgleich. Überdies sind solche Ansprüche ausgeschlossen, wenn es sich um Naturereignisse handelt, die ohne (begünstigendes) menschliches Zutun eintreten. Darüber hinaus besteht ein verschuldensunabhängiger Ausgleichsanspruch im Nachbarrecht nur, wenn die Beeinträchtigung durch eine Bergwerksanlage, eine behördlich genehmigte Anlage oder eine vergleichbare Gefährdungssituation besteht. Eine solche bestand hier nicht, weil – anders als etwa bei Schlägerungsarbeiten – keine menschlich geschaffene Gefahrensituation vorlag. Das Umfallen morscher Bäume aus einem Wald als solches begründet danach keine nachbarrechtliche Haftung nach dem ABGB. Besondere Verkehrssicherungspflichten waren nach der forstgesetzlichen Grundwertung zu verneinen. Ob aus allgemeinen Erwägungen eine Haftung wegen vorsätzlicher sittenwidriger Schädigung geboten sein könnte, war mangels entsprechender Anhaltspunkte im Sachverhalt nicht zu prüfen. Das Klagebegehren wurde daher abgewiesen. Die Richtigkeit der in der jüngsten Rechtsprechung vertretenen Ansicht, bei „gemeinwichtigen Anlagen" könnten Immissionen trotz fehlender Parteistellung nicht untersagt werden, ließ der erkennende Senat offen, weil auch nach dieser Rechtsprechungslinie Immissionen untersagt werden können, wenn sie mit zumutbaren Maßnahmen vermeidbar sind. Von einer solchen Vermeidbarkeit ging der erkennende Senat aufgrund des festgestellten Sachverhalts (nötige Investitionen von 55.000 EUR) aus.

Auslöser für den Baumsturz war aber nicht der Borkenkäferbefall, sondern das Eindringen von Fäulniserregern im Stammbereich, wodurch sich die Holzsubstanz zersetzte. Dieser Vorgang war von außen jedoch nicht sichtbar und wäre nur durch Bohrungen im Stammbereich erkennbar gewesen. Eine solche Bohrung sei aber – trotz des erkennbaren Vorliegens von Totholz – im konkreten Fall weder indiziert gewesen, noch in der Forstwirtschaft üblich. Eine Haftung des Waldeigentümers wurde daher abgelehnt, obgleich es aufgrund einer Kombination mehrerer weiterer Faktoren – Steilheit des Geländes, Nähe zur Straße und fehlendes Unterholz, welches ein Abrutschen verhindert hätte – zweckmäßig gewesen wäre, den Baum zu entfernen.

Für sonstige Wege im Wald (das können Rückewege, Trampelpfade etc. sein) haften Waldeigentümer nur unter der Voraussetzung, dass der Waldeigentümer selbst den Weg ausdrücklich der Benützung durch die Allgemeinheit gewidmet hat und dies auch durch entsprechende Kennzeichnung ersichtlich gemacht hat. Für den Zustand des Waldes abseits von öffentlichen Straßen und Wegen trägt ein Waldeigentümer, der nicht Wegehalter ist, keine Verantwortung.

Haftung nach dem Wasserrechtsgesetz

Nach dem Wasserrechtsgesetz gelten die allgemeinen zivilrechtlichen Haftungsbestimmungen nach ABGB auch für wasserrechtliche Sachverhalte. Ein Wasserberechtigter haftet verschuldensunabhängig auch für Schäden, die aus dem Bestand oder Betrieb einer Wasseranlage inklusive Schutz- und Regulierungsbauten entstehen. Diese Bestimmung ist insofern für die Baumhaftung von Bedeutung, als Wasserberechtigte (z. B. die viadonau) an Uferbauten und dergleichen über eine Vielzahl von Bäumen verfügen bzw. diese verwalten.

Weitere Störfaktoren

Früher gab es auch Prozesse ums Teppichklopfen. Dem Staubsauger ist zu verdanken, dass dieses Streitthema unter Nachbarn aus der Mode gekommen ist (jetzt streitet man allenfalls darüber, wenn der Nachbar bei offenem Fenster seine Teppiche saugt). Aber auch als es noch Klagen gab, war klar: Es besteht kein Unterlassungsanspruch gegen das Teppichklopfen. Der belästigte Mieter hatte nicht einmal einen Anspruch auf Einhaltung der Hausordnung unmittelbar gegen den störenden Mieter.

Teppichklopfen war Streitthema

Trittgeräusche – sofern nicht durch das Tragen von Stöckelschuhen verursacht – sind unvermeidlich mit dem widmungsgemäßen Nutzen einer Wohnung verbunden und daher nicht untersagbar. Grenzfälle sind Tanzen oder Getrampel – insbesondere wenn auch unzureichender Trittschallschutz eine Rolle spielt. In solchen Fällen hängt ein Untersagungsanspruch vom Einzelfall (sprich: bei Gericht von einer Interessenabwägung) ab.

Das unnötige Laufenlassen von Motoren (Auto, Rasenmäher etc.) erzeugt vermeidbare Lärm- und Geruchsemissionen und meist auch sonstige wesentliche Beeinträchtigungen, die man mit Unterlassungsklage abstellen kann. Zusätzlich erlaubt die Straßenverkehrsordnung nur betriebsbedingtes Laufenlassen von Kfz-Motoren. Man handelt also rechtswidrig und begeht eine Verwaltungsübertretung, wenn man im Winter den Wagen bei laufendem Motor enteist.

Störende Lichtreflexion

Der Eigentümer einer Wohnung wurde immer wieder durch Reflexionen der Sonne vom Nachbarhaus geblendet. Besonders stark traten diese Blendwirkungen auf der Terrasse und im Wohnzimmer des Eigentümers auf. Dieser wollte den Zustand nicht weiter hinnehmen und klagte erfolgreich auf Unterlassung. Das Oberlandesgericht Stuttgart stellte auf Grundlage eines Gutachtens fest, dass durch die vom Nachbargebäude verursachte Reflexionswirkung des Sonnenlichts eine Eigentumsstörung vorliegt. Die Einwirkung des Sonnenlichts ist hier kein Naturereignis, sondern entsteht durch eine störende Ablenkung des Lichts und hat ihre Ursache in der besonderen Gestalt des Oberlichts am Nachbargebäude. Während Natureinwirkungen allein keine Zustandshaftung begründen, ist nunmehr ein Abwehranspruch gegeben. Die von dem reflektierten Sonnenlicht verursachte Störung auf der Terrasse und in der Wohnung des Eigentümers ist eine wesentliche Beeinträchtigung, und insbesondere in den frühen Abendstunden muss eine solche Einschränkung der Nutzbarkeit der Wohnung nicht hingenommen werden.

Gelegentlich wird über Belästigungen durch Lichteinwirkungen gestritten. Hierher gehören so exotische Beschwerden wie die, dass man durch das – im wahrsten Sinn des Wortes – blendend weiß gestrichene Haus des Nachbarn beeinträchtigt wird. Ein Deutscher war deswegen tatsächlich zu Gericht gegangen, seine Klage wurde aber abgewiesen. Auch der oft nachvollziehbaren Beschwerde, die gerade vor dem Schlafzimmerfenster stehende Straßenlaterne führe zu unzumutbaren Störungen, wird wohl in den meisten Fällen kein Erfolg beschieden sein. Warum? Weil eine Straßenbeleuchtung in bewohnten Gegenden immer ortsüblich ist. Und gegen das grelle Licht kann man sich – meistens – durch einfache Maßnahmen wie Rollos oder dicke Vorhänge schützen.

Straßenbeleuchtung im Wohngebiet ist ortsüblich

Wer sich durch eine Leuchtreklame belästigt fühlt, muss nachweisen können, dass der Eigentümer der Werbeanlage die Möglichkeit hätte, die Reklame etwas anders, aber um nichts weniger effektiv zu platzieren, dafür aber ohne den Nachbarn zu stören. Gezielt auf sein Grundstück gerichtete Scheinwerfer muss sich der Nachbar freilich nicht gefallen lassen.

Ballspiele

Nachbarrechtlich betrachtet sind Bälle, die in den Garten des Nachbarn geschossen werden, grobkörperliche Immissionen. Ebenso wie Steine, Betonbrocken und Kugeln. Grobkörperliche Einwirkungen können – so wie alle unmittelbaren Immissionen – vom Grundstückseigentümer untersagt werden. Aber ganz so einfach, wie es sich zunächst anhört, ist das Thema Ball nicht. Man muss differenzieren.

Generell gilt: Nicht gedeckt ist das Eindringen fester Körper größeren Umfanges. Die Grundeigentümer sind daher befugt, mittelbare Einwirkungen auf Grund des Nachbarrechtes abzuwehren, soweit es sich um grob körperliche Immissionen handelt. Für die Rechtsprechung ist die Größe der eindringenden Stoffe maßgebend. Ist ihr Umfang äußerst gering, dann fallen sie unter § 364 Abs. 2 Satz 1 ABGB: Das Eindringen solcher Stoffe ist hinzunehmen, solange das ortsübliche Maß nicht überschritten wird. Alle anderen Stoffe, wie z.B. Steinsplitter, Kugeln, Fußbälle können ohne Einschränkung abgewehrt werden. Rechtsmissbräuchlich

Tennisplatz

Eine Familie, die ihr Haus samt Grundstück in unmittelbarer Nähe eines Tennisplatzes hatte, klagte den Besitzer der Anlage, weil so viele knallgelbe Tennisbälle auf ihrem Grundstück landeten. Sie forderte die Errichtung eines Käfigs für den Tennisplatz bzw. die Schließung des Betriebes. Der Oberste Gerichtshof entschied bei der Störung durch das Eindringen von Tennisbällen, dass die Maßnahme, Tennisspieler in einen Käfig zu verfrachten, sowohl für die Betreiber von Tennisplätzen als auch für die Spieler eine Schikane sei, wie übrigens auch die Forderung, den Tennisplatz zu schließen. Das „Eindringen von Tennisbällen" sei auf ein zumutbares Maß zu reduzieren. Wie viele Tennisbälle in einem Radieschenfeld zumutbar seien, ließ sich nicht in Zahlen angeben. Wie der Tennisplatzbetreiber das erträgliche Maß erreichte, blieb ihm überlassen: ob durch höhere Gitter bzw. eine dem Spielerkönnen entsprechende Platzzuweisung oder Ähnliches.

Pitching Green

Eindringende Golfbälle sind unzumutbar

Ein Schlossbesitzer brachte gegen jenen Golfklub Klage ein, der neben dem Schloss einen Golfplatz betreibt. Der Grund war ein gefährlicher: Ein Ball vom nahe gelegenen sogenannten Pitching Green, das zum Üben von hohen Annäherungsschlägen an ein Loch (Fahne) dient. Der Golfball näherte sich nämlich nicht der Fahne, sondern prallte, nur Zentimeter neben dem Kopf eines Schlossbediensteten, gegen die Schlossmauer. Und tags darauf schlug ein Ball, vom „Neunerloch" kommend, in unmittelbarer Nähe des Schlossherrn und eines anderen Mannes ein. Der Schlossbesitzer akzeptierte zwar die Entschuldigung der Golfspieler, die den Ball verschossen hatten, aber er fühlte sich auf seinem Anwesen nicht mehr sicher und klagte den Golfklub auf Unterlassung der Immission (des Eindringens) von Golfbällen auf sein Grundstück. Der Schlossbesitzer erhielt Recht, wie der Begründung des Obersten Gerichtshofs zu entnehmen ist: „Nicht einmal das Eindringen eines einzigen mit Wucht geschlagenen, zu hoch fliegenden und mit Wucht auf dem Grundstück des Klägers eindringenden Golfballes ist tolerabel oder zumutbar, weil die dadurch hervorgerufene konkrete Gefährdung von Personen und Sachen keine Toleranzgrenzziehung zulässt. Vor allem auch aus diesem Aspekt heraus erweist sich das vorliegende Klagebegehren in keiner Weise als schikanös, steht doch eine nach der ganzen Sachlage berechtigte Sorge des Klägers für die Sicherheit der von ihm im kritischen Bereich beschäftigten Personen und seiner dort befindlichen Sachen hinter dieser berechtigten Rechtsausübung."

(bzw. überzogen) ist aber die Klagsführung, wenn in drei Jahren nur vier Mal Bälle auf das Nachbargrundstück gelangten.

Schlechte Tennisspieler müssen nicht in den Käfig

An „verschossenen" Bällen, die im Garten eines Anrainers landen, verliert der Spieler das Eigentum. Niemand ist verpflichtet, sie ihm zurückzugeben. Und schon gar nicht müssen es die Anrainer zulassen, dass ein Spieler zu ihnen über den Zaun klettert, um den Ball zurückzuholen. Das wäre Besitzstörung! Auf diese Weise können sich die von verschlagenen Bällen genervten Nachbarn also bei schlechten Tennisspielern revanchieren.

Ein Golfball ist nicht tolerabel

Müssen Tennisplatzbetreiber nicht jegliche Ballflucht verhindern, ist beim Golfspielen schon ein einziger mit Wucht geschlagener, zu hoch fliegender Ball weder tolerabel noch zumutbar.

Fußbälle

Öffentliches Interesse am Fußball verhindert nicht das Abwehrrecht des Nachbarn

Selbstverständlich hat sich der Oberste Gerichtshof auch mit dem Volkssport Nummer eins schon unzählige Male auseinandersetzen müssen – und allen Fußballfans mit einem Satz einen gehörigen Dämpfer verpasst: Das allgemeine Interesse an der Ausübung des Fußballsports kann für sich allein genommen die Immissionen (gemeint sind die auf Nachbargrundstücke verschossenen Bälle) nicht rechtfertigen. Wenn aber die Lärmemissionen eines Fußballplatzes in den letzten Jahrzehnten zugenommen haben, sind – so die Gerichte – die Lärmemissionen ortsüblich und können nicht mit einer nachbarrechtlichen Unterlassungsklage abgewehrt werden.

Bei Fußbällen gibt's daher nicht viel zu theoretisieren. Die Rechtslage ist eindeutig: Fußbälle sind grobkörperliche Gegenstände, deren Eindringen der Eigentümer eines Grundstücks grundsätzlich nicht dulden muss. Er kann dem Nachbarn die von dessen Grund ausgehenden Einwirkungen insoweit untersagen, als sie das nach den örtlichen Verhält-

Der Fußballplatz

Ein Fußballplatz im Laufe der Jahre …

Ein Ehepaar, Eigentümer eines Einfamilienhauses in Niederösterreich, zog gegen die Marktgemeinde, in der es lebt, zu Gericht. Der Grund: Der neben dem Grundstück befindliche Fußballplatz bzw. die damit verbundenen Störungen. Als die Familie 1969 das Haus baute, existierte der Platz bereits, und Spiele des örtlichen Vereins fanden damals auch schon statt. Der Fußballplatz erstreckt sich in Längsrichtung von West nach Ost. Zwischen dem östlichen Tor und der Liegenschaft der Kläger liegt eine etwa 6 Meter breite Straße. Hinter diesem Tor ist seit eh und je ein 3 Meter hoher Maschendrahtzaun aufgestellt; überdies wurden Pappeln gepflanzt. 1972/1973 wurde der Zaun provisorisch um etwa 1 Meter erhöht; damals überragten die Pappeln bereits den Zaun. Dennoch flogen immer wieder Bälle über den Zaun oder durch die Pappeln hindurch auf das Grundstück der Kläger. Erwähnenswert ist noch, dass Anfang der 70er-Jahre die Pappeln zurückgeschnitten und 1989 gefällt wurden. Dafür wurde hinter dem östlichen Tor ein 6,30 Meter hoher Maschendrahtzaun errichtet und in der Folge zwischen diesem Zaun und dem Feld auf zwei Eisenstehern ein 9 Meter hohes und 20 Meter breites Netz gespannt. Alles vergebens. Die Bälle landeten nicht nur im Garten. Sie beschädigten auch Dach und Glasbausteine an der Westwand des Hauses. Und Fehlschüsse wurden immer häufiger: Der Schaden war so hoch, dass die Versicherung es ablehnte, den Hausbesitzern die Summe zu ersetzen. Im September 1994 war der „Schutzzaun" an mehreren Stellen beschädigt; ein Loch war 3 Meter lang und 30 Zentimeter breit. Das Ehepaar wusste sich nicht mehr anders zu helfen, als die Marktgemeinde als Eigentümerin auf Unterlassung zu klagen. Ergebnis: Das Ehepaar gewann den Prozess in allen drei Instanzen.

nissen gewöhnliche Maß überschreiten und die ortsübliche Benutzung des Grundstückes wesentlich beeinträchtigen.

Für die Rechtsprechung ist die Größe der eindringenden Gegenstände maßgebend. Ist ihr Umfang äußerst gering (z.B. Hobelspäne), dann fallen sie unter den § 364 Abs. 2 ABGB. Das Eindringen solcher Stoffe bzw. Gegenstände ist hinzunehmen, solange das ortsübliche Maß nicht überschritten wird. Alle anderen Stoffe wie etwa Steinsplitter, Kugeln, alle Arten von Bällen, aber auch sonstige von Kindern geworfene Gegenstände können ohne Einschränkungen abgewehrt werden. Kein Abwehranspruch steht in jenen Fällen zu, in denen die Beeinträchtigungen dem Eigentümer des betroffenen Grundstücks beim Erwerb bekannt waren und bei der Vertragsgestaltung sowie der Bemessung des Kaufpreises berücksichtigt wurden. In allen anderen Fällen entfällt der Abwehranspruch nur dann, wenn er schikanös geltend gemacht wird.

Anstandsverletzungen

So wie es in allen Bundesländern verboten ist, ungebührlichen Lärm zu erregen, so gibt es in allen landespolizeilichen Gesetzen auch den Verwaltungsstraftatbestand der öffentlichen Anstandsverletzung. Nach der Rechtsprechung des Verwaltungsgerichtshofes stellt z.B. das Anspritzen eines Nachbarn mit dem Gartenschlauch eine Anstandsverletzung dar. Ebenso verletzen das Bespucken einer anderen Person und das Verrichten der kleinen Notdurft in einem Hausdurchgang den öffentlichen Anstand. Auch in weniger vornehmen Wohngegenden erfüllt das Schreien von Schimpfwörtern wie „Arschloch" oder „Idiot" den Tatbestand der Anstandsverletzung (übrigens ebenso auch den Tatbestand der ungebührlichen Lärmerregung).

Als Anstandsverletzung ist jedes Verhalten anzusehen, das gegen die Pflichten der guten Sitten verstößt, die jede Person in der Öffentlichkeit zu beachten hat. Voraussetzung für eine Verletzung des öffentlichen Anstands ist, dass außer den beteiligten Personen es noch mögliche Zeugen für die Tat gibt. Ob diese dann die Anstandsverletzung tatsächlich wahrgenommen haben, ist irrelevant. Allein die Möglichkeit, dass ein Dritter die Anstandsverletzung wahrnehmen könnte, reicht aus, um wegen Anstandsverletzung eine Geldstrafe zu bekommen. Am Fall des Streits am Gartenzaun mit Schlauch erklärt, bedeutet das, dass der „Spritzer" sich nur dann strafbar macht, wenn sich außer dem „Bespritzten" noch eine dritte Person in der Nähe des Geschehens aufgehalten hat, unabhängig davon, ob sie die konkrete Anstandsverletzung wahrgenommen hat oder nicht. Die bloße Anwesenheit eines Dritten außer den Kontrahenten macht das Bespritzen des Nachbarn mit dem Schlauch zur Anstandsverletzung. (In Kärnten müssen neben Täter und Opfer zwei andere Personen anwesend sein, in Vorarlberg sogar drei.) Aber unabhängig davon, wie viele Personen zugegen sind: Wird durch das Bespritzen z.B. Kleidung beschädigt oder werden sonst Sachen in Mitleidenschaft gezogen, dann

Verstoß gegen die „guten Sitten" ist Anstandsverletzung

könnte die Handlung als Sachbeschädigung gerichtlich strafbar sein und unabhängig davon (bei Wiederholungsgefahr) zivilrechtlich eine Unterlassungsklage nach sich ziehen.

Das Bespucken von Gegenständen berechtigt – unter bestimmten Voraussetzungen – auch zur Abwehr durch Unterlassungsklage. Verschmutzungen durch Spucke stellen einen Eingriff in die Sachintegrität des Eigentümers (Vermieters) bzw. das Nutzungsrecht des Mieters dar. Ein Mieter muss sich daher nicht gefallen lassen, dass der Vermieter z.B. immer wieder die Fahrzeuge sowie das Garagentor und die Zufahrtsfläche zur Garage des Mieters bespuckt.

Ästhetische Immissionen

Schöngeister haben es schwer im Nachbarrecht. Denn die Rechtsprechung entscheidet seit jeher gegen Nachbarn, die aus ästhetischen Gründen klagen, etwa dann, wenn sie den Ausblick auf ein benachbartes Grundstück nicht ertragen. Solange der angrenzende Schrottplatz nur hässlich aussieht, gibt es keine rechtliche Möglichkeit, dagegen vorzugehen. Das ändert sich natürlich, wenn Gefahren vom Nachbargrundstück ausgehen, und sei es eine Ungeziefer- oder Rattenplage wegen einer dort befindlichen Ansammlung von Abfällen verschiedenster Art. Ebenso wenig gibt es ein Recht darauf, sich eine bestimmte Aussicht über Nachbargrundstücke hinweg zu erhalten. Wer in Hanglage baut, um die freie Aussicht zu genießen, kann den Verlust der Aussicht durch eine (rechtmäßige) Verbauung des Nachbargrundstücks nicht verhindern. Und wen die im Garten des Nachbarn stets in Sichtweite zum Trocknen aufgehängte Wäsche stört, der muss warten, bis sie wieder abgenommen wird; rechtlich betrachtet lässt sich dagegen nichts einwenden.

Ästhetische Immissionen sind zu (er)dulden

Als ästhetische Immission wird auch der Blick auf ein benachbartes Bordell eingestuft. Selbst hier kann man nachbarrechtlich nicht einschreiten, wenn nicht eine Belästigung durch Lärm oder ähnliche Emissionen hinzukommt. Auch die Unterlassungsklage gegen eine Nachbarin, die jeden Sonnentag oben ohne in ihrem Garten liegt, wird wohl ins Leere gehen. Wenn es stört, gilt also: am besten wegschauen, ignorieren oder sich mit den nackten Tatsachen einfach abfinden.

Man glaubt es nicht: Sogar Gartenzwerge können aus Nachbarn erbitterte Feinde machen. Das Urteil aus Hamburg ging rund um die Welt: Als ein Wohnungseigentümer im gemeinschaftlichen Garten zwei Gartenzwerge aufstellt – einen Akkordeonspieler und einen Sänger, 15 bzw. 25 Zentimeter groß –, geht eine andere Hauspartei vor Gericht: Das aggressive Rot der Zipfelmütze störe sie, der dauernde Blick auf die Wichtel sei schier unzumutbar. Wie der Prozess endete? Die Gartenzwerge mussten tatsächlich entfernt werden, weil sie – so die Urteilsbegründung – den optischen Gesamteindruck der Wohnhausanlage erheblich beeinträchtigen.

Antennenwald durch Handyboom

Für die Aufstellung einer GSM-Sendeanlage müssen kaum gesetzliche Auflagen eingehalten werden. Die Anrainer müssen nicht informiert werden, schon gar nicht ist ihre Zustimmung erforderlich. Es genügt das Einvernehmen mit dem Grundstückseigentümer, dem die Zustimmung etwa mit einer hohen Jahresmiete schmackhaft gemacht wird. Die für Sendemasten vorgegebenen Grenzwerte betragen bei GSM 900 4,5 Watt pro Quadratmeter, bei GSM 1800 9 Watt pro Quadratmeter. Dass es auch mit geringerer Strahlenbelastung geht, zeigt die Vereinbarung der Stadt Wien mit den Netzanbietern: Die Sendemastenabstrahlung auf Gemeindebauten beträgt 10 Milliwatt. In Salzburg liegt die zulässige Strahlung, mit der sich trotz geringer Feldstärke noch gut funken lässt, sogar nur bei 1 Milliwatt pro Quadratmeter.

Ein Gericht in München hat einem Bewohner eines Hauses, auf dem ein Handymast montiert wurde, eine Mietsenkung um 20 Prozent zugesprochen. Die Begründung lautete. „Allein die Furcht vor möglichen Gesundheitsschäden stellt eine Beeinträchtigung der Lebensqualität dar." Werden hingegen aktuelle Grenzwerte eingehalten, spricht dies dafür, dass die entsprechenden Einrichtungen (z.B. Mobilfunkmast) hingenommen werden müssen. Ebenso müssen Mobilfunkantennen, die in einem gesetzlich vorgeschriebenen Sicherheitsabstand aufgestellt wurden, von der Nachbarschaft hingenommen werden.

Wie Sie sich gegen Handymasten wehren können

Wertminderung ist erfolgreicher geltend zu machen

Sie wollen sich gegen einen Handymasten in Ihrer Nachbarschaft wehren? Suchen Sie sich in Ihrer Umgebung Verbündete und einigen Sie sich zunächst untereinander auf eine Vorgangsweise. Auf Wertminderung des Grundstücks (der Wohnung) abzustellen hat mehr Aussicht auf Erfolg als auf gesundheitliche Aspekte. Schicken Sie Unterschriftenlisten an Bürgermeister, Stadträte, in Wien auch an den Bezirksvorsteher. Nehmen Sie mit dem Netzbetreiber Kontakt auf. Lassen Sie sich Versprechungen schriftlich bestätigen. Sie müssen bereit sein, viel Zeit für Verhandlungen zu investieren. Andererseits sind die Erfolgsaussichten gut, da die Netzbetreiber unter Zeitdruck stehen. Bevor sie langwierige Auseinandersetzungen riskieren, suchen sie erfahrungsgemäß lieber nach einem anderen Standort.

Lichtspiegelungen vom Dach nebenan

Theoretisch gibt es auch ein Recht darauf, nicht von Sonnenlicht gestört zu werden. So hat das der Oberste Gerichtshof in einem Streit über angeblich unzumutbare Lichtreflexe von einem Dach nebenan festgehalten, doch praktisch waren die Kläger ohne Chance. Das Sonnenlicht, das die Mieter einer südseitig gelegenen Wohnung mit Balkon störte, wurde vom Dach eines neu gebauten Einfamilienhauses reflektiert. Dies, obwohl das Dach der Baubewilligung entsprechend mit matten Tondachziegeln eingedeckt worden war. Die Mieter sahen sich durch die Spiegelungen in unerträglicher Weise gestört und klagten auf Unterlassung.

Das Landesgericht Klagenfurt hielt, wie zuvor auch das Bezirksgericht St. Veit an der Glan, die Forderung für unberechtigt, ließ sicherheitshalber aber eine Revision an den OGH zu: weil eine Rechtsprechung zur Störung durch „Blendwirkung infolge unglücklicher Umstände" fehle. In seiner ersten Entscheidung über Lichtimmissionen, die nicht von künstlichen Quellen ausgehen, stellte der Gerichtshof fest, dass für reflektiertes Sonnenlicht nichts anderes gelte als für künstliches Licht. Ein Abwehranspruch besteht daher dann, wenn die Einflüsse einerseits das nach den örtlichen Verhältnissen gewöhnliche Maß übersteigen und zugleich die ortsübliche Benützung der Liegenschaft wesentlich beeinträchtigen.

„Flimmer-Discoeffekt" – Unterlassungsklage

Der bewegte Schatten, den rotierende Windräder auf einen Nachbargrund werfen, kann eine Einwirkung darstellen, die der Nachbar per Unterlassungsklage bekämpfen kann. Der Oberste Gerichtshof hat bestätigt, dass der solcherart entstehende „Flimmer-Discoeffekt" einer unzulässigen Immission gleichkommen kann. Bemerkenswert war in diesem Fall, dass sich der Betreiber der Windkraftanlage in Niederösterreich nicht zur Verteidigung darauf berufen konnte, dass die Anlage behördlich genehmigt war; denn der Nachbar war im Verwaltungsverfahren übergangen worden, sodass dieses ihm gegenüber keine Wirkung entfalten konnte. Das Erstgericht muss nun prüfen, wieweit die behauptete Beeinträchtigung tatsächlich vorliegt.

Der OGH hat keine Bedenken gegen die Einschätzung der Vorinstanzen im Kärntner Fall, dass die ortsübliche Nutzung der Wohnung und des Balkons nicht beeinträchtigt war. Der starke Lichteinfall war – Schönwetter vorausgesetzt – nur von Juni bis August zu beobachten, und dies im Schnitt nur etwas mehr als eine Stunde täglich. Außerdem können die Mieter die Einstrahlung statt mit rechtlichen mit einfachen technischen Mitteln abwehren: mit einem Sonnenschirm und Jalousien.

Blendung durch Solaranlagen

Solarpaneele bringen nicht nur Strom bzw. Energieeinsparungen. In einem Fall, der sogenannten Photovoltaikanlagen-Entscheidung I, wurden Paneele teilweise unsachgemäß in nördlicher Richtung montiert. Diese Teile der Anlage verursachten eine (unzulässige) Blendwirkung vom Frühjahr bis zum Spätsommer für die Nachbarn. Je nach Jahreszeit und Sonnenstand erreichte die Reflexion solche Ausmaße, dass bereits bei einem Blick von wenigen Sekunden massive Augenschäden eintreten hätten können. Der Oberste Gerichtshof kam zu dem Schluss, dass gesundheitsschädliche Lichtimmissionen nicht als ortsüblich zu qualifizieren sind.

Ähnlich die Photovoltaikanlagen-Entscheidung II: Hier reflektierten Solarpaneele bei entsprechendem Sonnenstand und Einfallswinkel das Sonnenlicht auf den Balkon und eine Terrasse des Nachbarhauses. Das Ganze dauerte 2 bis 3 Stunden am Tag für 5½ Monate im Jahr. Weil Paneele auf dem gartenseitigen Zubau niedriger angebracht waren, kam das Licht – anders als natürliches Sonnenlicht – aus waagrechter Richtung. Die Bestrahlung entsprach einer Blendung, als würde man direkt in die Sonne blicken.

Das Höchstgericht entschied, dass die intensive Blendung durch eine benachbarte Solaranlage nicht hingenommen werden muss. Zudem prüfte es, ob die ortsunüblichen (weil gesundheitsschädlichen) Immissionen die Benützung des Grundstücks wesentlich beeinträchtigen. Hierbei stellte das Gericht den Grundsatz auf: Je mehr die schädlichen Immissionen auf ein Manko beim Störer zurückzuführen sind, umso weniger kann man den Gestörten zumuten selbst für Abhilfe zu sorgen.

Eine private Solaranlage blendet einen Nachbarn, der unternimmt aber nichts. Wird diese Blendung dann ortsüblich? Das ist umstritten. Der Oberste Gerichtshof befand, dass allein die Untätigkeit der Kläger über einen längeren Zeitraum noch nicht zu einer Ortsüblichkeit der Blendwirkung führe.

Beleuchteter Swimmingpool

Eine Grazerin beklagte, dass der Pool von nebenan abends stark beleuchtet werde. Konkret leuchtete das Licht von unten aus dem Wasser – in rot, grün und blau bzw. Mischfarben. Die Lichtspiele aus dem Pool erzeugten eine Blendwirkung. Die betroffene Nachbarin erklärte, dass sogar ihr Schlaf dadurch gestört werde. Vor allem der erste Stock ihres Hauses sei durch das Licht beeinträchtigt. Damit es dort vollständig dunkel sei, müsse sie die Rollläden zur Gänze schließen.

Der Oberste Gerichtshof bestätigte, dass sich Anrainer gegen zu starkes Licht wehren dürfen. Auch wenn hier das Licht des Pools besonders das Schlafzimmer der Nachbarin betraf – dieser konkrete Fall sei besonders: Denn die Beleuchtung gab es nur sechsmal im Jahr und dann für zwei Stunden. Und auf diese Begrenzung wurde von den Nachbarn bereits seit vier Jahren geachtet, sodass man nicht von einem bloß vorübergehenden Entgegenkommen sprechen könne. Zudem hätte es die Nachbarin dunkel, wenn sie die Rollläden herunterlasse. Im Übrigen sei es, so das Gericht, „auch allgemein üblich, Rollläden in der Nacht zur Verdunkelung zu verwenden".

Störung von Besitz

Was ist eigentlich Besitzstörung? Das Gesetz unterscheidet grundsätzlich zwischen Eigentum und Besitz. Gemäß § 353 ABGB ist Eigentum „alles, was jemandem zugehört, alle seine körperlichen und unkörperlichen Sachen". Es ist weiters „die Befugnis, mit der Substanz und den Nutzungen einer Sache nach Willkür zu schalten und jeden anderen davon auszuschließen". Der Besitz zeichnet sich durch unmittelbare Innehabung (Gewahrsam) einer Sache aus. Er ist in erster Linie mehr ein Faktum als ein Recht. Wer eine körperliche Sache innehat, mit dem Willen, sie als die seinige zu behalten, ist Sachbesitzer (§ 309 ABGB). Wer hingegen ein Recht innehat, mit dem Willen, es als das seinige auszuüben, ist Rechtsbesitzer (§ 311 ABGB).

Der sogenannte ruhige Besitz wird z.B. dadurch gestört, dass sich eine oder mehrere Personen unbefugt auf einem Grundstück aufhalten (unerheblich, ob in der Wohnung oder „nur" im Garten). Dasselbe gilt auch für Gegenstände, die auf dem Grundstück abgestellt oder gelagert werden (es muss nicht immer ein Pkw sein). In der Praxis ist jedoch das widerrechtliche Parken eines Kfz die häufigste Form der Besitzstörung.

Innerhalb von 30 Tagen ist die Besitzstörungsklage bei Gericht einzubringen

Die österreichische Rechtsordnung schützt den Besitz nach den §§ 339 ff ABGB. Wird er unrechtmäßig gestört oder eingeschränkt, kann sich der Berechtigte dagegen gerichtlich zur Wehr setzen. Gemäß §§ 454 ff ZPO muss eine Besitzstörungsklage binnen 30 Tagen ab Kenntnis der Störung beim zuständigen Bezirksgericht eingebracht werden (der

Pkw vor Hauseinfahrt

Eine Besitzentziehung bzw. Besitzstörung liegt nicht nur beim Abstellen eines Fahrzeugs auf dem Grundstück oder Parkplatz des Besitzers vor. Auch das Abstellen eines Pkws vor der Hauseinfahrt auf öffentlichem Grund stellt eine Besitzstörung dar, weil die ungehinderte Zu- und Abfahrt Bestandteil des Besitzes ist. Hat der Störer sich jedoch der Anordnung des Besitzers, binnen 3 Minuten wegzufahren, widrigenfalls er klagen werde, widerspruchslos gefügt und diese Frist auch eingehalten, kann von einem Verzicht auf Besitzschutz ausgegangen werden (der nach erfolgter Störung zulässig ist). Eine trotzdem erhobene Besitzstörungsklage ist abzuweisen.

Keine Besitzstörung durch Luftfahrt

Manchmal müssen sich Höchstrichter mit heißer Luft beschäftigen: Es ging um die Frage, ob man mit einem Heißluftballon auf fremden Grundstücken landen darf. Ein Grundstückseigentümer, der deswegen eine Besitzstörung geltend machen wollte, brachte den Fall ins Rollen. Das Landesgericht St. Pölten legte das Gesetz, das Ballons das Landen auf fremden Grundstücken ermöglicht, dem Verfassungsgerichtshof vor. Dieser erklärte aber, es liege im öffentlichen Interesse, dass ein Ballon überall landen dürfe. Denn Freiballons seien schwer zu lenken. Dazu komme, dass es unwahrscheinlich ist, dass Ballons oft auf ein und demselben Grundstück landen. Das Gesetz ist nicht verfassungswidrig.

Postweg muss bei dieser Frist mitberechnet werden). Sollte man bereits eine Besitzstörungsklage erhalten haben, ist es im Sinne einer Schadensminimierung ratsam, sich mit dem gegnerischen Anwalt in Verbindung zu setzen. Dabei kann eine Reduktion des aufgrund der Besitzstörung geforderten Betrages vereinbart werden, bei gleichzeitiger Zusage, die Überweisung innerhalb einer zu vereinbarenden Frist vorzunehmen.

Wendemanöver auf fremder Auffahrt – Besitzstörung? Nein, denn eine Störung muss von jedem vernünftigen Menschen als Nachteil angesehen werden. Der Eingriff in ein fremdes Besitzrecht muss also eine Mindestintensität aufweisen. Davon kann aber bei einem nur sekundenlangen Befahren einer Einfahrt nicht die Rede sein. Ein Geradeaus-Vorbeifahren auf der angrenzenden Straße hätte die gleichen Auswirkungen hinsichtlich Lärm und Geruch gehabt.

Glatteis

Grundstückseigentümer müssen Schnee räumen – sonst drohen Verwaltungsstrafe und Schadenersatzklage

In der kalten Jahreszeit sollten sich Grundstücksbesitzer und Hauswarte ihren Wecker früher stellen. Denn von 6 bis 22 Uhr sind sie verpflichtet, Gehsteige samt den dazugehörigen Stiegenanlagen von Schnee zu räumen und bei Glatteis zu streuen. Wer sich nicht darum kümmert, dem drohen Folgen wie Geldstrafen und Schadenersatzklagen.

Zum einen sind Geldstrafen bis zu 72 Euro vorgesehen, wenn nicht gestreut wird, zum anderen droht ein gerichtliches Nachspiel, wenn sich dadurch jemand verletzt. Wird durch den Schnee auf dem Gehsteig oder den auf die Fahrbahn geschaufelten Schnee ein anderer Straßenbenützer gefährdet, drohen bis zu 726 Euro Strafe. Fälle, wo Hausverwalter oder -besitzer (bzw. deren Haftpflichtversicherung) Schadenersatz zahlen müssen, sind häufig. Die wichtigsten „Streu-Regeln" im Überblick:

- Der Grundeigentümer ist verpflichtet, im Ortsgebiet Gehsteige und Gehwege, die entlang der Liegenschaft in einer Entfernung von nicht mehr als 3 Meter liegen, zwischen 6 Uhr und 22 Uhr von Schnee zu säubern sowie bei Schnee und Glatteis zu bestreuen. Wenn es keinen Gehsteig gibt, ist der Straßenrand 1 Meter breit zu säubern (bestimmt § 93 Abs. 1 StVO).
- Aber auch der Straßenhalter (z.B. Gemeinde, Land, Bund, Privatpersonen bei Privatwegen) haftet, wenn er nicht in angemessener Weise für die gefahrlose Benützung sorgt.
- Wurden Eis und Schnee vorhergesagt, ist vorbeugend zu streuen. Daher ist ständiger Kontakt mit dem Wetterdienst zu halten.
- Vor Stellen, an denen regelmäßig Glatteis auftritt, müssen Warntafeln aufgestellt werden.
- Die Verpflichtung, den Gehsteig zu räumen, besteht unabhängig davon, ob auf dem Grundstück ein Gebäude steht oder nicht.
- Nur Eigentümer unbebauter land- und forstwirtschaftlicher Liegenschaften sind von der Pflicht zur Gehsteigräumung befreit. Dann ist die Räumung und Streuung Sache des Straßenhalters.

Wann räumen?

Zwischen 6 und 22 Uhr müssen Gehwege samt dazugehöriger Stiegenanlagen geräumt bzw. bei Glatteis bestreut sein. Es sei denn, eine behördliche Befreiung liegt vor. Dann ist eine Kennzeichnung vor Ort erforderlich.
Gehsteige und Gehwege müssen zu zwei Dritteln geräumt werden. Der Schnee soll dann am verbleibenden äußeren Gehwegrand abgeladen und keinesfalls auf die Straße geschaufelt werden. Bleibt nach der Räumung eine rutschige Schneeschicht oder Glatteis, muss gestreut werden.
Ist der Gehsteig schmäler als 1,5 Meter, muss die ganze Gehsteigbreite geräumt und bestreut werden. Auch bei Kreuzungen, bei sogenannten „Ohrwascheln" und bei Zebrastreifen muss der ganze Gehweg geräumt und gestreut werden.

Gemäß § 93 Abs. 2 der Straßenverkehrsordnung (StVO) haben Liegenschaftseigentümer auch für die Entfernung von Schneebildungen und Eisbildungen von den Dächern ihrer an der Straße gelegenen Gebäude zu sorgen. Welche Sicherungsmaßnahmen zur Abwendung der Gefahr eines Schadens durch abgehende Dachlawinen ein Hauseigentümer treffen muss, bestimmt sich nach den im Einzelfall gegebenen Verhältnissen wie Witterung, Bauart des Gebäudes (insbesondere des Daches), die örtliche Lage des Gebäudes und Ähnliches. Danach ist auch zu beurteilen, ob eine bestimmte Maßnahme – insbesondere das Aufstellen von Warnstangen – ausreichend war. So etwa musste ein Wirt, der auf Warnstangen vergessen hatte, einem Gast, dessen vor dem Lokal geparktes Auto von einer Dachlawine in Mitleidenschaft gezogen war, die Reparaturkosten bezahlen.

Sicherungsmaßnahmen bei Gefahr von Dachlawinen

Allerdings ist die Räum- und Streuflicht nicht grenzenlos. Eine trotz Räumung und Streuung auf einem allgemein benützbaren Parkplatz verbliebene Eisplatte begründete im folgenden Fall keine grobe Fahrlässigkeit: Ein Postzusteller rutschte auf einer Eisplatte auf dem asphaltierten Parkplatz eines Unternehmens aus und verletzte sich schwer. Das Eis hatte sich – trotz Räumung und Streuung kurz zuvor – an einer Stelle gebildet, die nicht unmittelbar zwischen dem Büroeingang und den markierten Abstellplätzen lag. Der Briefträger wollte, nachdem er sein Fahrzeug auf dem Parkplatz abgestellt und dem Unternehmen die Post gebracht hatte, eine Abkürzung zur Nachbarliegenschaft nehmen, um auch dort zuzustellen, und bemerkte die Eisplatte nicht.

Auch in einem anderen Fall musste sich ein Pkw-Besitzer sagen lassen: Selber Schuld, dass die Dachlawine sein Auto „verschüttete". Bei der damals herrschenden Wetterlage sei eine Dachlawine nichts Außergewöhnliches gewesen. Er hätte damit rechnen und deshalb den Pkw woanders hinstellen müssen. Nur wenn er bettlägerig gewesen wäre, hätten die Höchstrichter Nachsicht mit ihm gehabt. Weitestgehend besteht aber nach § 1319 des Allgemeinen Bürgerlichen Gesetzbuches eine zivilrechtliche Haftung des Eigentümers eines Gebäudes für herabfallende Gegenstände (zu denen auch Dachlawinen zählen), auch wenn ihm kein Verschulden nachweisbar ist (wofür in der Regel eine Haushalts- bzw. Haftpflichtversicherung herhält – eventuell auch die der Hausverwaltung).

Wenn es besonders stark schneit oder dauernder Eisregen niedergeht, darf man nicht erwarten, dass der Hauseigentümer ständig den Gehsteig eisfrei hält. Der Oberste Gerichtshof spricht im Zusammenhang mit der „Zumutbarkeit" davon, dass die Anforderungen an die Anrainer bezüglich ihrer Streupflicht nicht überspannt werden dürfen: So ist bei andauerndem starken Schneefall oder sich ständig erneuerndem Glatteis eine ununterbrochene Schneeräumung und Streuung nicht zumutbar. Um Mitternacht kann eine Betreuung der Wege „wie untertags" nicht erwartet werden. Der Gehsteig muss auch nicht dauernd dahingehend beobachtet werden, ob sich Glatteis bildet. Es muss auch nicht vorbeugend gestreut werden. Eine Streuung in kurzen Intervallen ist aber zumutbar, außer sie ist wegen des starken Schneefalls ohnehin zwecklos.

Ständiges Räumen ist bei dauerndem Schneefall nicht zumutbar

Kann ein Mieter (Kläger) bei einem glatteisbedingten Sturz im Bereich des Hinterausgangs einer Liegenschaft den Vermieter oder das von diesem beauftragte Winterdienstunternehmen wegen mangelhafter Streuung in Anspruch nehmen? Der zwischen der Genossenschaft und dem Beklagten abgeschlossene Winterdienstvertrag gibt der Klägerin kein eigenes Klagerecht gegen den Beklagten. Die Genossenschaft hat gegenüber dem Kläger vertragliche Schutz- und Sorgfaltspflichten. Diese gehen allfälligen Schutzwirkungen des Winterdienstvertrages zugunsten Dritter vor. Für eine auf § 93 Abs. 5 StVO gestützte Haftung des Beklagten fehlte es an den gesetzlichen Voraussetzungen (kein dem öffentlichen Verkehr dienender Gehsteig oder Gehweg).

Übrigens: Die Pflicht, den Gehsteig sauber zu halten, gilt nicht nur im Winter. In der schnee- und eisfreien Zeit müssen auch rutschige Obstschalen, Laub und Hundekot weggeräumt werden.

Videoüberwachung

Verbesserte Technik, sinkende Preise und aktuelle Kriminalstatistiken haben zu einem Boom bei der Installation von Videoüberwachungsanlagen im privaten Bereich geführt. In zahlreichen Wohnhausanlagen – aber auch in Einfamilienhäusern – wurden in den Eingangsbereichen, in Garagen und Gärten Kameras montiert, um Vandalismusschäden oder Einbrüchen entgegenzuwirken. Daneben gibt es aber ebenso viele Fälle,

Videoüberwachung und Beweislast

Systematische, verdeckte, identifizierende Videoüberwachung stellt immer einen Eingriff in das geschützte Recht auf Achtung der Geheimsphäre dar. Die Videoaufzeichnung ist identifizierend, wenn sie aufgrund eines oder mehrerer Merkmale letztlich einer bestimmten Person zugeordnet werden kann. Den Verletzer trifft die Behauptungs- und Beweislast dafür, dass er in Verfolgung eines berechtigten Interesses handelte und dass die gesetzte Maßnahme ihrer Art nach zur Zweckerreichung geeignet war. Entspricht er dieser Behauptungs- und Beweislast, kann der Beeinträchtigte behaupten, dass die Maßnahme nicht das schonendste Mittel zur Zweckerreichung darstellt. Stellt sich dabei heraus, dass die Maßnahme nicht das schonendste Mittel war, erübrigt sich die Vornahme einer Interessenabwägung.

in denen (meist aus Kostengründen) anstelle der vollwertigen Überwachungsanlage eine billige – der echten täuschend ähnliche – Kameraattrappe montiert wurde, um Einbrecher abzuschrecken oder zumindest das subjektive Sicherheitsgefühl der Hausbewohner zu heben.

Während es sich langsam herumspricht, dass (funktionierende) Videoüberwachungsanlagen aufgrund ihrer datenschutzrechtlichen Genehmigungspflicht eine Fülle von rechtlichen Problemen mit sich bringen können – man denke nur an die jüngsten Medienberichte über das Verfahren bei der Datenschutzkommission betreffend Videoanlagen in Wiener Gemeindebauten –, wähnen sich die Besitzer derartiger Attrappen diesbezüglich in Sicherheit. Möglicherweise zu Unrecht.

Kein Problem besteht diesbezüglich in datenschutzrechtlicher Hinsicht. Denn erst mit der Speicherung einer Videoaufnahme liegt nach herrschender Auffassung eine Datenanwendung im Sinn des Datenschutzgesetzes 2000 vor. Solange dies nicht erfolgt – sei es, weil nur eine zeitgleiche Übertragung der Aufnahme auf einen Bildschirm erfolgt oder auch weil die Anlage nicht in Betrieb oder eben nur eine Attrappe ist –, ist das Datenschutzgesetz nicht anwendbar. Meldungen an die Datenschutzkommission sind damit nicht erforderlich.

Oftmals wird aber dabei nicht bedacht, dass derartige Fragen nicht nur einen datenschutzrechtlichen Aspekt haben, sondern auch einen zivilrechtlichen. Erstaunlich selten befasste sich der Oberste Gerichtshof bisher mit diesen zivilrechtlichen Aspekten von Videoüberwachungs-

Überwachung und Datenschutz

Einen unbestreitbaren Vorteil haben Kameraattrappen: Ihr Einsatz braucht nicht der Datenschutzkommission gemeldet werden. Es werden ja keine Bilder aufgezeichnet. Wer hingegen Bilder von ein-, aus- oder vorbeigehenden Menschen speichert, muss dies nach Ansicht der Datenschutzkommission im Bundeskanzleramt ebendieser DSK melden: weil Daten identifizierbarer Personen verarbeitet werden. Dabei ist anzugeben, wozu welche Räumlichkeiten oder Objekte überwacht werden, wie und wie lange Daten aufgezeichnet werden und wo entsprechende Hinweisschilder angebracht werden. Hilfreich ist auch ein Hinweis, warum weniger heikle Mittel (z.B. Alarmanlage) nicht ausreichen. Wer eine Anlage ohne Anmeldung in Betrieb nimmt, muss mit einer Geldstrafe bis 9.445 Euro rechnen.

Kameraattrappen müssen der Datenschutzkommission nicht gemeldet werden

anlagen. Die wenigen vorliegenden Entscheidungen geben aber eine eindeutige Richtung vor: Aus § 16 ABGB, wonach jeder Mensch angeborene, schon durch die Vernunft einleuchtende Rechte habe, wird ein allgemeines Recht jedes Menschen auf Achtung seines Privatbereichs und seiner Geheimsphäre abgeleitet. Daraus folgt, dass die systematische Videoüberwachung – etwa durch den Nachbarn – im Normalfall einen unzulässigen Eingriff in diese Rechte darstellt. Ein gerichtlich durchsetzbarer Unterlassungsanspruch ist die Folge.

Privatsphäre vor Videoüberwachung geschützt

So hatte der OGH bereits im Jahre 1996 der Klage eines Mieters gegen dessen Vermieter Folge gegeben. Der Vermieter hatte – um die Nichtbenutzung der Wohnung beweisen zu können – eine Videokamera montiert, die permanent die Wohnungseingangstüre des Mieters filmte. Diese Rechtsprechung fand im Jahr 2007 ihre Fortsetzung, als der OGH aussprach, dass auch die Anbringung einer (als solcher nicht erkennbaren) Kameraattrappe unzulässig sei, wenn der betroffene Nachbar dadurch subjektiv das Gefühl des ständigen Überwachtseins haben könnte.

Vorangegangen war dieser Entscheidung ein jahrelanger heftiger Nachbarschaftsstreit. Nachdem einer der beiden Streithähne den anderen verdächtigte, Unrat über den Zaun in seinen Garten zu werfen, montierte er eine Videokamera, deren Einstellwinkel auch Teile des Nachbargrundstücks umfasste. Gleichzeitig teilte er dem Nachbarn schriftlich mit, die Kamera sei mit einem Bewegungssensor verbunden, der sie aktiviere. Dass diese Kamera in Wahrheit gar nicht funktionierte, konnte der andere

Grundsätze für Videoüberwachung

Was das Anbringen der Kamera(-attrappe) betrifft, gelten folgende Grundsätze im Mietrecht:

- Dem Bestandnehmer wird im Rahmen des Bestandzwecks auch ein Recht zur Mitbenützung der Außenflächen des Bestandobjekts und allgemeiner Flächen des Hauses zugestanden, soweit er berechtigte Interessen daran hat und weder das Haus beschädigt oder verunstaltet noch ein Nachbar gestört oder belästigt bzw. sonst in seinen Interessen beeinträchtigt wird.
- Im Zusammenhang mit Videokameras bzw. (nicht als solche erkennbaren) Videokameraattrappen ist entscheidend, dass Hausbewohner durch vermeintliche Überwachungsmaßnahmen nicht gestört oder belästigt werden. In dieser Hinsicht müssen deren Persönlichkeitsrechte beachtet und Beeinträchtigungen der Privatsphäre verhindert werden.
- Auch der durch eine Videokameraattrappe geschaffene Überwachungsdruck auf einen Hausbewohner ist als Eingriff in die Privatsphäre zu beurteilen. Muss sich ein anderer Hausbewohner immer kontrolliert fühlen, wenn er das Haus betritt oder verlässt oder sich in seinem Garten aufhält, so bewirken Überwachungsmaßnahmen, selbst wenn das Gerät nur eine Attrappe einer Videokamera sein sollte, eine Beeinträchtigung der Privatsphäre.
- Für Nachbarn bzw. andere Mieter darf daher nicht der Eindruck des Überwachtwerdens im Sinn systematischer, identifizierender Überwachungsmaßnahmen entstehen.
- Den anderen Mietern ist ein berechtigtes Interesse daran zuzubilligen, dass das Betreten oder Verlassen ihrer Wohnung durch sie selbst, ihre Mitbewohner oder Gäste nicht überwacht bzw. aufgezeichnet wird.
- Können diese Personen etwa durch den Standort oder die Ausrichtung einer Videokamera oder einer (nicht als solche erkennbaren) Videokameraattrappe die berechtigte Befürchtung haben, dass sie sich im Überwachungsbereich befinden und von den Aufnahmen bzw. Aufzeichnungen erfasst sind, so ist ein Eingriff in die Privatsphäre grundsätzlich zu bejahen. In diesem Fall hat eine Interessenabwägung stattzufinden.
- Die Anbringung einer Kameraattrappe, die sich für einen unbefangenen, objektiven Betrachter als Überwachungsmaßnahme darstellt, ist im Allgemeinen zulässig, wenn sich diese Maßnahme nach Maßgabe des Eindrucks für einen solchen Betrachter ausschließlich auf den eigenen Wohn- bzw. Garagenbereich des beklagten Mieters bezieht.
- Eine Kameraattrappe hat keinen realen Erfassungsbereich. Aus diesem Grund ist nur der für andere Personen (Hausbewohner, Besucher) bestehende Eindruck des Überwachtwerdens maßgebend. Ob eine derartige begründete Befürchtung bestehen muss, richtet sich nach den örtlichen Gegebenheiten und der Situierung und Ausrichtung der (vermeintlichen) Überwachungsanlage.

nicht wissen. Er fühlte sich in seiner Privatsphäre beeinträchtigt, hatte dabei nach den Feststellungen des Erstgerichtes „ein unangenehmes Gefühl“, klagte auf Entfernung (bzw. Änderung des Einstellwinkels) – und gewann.

Auch wenn der zugrunde liegende Streit sicherlich einen Extremfall darstellt, sollte die Bedeutung der genannten Entscheidung nicht unterschätzt werden. Nur allzu häufig werden etwa in Mehrfamilienhäusern im Bereich der Wohnungseingangstüren Kameras montiert, die den gesamten Bereich vor der Türe abdecken (oder im Falle von Attrappen abzudecken scheinen). Damit wird aber jeder Hausbewohner erfasst, der an dieser Türe vorbeigeht. Der Betreiber der Kamera könnte daher anhand der Aufzeichnungen genau dokumentieren, wer wann und in wessen Begleitung das Haus betritt oder verlässt. Dies kann dann aber eben einen unzulässigen Eingriff in die Privatsphäre dieser Personen darstellen. Abhilfe kann – wenn keine gütliche Einigung möglich ist – entweder mittels Besitzstörungsklage (muss binnen 30 Tagen ab Kenntnis der Störungshandlung eingebracht werden) oder mittels Unterlassungsklage gesucht werden.

Videoaufzeichnungen können problematisch sein

Besitzer von Videoanlagen (oder der erwähnten Attrappen) sollten die Kameras daher so montieren, dass sie lediglich das eigene Objekt (etwa dessen Eingangstüre) aufnehmen, nicht jedoch die daran vorbeigehenden Personen. Soll tatsächlich auch eine Aufzeichnung erfolgen, ist darüber hinaus der Genehmigungsantrag an die Datenschutzkommission ohnehin unerlässlich. Die Verpixelung jener Bereiche eines Nachbargrundstücks, die Videokameras erfassen und aufzeichnen, reicht nicht aus, um einen Überwachungsdruck für den Nachbarn zu verneinen.

Vermieter mögen noch so intensiv mit ihren Mietern darüber streiten: Auseinandersetzungen über Videokameras, die Mieter in allgemeinen Teilen des Hauses wie dem Gang anbringen, gehören vor das Außerstreitgericht.

Silvesterraketen

Viele Unfälle mit Pyrotechnik sind auf Sorglosigkeit, Unachtsamkeit sowie nicht bestimmungsgemäße oder missbräuchliche Verwendung zurückzuführen. Besonders gefährlich ist die leichtsinnige Handhabung von illegal aus dem Ausland besorgter Pyrotechnik. Bei Verstößen gegen Bestimmungen des Pyrotechnikgesetzes drohen dem Verwender, neben möglichen strafrechtlichen Konsequenzen, auch Verwaltungsstrafen bis zu 3.600 Euro. Auch kann ein Beteiligter für den durch unerlaubte Silvesterrakete verursachten Schaden (z.B. verbrannte Thujenhecke) haften.

Überdies können Nachbarn – wie der folgende Fall zeigt – Silvesterraketen verbieten: Das Verhältnis zwischen zwei Nachbarn war belastet. In der Silvesternacht 2017/2018 feuerte der Sohn des einen Nachbarn ungefähr 20 handelsübliche Silvesterraketen in die Höhe. Bereits am 1. Jänner fand der nun auf Unterlassung klagende Nachbar, ein Landwirt, die Reste von zwei Raketen (Holzstab, Plastikummantelung) auf seinem Grundstück. Die Reste von acht weiteren Raketen fand er im Juni 2018 bei Mäharbeiten auf seinem Grundstück. Das Heu verwendet er als Futter für seine Pferde. Bleiben Silvesterraketenteile unbemerkt im Heu, besteht die Gefahr, dass der Verdauungstrakt der Pferde verletzt wird. Der Oberste Gerichtshof wies darauf hin, dass eine „unmittelbare Zuleitung" von größeren festen Körpern (z.B. Golfbälle, Tennisbälle, Betonstücke, Felsbrocken) auf das Nachbargrundstück immer unzulässig ist. In diese Gruppe gehören auch die Reste von Silvesterraketen. Besteht die Gefahr, dass der Verdauungstrakt von Pferden verletzt wird, wenn die Raketenreste unbemerkt im Heu bleiben, ist das Einbringen einer Unterlassungsklage auch nicht schikanös. Auch die Berufung auf die Ausübung ortsüblichen Brauchtums sahen die Richter nicht als überzeugend an: Das Abschießen von Raketen sei nicht als solches unzulässig; unzulässig sei die Einwirkung auf das Grundstück des Landwirts. Der Verpflichtung, nicht auf das Grundstück des Nachbarn einzuwirken, kann beim Abschießen der Raketen durch zumutbare organisatorische Maßnahmen Rechnung getragen werden.

Umgekehrt wiesen die Gerichte das Schadenersatz- und Unterlassungsbegehren, das darauf gerichtet war, dass es durch das Abfeuern von Böllern auf der Liegenschaft des Klägers zu keinen Lärmemissionen von mehr als 65 dB kommt, mit der Begründung ab, dass das Böllerschießen im Bereich der Liegenschaft des Klägers den Verkehrslärm nicht übersteige und sich in einem Lautstärkenbereich bewege, bei dem für einen Durchschnittsmenschen eine Gesundheitsgefährdung ausgeschlossen sei. Kurzum lag keine wesentliche Beeinträchtigung der ortsüblichen Nutzung als Wohngrundstück vor. Dabei war zu berücksichtigen, dass das Böllerschießen in einer Kärntner Gemeinde zeitlich eingeschränkt an zwei Tagen des Jahres stattfindet.

Bodenvertiefungen

Nach § 364b ABGB darf ein Grundstück nicht in einer Weise vertieft werden, dass der Boden oder das Gebäude des Nachbarn die erforderliche Stütze verliert (z.B. Hangabgrabungen). Trifft das zu, ist eine gesonderte Prüfung der Ortsunüblichkeit nicht erforderlich. Dieses Verbot bezweckt die Sicherung der Festigkeit und Standsicherheit des Nachbargrundstücks gegen Vorkehrungen, die einen Eingriff in dessen natürliche bodenphysikalische Beschaffenheit bewirken. Eine baubehördliche Genehmigung (zur Grundstücksvertiefung) schließt die Rechtswidrigkeit der Schädigung des Nachbarn nicht aus, denn die privatrechtlichen Beziehungen werden von ihr nicht geregelt. Erfasst ist auch das Aufführen eines Baues oder das Ablagern von Material, das durch Erhöhung des Erddrucks zu Auswirkungen auf dem Nachbargrund führt. Aus der natürlichen Geländebeschaffenheit, wie Felshängen, Bodenerhöhungen usw. sich allein auf Grund naturgesetzlicher Vorgänge ergebende Vertiefungen eines Grundstückes können der Norm des § 364b ABGB nicht unterstellt werden. Eine Einwirkung durch Erhöhung des Nachbargrundes, die so weit geht, dass die Stützmauer einstürzt, ist hingegen ein unzulässiger Eingriff nach § 364 Abs. 2 ABGB und gibt Anlass zur nachbarrechtlichen Abwehrklage.

Da § 364b ABGB eine Sonderregel für (negative) Immissionen ist, sind insofern die zu § 364 ABGB entwickelten Grundsätze anzuwenden. § 364b ABGB begründet an sich nur einen Unterlassungsanspruch. Im Fall von Schäden besteht aber ein verschuldensunabhängiger Ersatzanspruch, wenn der Eingriff in die bodenphysikalische Beschaffenheit des Nachbargrundes durch eine genehmigte Anlage verursacht wurde. Führt die durch die Errichtung eines Krans verursachte Erhöhung des Erddrucks auf dem einen Grundstück zu Schäden an den Fundamenten des Nachbargebäudes wird ein verschuldensunabhängiger Ersatzanspruch bejaht.

Der Anspruch nach § 364b ABGB ist kein Schadenersatzanspruch, sondern ein im Nachbarrecht begründeter Ausgleichsanspruch. Der Anspruch richtet sich – wenn nicht wegen einer schon eingetretenen Vertiefung Wiederherstellung begehrt wird – (vorbeugend) auf Unterlassung des Eingriffs. Die Auswahl der dafür erforderlichen Maßnahmen ist grundsätzlich dem Verpflichteten überlassen. Insofern können ihm „geeignete Vorkehrungen" aufgetragen werden. Konkrete Maßnahmen können nur dann verlangt werden, wenn sie das einzige Mittel zur Verhinderung des Erfolgs sind.

Es genügt, dass der Geschädigte die Beseitigung des Schadens beabsichtigt; er ist nicht gehalten, zunächst den Schaden auf eigene Kosten zu sanieren und erst dann Ersatz zu begehren. Vor allem bei Liegenschaften ist der Grundsatz des Vorrangs der Naturalrestitution anzuwenden; dazu gehört die Wiederherstellung der erforderlichen Stütze. Eine solche ist auch vorzunehmen, wenn sie teurer kommt als der Geldersatz. Nur wenn die Wiederherstellung einen unverhältnismäßigen Aufwand an Kosten und Mühe erfordert, scheidet sie wegen Untunlichkeit aus.

Treten nach Abbrucharbeiten als Folgen eines Aushubs für den Neubau Setzungsschäden (Risse usw.) am Nachbargebäude auf, hat der Eigentümer des Neubaues diese Schäden einschließlich solcher, die durch das sogenannte Aufatmen des Bodens nach Beseitigung der Last das Altbaus und durch das Aufbringen der neuen Last entstanden, auch ohne Verschulden zu ersetzen; ebenso Schäden, die durch Erschütterungen infolge Einsatzes einer Baumaschine entstanden.

Privates und öffentliches Nachbarrecht

- Privater Zoff am Zaun
- Wer ist überhaupt Nachbar?
- Öffentliches Nachbarrecht
- Betriebe in der Nachbarschaft

Privater Zoff am Zaun

Nachbar-streitigkeiten sind Beziehungs-probleme

Nachbarn stehen, ob sie es wollen oder nicht, in einer sozialen Beziehung zueinander. Es handelt sich, wie bei einer Familie oder Ehe, um eine Zwangsgemeinschaft von mehr oder weniger langer Dauer. Nachbarn sucht man sich in der Regel nicht aus, muss aber mit ihnen auskommen. Streitigkeiten zwischen Nachbarn gründen meist auf Beziehungsproblemen. Störungen von Nachbarn werden als Eingriffe in die eigene Intimsphäre angesehen. Diese Intimsphäre haben sich die Nachbarn oft unter großen persönlichen und finanziellen Opfern geschaffen.

Der Normalbürger baut oder kauft sich in der Regel nur einmal im Leben ein Eigenheim. Dieses mühsam geschaffene Eigentum wird dann mit Klauen und Zähnen verteidigt. Einen Umzug können Eigentümer sich kaum leisten, da die Immobilienpreise einen Wechsel faktisch gar nicht zulassen. Mieter als Nachbarn können im Gegensatz zu Eigentümern bei einem funktionierenden Wohnungsmarkt eher eine neue Wohnung suchen und so einem Nachbarstreit aus dem Weg gehen. Aber auch Mieter sind an einem leichten Wechsel gehindert, wenn sie im Quartier verwurzelt sind oder eine günstige Wohnung gemietet haben. Mit dem heutigen Trend zu dichteren Wohnformen, Wohnungseigentum, Reihenhäusern und Terrassensiedlungen nehmen auch die möglichen Konfliktpunkte und damit die Nachbarstreitigkeiten zu.

Trotz der Ähnlichkeit des Phänomens „Nachbarschaftsbeziehung" zur Ehe oder Familie hat sich die Psychologie kaum mit dem Nachbarstreit auseinandergesetzt. Dennoch ist interessant, was die Psychologen zum Nachbarstreit herausgefunden haben:

- Den streitenden Nachbarn ist vielfach nicht klar, wer den Streit angefangen hat.
- Schuld am Streit hat aber immer der andere.
- Je länger ein Konflikt dauert, desto schwerer ist der Konflikt in der Regel.

Streitigkeiten unter Nachbarn sind auch ein kulturelles Problem. Im Gegensatz zu südlicheren Ländern oder gar Afrika, wo das Sozialleben eher draußen und nicht innerhalb des Gartenzauns stattfindet, fehlt bei uns eine eigentliche Streitkultur. Das Gefühl für die sozial konforme Lösung ist abhanden gekommen. Es wird unter Nachbarn gleich nach einer rechtlichen Lösung gesucht. Dies ist nicht zuletzt darauf zurückzuführen, dass das menschliche Zusammenleben immer stärker normiert, verrechtlicht wird.

Zigtausende Gerichtsverfahren werden in Österreich pro Jahr über Gartenzwerge, Haustiere oder Grillgeruch geführt. Über mehrere Instanzen befehden sich die Parteien um Streitfälle, die für Außenstehende oft nur lächerlich wirken. Der Spaß hört allerdings schnell auf, sobald man selber betroffen ist.

Wer sich vom Nachbarn belästigt fühlt, kann sich auf die einschlägigen Paragrafen des Allgemeinen Bürgerlichen Gesetzbuchs berufen, die Besitz und Eigentum schützen. Allerdings müssen unwesentliche Beeinträchtigungen geduldet werden. Was gesetzlich festgelegte Grenz- oder Richtwerte nicht verletzt, gilt meist als unwesentlich. Der Gesetzgeber fordert hier nachdrücklich Toleranz. Bei Dingen, die man messen kann, wie Abstände, Uhrzeiten oder Lärm, kann die Sachlage – objektiv – meist schnell geklärt werden.

Anders sieht es bei Beeinträchtigungen aus, die zwar wesentlich, aber auch ortsüblich sind. Denn diese können zulässig sein. Die Rechtsprechung ist hier nicht eindeutig und in den Unterinstanzen oft von Gericht zu Gericht verschieden. Solange sich Nachbarn jedoch gut verstehen, können viele gesetzliche Vorschriften getrost ignoriert werden – wo kein Kläger, da kein Richter. Rücksicht und gegenseitige Toleranz zahlen sich da für beide Seiten aus.

Wer ist überhaupt Nachbar?

Wer von Immissionen betroffen ist, ist Nachbar

Die Frage mag banal klingen, ist es aber nicht – zumindest rechtlich betrachtet. Denn als Nachbarn gelten nicht nur die Eigentümer unmittelbar aneinander grenzender Grundstücke (Anrainer), sondern als Nachbarn sind auch all diejenigen zu verstehen, die auf einem Grundstück im Einflussbereich einer Liegenschaft leben, von der Störungen ausgehen. Also auch ein weiter entfernter Grundstücksbesitzer ist in diesem Sinn ein

Nachbar. Unlogisch? – Keineswegs. Nehmen wir an, dass ein Hobbygärtner in seinem Garten grünes Holz verbrennt. Die damit verbundene, äußerst starke Rauchentwicklung bekommt nicht nur der unmittelbare Grundstücksnachbar zu spüren, der Qualm zieht auch über weiter entfernte Gärten hinweg. Würden die Eigentümer solcher Immobilien juristisch nicht als Nachbarn gelten, könnten sie sich gegen Beeinträchtigungen und Störungen nicht zur Wehr setzen und somit auch nicht mit Hilfe des Gerichts gegen etwaige Gefährdungen vorgehen.

Starre Grenzen lassen sich hier aber nicht ausmachen. Ebenso wenig, wie es in der österreichischen Rechtsordnung einen einheitlichen juristischen Begriff des Nachbarn gibt. Aus Gründen der Rechtssicherheit definieren einzelne Gesetze dennoch, wer als Nachbar gilt. Aber die Nachbarschaftsbegriffe sind in den verschiedenen Materien sehr unterschiedlich. Oft sind es erst die Gerichte, die den Nachbarschaftsbegriff in ihren Entscheidungen exakt festlegen.

Im Streitfall entscheiden die Gerichte, wer Nachbar ist

Im Zivilrecht, dem klassischen Nachbarrecht, werden – wie bereits erwähnt – als schutzwürdige Nachbarn alle Grundstückseigentümer verstanden, von deren Grundstück ein Eingriff noch fühlbar ist, ohne Unterschied, wie groß die Entfernung ist und welche (anderen Personen gehörende) Grundstücke dazwischen liegen. Nachbarn sind also auch diejenigen, deren Liegenschaft durch Geruchseinwirkung von einem entfernter liegenden Betrieb belästigt wird. Der Oberste Gerichtshof gestattet Lebensgefährten ebenso wenig wie Ehepartnern nachbarrechtliche Klagen, solange sie kein Nutzungsrecht über die Wohnung haben. Das heißt, ohne besonderen Rechtstitel etwa in Form eines zumindest konkludent (schlüssig) abgeschlossenen Bestands- oder Gesellschaftsvertrags kommt einem Lebensgefährten an der Wohnung, hinsichtlich derer der andere Lebensgefährte nutzungsberechtigt ist, während aufrechter Lebensgemeinschaft ein bloß familienrechtsnahes Wohnungsrecht zu. Der Lebensgefährte ist damit nicht in der Lage, nachbarrechtliche Abwehr- oder Ausgleichsansprüche zu erheben.

Auch wenn nur ein Teil einer Liegenschaft, ja selbst nur eine Wohnung oder auch nur ein Zimmer durch Einwirkungen beeinträchtigt wird, die vom Nachbargrundstück ausgehen und das gewöhnliche, ortsübliche Maß überschreiten, kann sich der betroffene Eigentümer dagegen wehren.

Die Nachbarrechte haben sich im Laufe der Zeit aber auch gewandelt. Zur Zeit, als das ABGB entstand, wurde als Aufgabe des Nachbarrechts angesehen, dass es die miteinander kollidierenden Rechte benachbarter Haus- und Grundeigentümer aufeinander abstimmen sollte. In neuerer Zeit hat eine erhebliche Ausweitung der vom ursprünglichen Nachbarrecht behandelten Themenkreise, aber auch eine deutliche Akzentverschiebung innerhalb des Nachbarrechts stattgefunden. Fragen der Tierhaltung oder der Lärmbelästigung spielen heute eine sehr viel größere Rolle in nachbarrechtlichen Streitigkeiten als früher und sind beinahe gleichgewichtig neben die „klassischen" Fragen getreten – Nutzung von Grund und Boden durch Gebäude oder Bepflanzung. Gerade die Streitigkeiten aus diesen neueren Problemkreisen machen deutlich, dass das Nachbarrecht nicht nur auf die Eigentümer benachbarter Grundstücke angewendet werden kann. Die Regelungen gelten auch für Mieter benachbarter Wohnungen oder Häuser.

Mieter sind auch Nachbarn

Denn ob der Halter eines Hundes, dessen Bellen die ganze Nachbarschaft quält, oder der Urheber nächtlicher Musikdarbietungen Eigentümer oder Mieter des von ihm bewohnten Grundstücks ist, ändert nichts an der Notwendigkeit, dass der Tierbesitzer auf Nachbarn Rücksicht zu nehmen hat. Jedenfalls ist heute unbestritten, dass auch Mieter Träger nachbarrechtlicher Pflichten und Rechte sind. Sie sind also im Verhältnis zu ihren Nachbarn denselben Einschränkungen unterworfen wie ein Eigentümer, auch wenn ihnen im Mietvertrag ausdrücklich mehr erlaubt wird. Andererseits sind sie gegen Eingriffe von Nachbarn ebenso geschützt wie Eigentümer. Das bedeutet, dass Mieter gegen störende Nachbarn, seien es andere Mietparteien oder Eigentümer benachbarter Grundstücke, vorgehen können. Sie können von ihnen aber auch verklagt werden, ohne dass ihr Vermieter dabei in Erscheinung tritt, wenngleich der Vermieter regelmäßig nachbarrechtlich für den Mieter mithaftet.

Neben diesen allgemeinen Grundsätzen sind einige weitere Gesichtspunkte besonders hervorzuheben: Zum einen können sich Mieter bei Störungen durch Nachbarn auch an ihren Vermieter wenden, statt unmittelbar die Auseinandersetzung mit den Nachbarn zu suchen (► Seite 36). Der Vermieter schuldet ihnen die vertragsmäßige Nutzungsmöglichkeit der Mietwohnung und kann (Einzelheiten hängen davon ab, wie der

Mietvertrag auszulegen ist) deshalb verpflichtet sein, Störungen zu unterbinden oder die Miete – je nach Beeinträchtigung – zu reduzieren.

Ein z.B. durch Lärm aus der Nachbarwohnung gestörter Mieter hat somit zwei Alternativen, um Abhilfe bzw. Ruhe zu schaffen: Er darf unmittelbar gegen den Störer (= Nachbar) vorgehen. Es besteht für ihn aber auch die Möglichkeit, den Vermieter auf Einhaltung des Mietvertrages zu klagen. Der Vermieter ist nämlich verpflichtet, seinen Mieter im Gebrauch des Bestandsgegenstandes (vermietete Wohnung, vermietetes Haus etc.) gegen Störungen durch Dritte zu schützen, insbesondere durch im selben Haus wohnende Mitmieter. Ein Sonderfall ist es, wenn der Lärm von einem Gewerbebetrieb oder einem Lokal ausgeht: Gestörte Anrainer können nicht auf Unterlassung klagen, sondern nur Schadenersatz fordern.

Die Haftung hat aber Grenzen: Der bloße Umstand, dass eine Störung von einem Grundstück ausgeht, macht den Eigentümer noch nicht verantwortlich; wie etwa dann, wenn dritte Personen unbefugt auf seinen Grund gelangt sind und von dort aus etwa mit einem Ball ein Fenster des Nachbarn kaputt schießen.

Wie Sie sich gegen Eingriffe wehren können

Grundstückseigentümer haben Ansprüche gegenüber Nachbarn

Der Grundstückseigentümer (nach der Rechtsprechung auch der Mieter, Pächter, Fruchtgenussberechtigte) hat gegenüber seinen Nachbarn einen Anspruch, dass von der Nachbarliegenschaft keine unmittelbaren bzw. ortsunüblichen Einwirkungen ausgehen. Fühlt sich ein Nachbar in diesem Sinne gestört, kann er Unterlassungsklage einbringen. Sowohl gegen den Störer als auch gegen jeden, der das Grundstück, von dem die Beeinträchtigungen ausgehen, für eigene Zwecke benützt.

Die Störereigenschaft wird dabei nicht dadurch ausgeschlossen, dass ein Dritter als unmittelbarer Störer aus eigenem Antrieb und selbstverantwortlich gehandelt hat. Verursachte ein anderer den Eingriff, so wird die Haftung des Eigentümers dann als gerechtfertigt erachtet, wenn er die Einwirkung duldet, obwohl er sie zu hindern berechtigt und dazu auch imstande gewesen wäre. So wird z.B. durch das bloße Gebrauchsrecht (Wohnrecht) den Kindern als Liegenschaftseigentümern nicht die Möglichkeit genommen, gegenüber ihrem Vater dessen von ihrer Liegenschaft

Unterlassungsanspruch gegen das Herabwerfen von Gegenständen von einer Aussichtsplattform

Dem Unterlassungsanspruch des Nachbarn gegen das Herabwerfen von Gegenständen von einer der Öffentlichkeit zugänglich gemachten Aussichtsplattform kann kein „Gemeingebrauch" entgegengehalten werden.
Die Klägerin ist grundbücherliche Alleineigentümerin eines Grundstücks, an das die Liegenschaft der beklagten Stadt, auf der sich eine frei zugängliche Aussichtsplattform und ein Cafe befinden, angrenzt. Zumindest seit 2009 kommt es immer wieder vor, dass Personen – teils versehentlich, teils absichtlich – von der Aussichtsplattform Gegenstände wie etwa Handys, Spielsachen, Kleidungsstücke oder Müll (leere Bierflaschen, Zigarettenstummel etc.) auf die darunterliegenden angrenzenden Grundstücke der Klägerin fallen lassen. Die Aussichtsplattform wird seit 1899 in Reiseführern genannt und von Touristen und Einheimischen genutzt. Sie steht unter Denkmalschutz. Veränderungen, wie etwa die Errichtung von Glasbarrieren oder das Spannen von Fangnetzen, werden vom Bundesdenkmalamt nicht genehmigt.
Die Klägerin begehrte, die Beklagte schuldig zu erkennen, durch geeignete Vorkehrungen dafür Sorge zu tragen, dass vom Grundstück der Beklagten von Benutzern keine Gegenstände auf die Grundstücke der Kläger geworfen werden. Die Beklagte wendete ein, es bestehe ein nicht einschränkbarer Gemeingebrauch. Sie stehe mit allfälligen Störern in keinem Rechtsverhältnis und könne Störungshandlungen nicht verhindern.
Der Oberste Gerichtshof gab dem Unterlassungsbegehren statt. Dazu hielt er fest, dass jeder Eigentümer eines Grundstückes nach § 364 Abs. 2 ABGB dem Nachbarn die von dessen Grund ausgehenden Einwirkungen untersagen kann, soweit sie das ortsübliche Maß überschreiten; eine unmittelbare Zuleitung ist aber jedenfalls unzulässig. Den Nachbarn trifft aufgrund seiner Unterlassungspflicht auch eine Hinderungspflicht im Hinblick auf Störungen Dritter. Verursacht ein anderer die Störung, so wird die Haftung des Nachbarn dann als gerechtfertigt erachtet, wenn er die Einwirkung duldet, obwohl er sie hätte verhindern können.
Beim Gemeingebrauch an privaten Liegenschaften ist zwischen öffentlich-rechtlichem Gemeingebrauch und den privatrechtlichen Dienstbarkeiten zu unterscheiden. Die „echten" Dienstbarkeiten beruhen auf einem privatrechtlichen Titel, sodass keine Dienstbarkeit vorliegt, wenn der Eigentümer bestimmte Eingriffe ex lege oder kraft öffentlich-rechtlicher Bestimmung im Rahmen des Gemeingebrauchs dulden muss. Da im Anlassfall weder eine öffentlich-rechtliche Vorschrift (Gesetz, Verordnung, Bescheid) besteht, die die beklagte Stadt binden würde, noch eine von einer Gruppe von Benützenden zur Verfolgung eines konkreten Verkehrsbedürfnisses erworbene private Dienstbarkeit ersichtlich ist, besteht der Unterlassungsanspruch der Klägerin zu Recht.

(im Gartenbereich) ausgehende Immission in das Eigentumsrecht der klagenden Nachbarn zu unterbinden.

Unterlassungsanspruch

Der Unterlassungsanspruch bedeutet, dass bei Gericht Klage gegen den Nachbarn und auch gegen den unmittelbaren Störer eingebracht werden kann. Den Nachbarn trifft als Reflex seiner Unterlassungspflicht auch eine Hinderungspflicht im Hinblick auf Störungen Dritter. Verursacht ein anderer die Störung, so wird die Haftung des Nachbarn dann als gerechtfertigt erachtet, wenn er die Einwirkung duldet, obwohl er sie hätte verhindern können. Und: Dem Unterlassungsanspruch des Nachbarn gegen das Herabwerfen von Gegenständen von einer der Öffentlichkeit zugänglich gemachten Aussichtsplattform kann kein „Gemeingebrauch" entgegenhalten werden.

Die Klage ist bei jenem Bezirksgericht einzubringen, in dessen Sprengel das beeinträchtigte Grundstück liegt. Im Sinn eines friedlichen Zusammenlebens sollte primär aber versucht werden, ob nicht doch eine außergerichtliche Einigung möglich ist. Ist dies wirklich nicht machbar,

Unterlassungsklage

Mit der Unterlassungsklage können Störungen abgewendet werden, die von einem benachbarten Grundstück ausgehen. Mit dieser Klage kann man sich gegen Einwirkungen durch Abwässer, Rauch, Gase, Wärme, Geruch, Geräusch, Erschütterung und Ähnliches insoweit wehren, als sie das nach den örtlichen Verhältnissen gewöhnliche Maß überschreiten und die ortsübliche Benutzung des Grundstückes wesentlich beeinträchtigen. Raucht es auf dem Nachbargrundstück ordentlich oder ist es drüben ständig laut, muss man sich das nicht gefallen lassen und kann auf Unterlassung klagen. Der durch die Ablagerung von Abfällen auf einem Komposthaufen auf dem Nachbargrundstück beeinträchtigte Anrainer kann mit der Klage Geruchs- und Ungezieferbelästigung von nebenan abwehren. Selbst gegen Bienen, die über die Hecke geflogen kommen, kann man sich mitunter wehren: Bienen gelten als Gase, und wenn der Imker von nebenan so sorglos ist und die Ausflugslöcher in Richtung des angrenzenden Grundstücks zeigen, ist er „fällig".

bleibt nichts anderes, als zu einer möglichen Rechtsverwirklichung den Zivilrechtsweg zu beschreiten.

Vor Klagseinbringung sollten Sie aber beachten, dass gerade bei Nachbarschaftsstreitigkeiten große Unsicherheiten tatsächlicher und rechtlicher Art auftreten können. Besprechen Sie daher vor dem Gang zu Gericht ihr Problem unbedingt mit einem Rechtsanwalt, der ihre Chancen realistisch einschätzen kann. Rechtsauskunft bekommen Sie aber auch bei ihrem nächstgelegenen Bezirksgericht während des Amtstages, der in der Regel jeden Dienstagvormittag stattfindet.

Schadenersatzanspruch

Gegen Immissionen von Anlagen besteht ein Schadenersatzanspruch

Wenn Rauch-, Gas-, Ruß-, Geruchsbelästigungen oder ähnliche Einwirkungen von einer behördlich genehmigten Anlage (z.B. gewerbliche, industrielle Betriebe, Müllverbrennungsanlagen etc.) oder einem Bergwerk ausgehen und sich die Immissionen im Rahmen der behördlichen Genehmigung halten, so haben Nachbarn keinen Unterlassungsanspruch, sondern lediglich einen verschuldensunabhängigen Schadenersatzanspruch. Man kann also nur den Ersatz eines durch die Einwirkungen bereits verur-

Vergessene Wasserpumpe, versiegter Brunnen

Für die Errichtung eines Kanals für eine Siedlung musste Grundwasser abgepumpt werden. Bei Bauabschluss vergaß man, die Pumpe abzuschalten, sodass weiterhin Wasser abgepumpt wurde. Die betroffene Siedlung steht aber – mangels ausreichend festen Bodens – im Wesentlichen auf im Grundwasser stehenden hölzernen „Piloten". Infolge des Sinkens des Grundwasserspiegels begannen diese zu morschen, weshalb die Häuser an Halt verloren und erhebliche Schäden erlitten. Der Oberste Gerichtshof gewährte den Hauseigentümern einen verschuldensunabhängigen Schadenersatzanspruch. Ähnlich der Fall einer klagenden Gärtnerei, der zwar nicht eine Stütze entzogen wurde, in der dafür aber keine Blumen mehr blühten: Neben der Gärtnerei wurde eine neue Tankstelle gebaut. Um auf dem Areal die Tanks einbauen zu können, musste Grundwasser abgepumpt werden, was zur Folge hatte, dass der Brunnen der Gärtnerei versiegte – und alle Pflanzen verdorrten. Die Gärtnerei klagte und ihr wurde ebenfalls verschuldensunabhängiger Schadenersatzanspruch gewährt.

sachten (und bezifferbaren) Schadens verlangen, die Beeinträchtigungen selber aber muss man weiterhin dulden.

Schadenersatzanspruch im Nachbarrecht ist verschuldensunabhängig

Besonderes gilt, wenn jemand sein Grundstück vertieft (Baggerungen) und dadurch die Liegenschaft bzw. das Gebäude des Nachbarn einsturzgefährdet wird. Nach § 364b ABGB „darf ein Grundstück nicht in der Weise vertieft werden, dass der Boden oder das Gebäude des Nachbarn die erforderliche Stütze verliert, es sei denn, dass der Besitzer des Grundstücks für eine genügende anderweitige Befestigung Vorsorge trifft". Der gefährdete Nachbar kann nämlich die Unterlassung, die Wiederherstellung des vorigen Zustandes und den Ersatz des verursachten Schadens verlangen. Dieser Anspruch ist verschuldensunabhängig. Unter Gebäude ist jede Anlage, auch ein Zaun, zu verstehen. Unter diesen Paragrafen fallen auch Schäden, die durch das sogenannte Aufatmen des Bodens nach Abreißen des Altbaus, durch das Aufbringen der neuen Last oder durch Erschütterungen wegen Einsatzes einer Baumaschine entstanden sind. Es ist gleichgültig, in welchem Zustand sich das Gebäude des Nachbarn vor der Vertiefung befand. Der Anspruch nach § 364b ABGB besteht auch, wenn der durch die Vertiefung nun bedrohte Bau schon vorher schadhaft war.

Besitzstörung

Mit der Besitzstörungsklage kann man sich gegen jeden Dritten oder einen Mitbesitzer wehren, der den Besitz stört. Mit der Klage wird die Wiederherstellung des letzten Besitzstandes sowie die Unterlassung weiterer Störungen gefordert. Wenn ein fremder Mann, wenn auch mit Erlaubnis der Ehefrau, im Ehebett liegt, dann könnte ihn der gehörnte Ehemann wegen Besitzstörung klagen. Auch das Anbringen einer Fernsehantenne durch den Mieter auf dem nicht mitvermieteten Dachboden ist Besitzstörung. Ein kleines Bohrloch im Türstock ist aber noch keine.

Selbsthilfe bei Besitzstörung ist zulässig

Für den Fall, dass richterliche Hilfe zu spät kommen würde, hat ein Besitzer aber auch das Recht, seinen Besitz mit angemessener Gewalt selbst zu verteidigen. Angriffen kann sohin durch Selbsthilfe begegnet werden. Der Bestohlene darf dem flüchtenden Dieb die Sache also mit Gewalt abnehmen, ohne seinerseits verbotene Eigenmacht zu üben. Die zur Verteidigung angewendete Gewalt darf dabei das zur Abwehr nötige Maß nicht überschreiten. So kann ein Nachbar einem Kind, das ständig einen

Ball über den Zaun schießt, den Ball wegnehmen. Ärgert er sich über die Hühner des Nachbarn, die auch bei ihm scharren, darf er trotzdem zur Abwehr der Hühner auf seinem Grund kein Gift streuen.

Öffentliches Nachbarrecht

Für einen Grundeigentümer wird es in der Regel nicht von Interesse sein, ob die negative Einwirkung auf sein Grundstück (Schatten etc.) nun durch Pflanzen oder durch Gebäude verursacht wird. Im Gegensatz zur gesetzlichen Regelung für Bäume und sonstige Gewächse ist allerdings im Fall von Bauwerken die Interessenlage des anderen Grundeigentümers in einem besonderen Ausmaß berücksichtigenswürdig, weil bestehende Bauwerke in der Regel nicht so einfach oder nur unter großem finanziellen Aufwand beseitigt werden können.

Schatten durch Gebäude ist hinzunehmen

Dies gilt insbesondere für jemanden, der das Bauwerk entsprechend der ihm erteilten Baubewilligung errichtet hat. Hier wäre es nicht ein-

Immissionen im Bau- und Betriebsanlagenverfahren

Einwendungen im Hinblick auf die zu erwartenden Immissionsbelastungen im Bauverfahren sind nur in einem eingeschränkten Umfang zulässig, nämlich nur insoweit sie die Frage der Zulässigkeit der Betriebstype in der gegebenen Widmungskategorie betreffen. Der darüber hinausgehende Immissionsschutz ist dem gewerberechtlichen Bewilligungsverfahren zugeordnet, weshalb sich alle anderen, auf Immissionsbelastungen abzielenden Einwendungen als unzulässig erweisen.

Einwendungen wegen Immissionen sind im Gewerbebewilligungsverfahren geltend zu machen

Einen Sonderfall stellt Wasserdampf dar, der keine Schadstoffe enthält. Die Gegner eines Dampfkraftwerks konnten sich deshalb erfolgreich gegen eine Genehmigung für das Kraftwerk zur Wehr setzen. Denn der durch den Dampf entstehende Nebel würde das Sonnenlicht beeinträchtigen. In der Gewerbeordnung ist nicht abschließend aufgezählt, was eine Immission sein kann. Lichtwirkungen können jedenfalls geeignet sein, die Nachbarn zu belästigen. Wenn aber bereits eine Beschattung als Immission gewertet werden kann, müsse das umso mehr gelten, wenn Sonnenlicht großflächiger durch Nebel entzogen wird, so das Gericht.

sichtig, weshalb der Nachbar die Beseitigung dieses Bauwerks verlangen könnte, nur weil dadurch Schatten auf seinem Grundstück entsteht. Der Gesetzgeber schlägt deshalb vor, dieses Problem folgendermaßen zu lösen:

- Wenn der Lichtentzug durch ein behördlich bewilligtes Bauwerk verursacht wird, hat man keinen Anspruch auf Beseitigung. In Frage käme allenfalls ein Anspruch auf Entschädigung, wenn ihm ein Schaden durch Umstände entsteht, auf die bei der behördlichen Verhandlung keine Rücksicht genommen wurde.
- Entsteht die Belastung aber durch ein nicht behördlich bewilligtes Bauwerk, kann man Beseitigung (oder während des Baus Unterlassung) verlangen. Auch dieser Anspruch setzt voraus, dass die durch das Bauwerk entstehende (negative) Einwirkung das gewöhnliche Maß überschreitet und zu einer ortsunüblichen und wesentlichen Beeinträchtigung führt.

Von den Vorschriften des öffentlichen Rechts sind insbesondere – auf Bundesebene – die Gewerbeordnung, das Forstgesetz und das Wasserrechtsgesetz sowie – auf Landesebene – die Naturschutzgesetze und die Bauordnungen von Bedeutung. Das Landesrecht gilt jeweils für ein bestimmtes Bundesland. Es ergänzt das Bundesrecht und gilt unter anderem für folgende Bereiche: Abwasser, Antennen und Schornsteine, Grenzabstände für Gebäude, Bäume und andere Pflanzen und das Leitungsrecht.

Der Nachbar im Baurecht

Mit der Idylle in Ihrem Häuschen im Grünen scheint's vorbei zu sein: Die großflächige Wiese vor Ihrem Grundstück ist parzelliert worden und fünf neu geschaffene Grundstücksparzellen sind schon verkauft. Außerdem hört man, dass die neuen Eigentümer so bald wie möglich bauen wollen. Haben Sie als künftiger Nachbar nicht auch ein Wörtchen mitzureden? Können Sie dagegen Einspruch erheben? Immerhin sind auch Sie von den Neubauten betroffen, da man Ihnen die Sicht auf die grüne Wiese verbauen will.

Dabei ist zu beachten, dass Baurecht nicht Bundessache, sondern landesgesetzlich geregelt ist und die einzelnen Länder verfahrens- und nachbarrechtliche Vorschriften sehr verschieden gestaltet haben. Deshalb gibt es in diesem Bereich auch keinen einheitlichen Nachbar-Begriff. Die Frage, wer Nachbar im Baurecht ist, wird z.B. in Salzburg dadurch geregelt, dass das Gesetz exakte Entfernungen vorgibt. Ist zwischen der Nachbargrenze und einem Bauvorhaben dieser gesetzlich definierte Abstand nicht überschritten, ist die Nachbarstellung gegeben. In einzelnen landesrechtlichen Bauordnungen finden sich überhaupt keine Definitionen des Nachbarn, andere Bauordnungen legen ganz klar fest, welche Rechte der Nachbar geltend machen kann, andere beinhalten nur eine beispielsweise Aufzählung. Während in Oberösterreich und Salzburg der Nachbar keine Parteistellung (also auch kein Mitspracherecht) im Bauplatzerklärungsverfahren hat, hat der Nachbar bei Erlassung einer Widmungsbewilligung in der Steiermark sehr wohl Parteistellung. Solche Bauplatz- und Widmungsverfahren sind die Zwischenstufe zwischen Flächenwidmung (Festlegung der Art der Nutzung für eine bestimmte Grundfläche) und Baubewilligung (Entscheidung über ein konkretes Bauvorhaben).

Die Bauordnungen der Länder legen fest, wer Nachbar im Bauverfahren ist

Die Rechte des Nachbarn

Auch im Baubewilligungsverfahren sind die Rechte der Nachbarn von Land zu Land unterschiedlich geregelt. Grundsätzlich kann gesagt werden, dass der Nachbar nur ein beschränktes Mitspracherecht hat. Die dem Nachbarn eingeräumten Rechte werden subjektiv-öffentliche Rechte genannt. Zwar ist auch die Baubehörde – in der Regel ist der Bürgermeister die Baubehörde 1. Instanz, in Städten mit eigenem Statut der Magistrat – dazu verpflichtet, diese Rechte von Amts wegen wahrzunehmen, doch empfiehlt es sich, sich um die Durchsetzung seiner eigenen Rechte auch selbst zu kümmern.

Baubehörde in 1. Instanz ist der Bürgermeister

Zurück zu den fünf geplanten Neubauten auf der grünen Wiese vor Ihrem Einfamilienhaus. Leider: Sie werden keine Parteistellung für die Bauvorhaben auf den neu geschaffenen Parzellen haben. Auch wenn einer der unmittelbar angrenzenden neuen Eigentümer einen extravaganten, futuristischen Wohntempel zu bauen beabsichtigt, kann der Eigentümer des bestehenden Einfamilienhauses nicht geltend machen, dass das Bauvorhaben dem Ortsbild widerspricht, wenn es die sonstigen bau- und widmungsrechtlichen Vorschriften erfüllt.

Nachbarn können Einhaltung von Abständen einfordern

Sehr wohl aber hat der Nachbar subjektiv-öffentliche Ansprüche über die Einhaltung bestimmter Abstände (Seitenabstände, Vorgärten, hintere Abstände, Baufluchtlinien). Aber auch dabei ist zu beachten, dass der Nachbar nicht schlechthin einen Rechtsanspruch auf die Einhaltung der Abstände hat. Wenn z.B. der Vorgarten des Bauwerbers nicht dem Grundstück des Nachbarn zugewandt ist, kann sich der Nachbar nicht darauf berufen, dass der Vorgarten zu wenig tief ist. Der Nachbar hat aber ein Recht darauf, dass es durch Baumaßnahmen nicht zu einer unzumutbaren Beeinträchtigung der Belichtung und Belüftung auf seinem Grundstück kommt. Aber nicht jede Beeinträchtigung des Lichteinfalls durch einen Neubau ist unzulässig. Es kommt auch hier auf den Einzelfall an.

Die Bauverhandlung

Wird der Antrag eines Häuslbauers auf Erteilung der Baubewilligung nicht zurückgewiesen, dann hat die Baubehörde, also der Bürgermeister bzw. der Magistrat, eine Bauverhandlung abzuhalten. Die Baubehörde hat dafür zu sorgen, dass sämtliche Nachbarn, deren Rechte durch das neue Bauvorhaben in irgendeiner Weise berührt werden könnten, zur Baubewilligungsverhandlung geladen werden. Die Verhandlung ist so anzuberaumen, dass jeder Nachbar vorbereitet erscheinen kann. Liegen zwischen Zustellung der Ladung und Baubewilligungsverfahren mindestens acht Tage, dann wird in der Regel angenommen, dass dies genügend Vorbereitungszeit ist.

Wer schweigt, stimmt zu

Im eigenen Interesse der Nachbarn ist zu empfehlen, dass diese zur Bauverhandlung erscheinen. Denn nur durch die Erhebung von Einwendungen können sie ihre subjektiv-öffentlichen Rechte wahren. Es empfiehlt sich auch, vor der Verhandlung in den Bauakt der Gemeinde Einsicht zu nehmen, um festzustellen, was im Konkreten eigentlich geplant ist. Reicht die Vorbereitungszeit nicht aus, sollte ein Nachbar trotzdem Einwendungen erheben, gleichzeitig aber einen Antrag auf Vertagung der Baubewilligungsverhandlung stellen.

Achtung! Werden in der Bauverhandlung keine Einwendungen erhoben, können solche später nicht mehr nachgetragen werden. Wird die Baubewilligung erteilt und ein entsprechender Bescheid erlassen, wird dieser auch den Nachbarn zugestellt. Stellt dann ein Nachbar im Bescheid fest, dass er sich durch die eine oder andere Gestaltung des bewilligten Bauvorhabens beeinträchtigt fühlt und dass er dagegen Berufung erheben will, hat diese Berufung keine Aussicht auf Erfolg, wenn er nicht schon spätestens bei der Bauverhandlung 1. Instanz Einwendungen erhoben hat.

Privatrechtliche und subjektiv-öffentliche Einwendungen

Da ist genau zu unterscheiden: Privatrechtliche Einwendungen könnten etwa die Geltendmachung von Dienstbarkeiten (etwa Wege- oder Leitungsrechte) sein oder die behauptete Verletzung von vertraglichen Pflichten (etwa Miete oder Pacht). Für privatrechtliche Ansprüche ist aber nicht die Baubehörde, sondern das Gericht zuständig. Sollten dennoch privatrechtliche Einwendungen erhoben werden, kann der Verhandlungsleiter nur versuchen, einen Vergleich zwischen Nachbar und Häuslbauer zu erwirken. Ist eine Einigung nicht möglich, ist der Nachbar mit seinen Einwendungen auf den Zivilrechtsweg zu verweisen, d.h. er muss bei Gericht Klage einbringen.

Nur subjektiv-öffentliche Einwendungen können dazu führen, dass das Bauvorhaben versagt wird. Dazu gehören alle in den einzelnen Bauordnungen aufgezählten Rechte, wie etwa die Nichteinhaltung von bestimmten Abständen zur Grundstücksgrenze, von Bebauungshöhen etc.

Nachbarn können ein Bauprojekt durch Einwendungen verhindern

Pfusch am Bau

Vor allem auf dem Land ist die Nachbarschafts- und Verwandtschaftshilfe weit verbreitet. In kleinen Orten helfen oft alle zusammen, wenn sich einer aus ihrer Mitte ein eigenes Haus bauen will. Ein Nachbar kann von einem bekannten Bauunternehmer kostengünstig einen Baukran besorgen, ein anderer wiederum krempelt die Ärmel hoch und packt am Bauplatz selber kräftig an. Die Formen von Nachbarschaftshilfe können unterschiedlich und vielfältig sein. Eines ist jedoch dabei zu beachten: Sobald man für seine Dienste Geld annimmt, handelt es sich nicht mehr um echte Nachbarschaftshilfe. „Gefährlich" wird es dann, wenn etwa ein Nachbar, der von Beruf Maurer ist, am Bau mithilft und Bares dafür nimmt – wenn auch nur ein Körberlgeld. Er begeht eine Verwaltungsübertretung und könnte wegen Pfusches angezeigt und bestraft werden. Es könnte aber auch der Häuslbauer selber angezeigt werden. Dazu eine Entscheidung des Unabhängigen Verwaltungssenats (UVS) aus Kärnten:

Pfusch ist strafbar

Lässt der Beschuldigte ein Wohngebäude mit Garage (Rohbau samt Dachstuhl) durch Unbefugte ausführen oder unbefugt ausführen, obwohl Gebäude nur von befugten Unternehmen ausgeführt werden dürfen, ist er verwaltungsstrafrechtlich verantwortlich. Dies gilt auch dann, wenn dem Beschuldigten durch eine Baufirma eine Firmentafel (Bautafel) zur Verfügung gestellt wird, ein in unmittelbarer Nachbarschaft wohnender Bauingenieur dieser Firma zweimal wöchentlich den Bau kontrollierte, im Übrigen das Bauwerk jedoch überwiegend durch Eigenleistung des Berufungswerbers und seines Vaters sowie nicht gewerblich befugte Fremdhilfe wie Nachbarschafts- und Verwandtschaftshilfe ausgeführt wurde. Wenngleich Eigeninitiative, Verwandtschafts- und Nachbarschaftshilfe bei der Bauausführung nicht verkannt werden und in der Praxis häufig vorkommen, sind der Errichtung von Bauvorhaben, wie im konkreten Fall geschehen, Grenzen gesetzt. Der UVS entschied, dass die Bestimmung, wonach die Errichtung von Gebäuden nur von befugten Unternehmen ausgeführt werden darf, verletzt wurde, da sie nicht dahingehend verstanden werden kann, dass sich die Beiziehung eines Bauunternehmens darin erschöpft, dass das Unternehmen eine „Bautafel" zur Verfügung stellt und hin und wieder eine Kontrollfunktion im Hinblick auf die planmäßige Ausführung des Bauvorhabens wahrnimmt. Der Häuslbauer wurde angezeigt.

Das Recht der Dienstbarkeiten

A ist Eigentümer einer Weide, die in der Nähe seines Bauernhofes liegt. Zwischen seinem Stall und der Weide liegen jedoch die Grundstücke des

Nachbarn B. Damit A für den Viehauftrieb keinen Umweg über die Landstraße machen muss, vereinbaren A und B, dass der jeweilige Besitzer der Liegenschaft des A berechtigt ist, das Vieh über die Grundstücke des B zu treiben. X verkauft seine Liegenschaft an Y, behält sich aber auf Lebenszeit die unbeschränkte Nutzung (Schlägerung etc.) eines Waldgrundstückes vor. Das sind nur zwei Beispiele für Dienstbarkeiten (Servituten). In § 472 des ABGB wird bestimmt: „Durch das Recht der Dienstbarkeit wird ein Eigentümer verbunden, zum Vorteil eines anderen in Rücksicht seiner Sache etwas zu dulden oder zu unterlassen."

Duldung und Unterlassung

Dienstbarkeiten schützen absolut

Dienstbarkeiten sind also Nutzungsrechte an fremden Sachen und greifen tief in das Verhältnis zwischen Nachbarn ein. Der Eigentümer muss zum Vorteil eines anderen etwas dulden (Durchfahrt, Ableitung von Regenwasser) oder unterlassen (Unterlassung der Errichtung eines Bauwerkes). Der Servitutsinhaber hat eine absolut geschützte Rechtsposition, die er gegenüber jedem Dritten verteidigen kann. Das unterscheidet Servitute von Miete, Leihe und Pacht.

Für die Dienstbarkeit ist charakteristisch, dass der Eigentümer der Sache nicht zu einem aktiven Tun, sondern bloß zu einem Dulden oder Unterlassen verpflichtet ist. Eine Dienstbarkeit besteht z.B. darin, dass der Eigentümer das Fahren oder Gehen über seinen Grund oder die Benutzung einer Wohnung dulden muss. Umgekehrt steht dem Dienstbarkeitsberechtigten das Recht zu, eine fremde Sache in bestimmter Weise zu benutzen. Der durch die Dienstbarkeit Belastete kann aber z.B. nicht dazu verhalten werden, einen Weg auszubessern, den der Servitutsberechtigte benützt, oder die „Früchte" abzusondern, die der Dienstbarkeitsberechtigte ziehen darf.

Dienstbarkeiten müssen schonend ausgeübt werden, sodass dies für den Belasteten möglichst wenig beschwerlich ist. Sie dürfen vor allem nicht eigenmächtig erweitert werden. Dienstbarkeiten können auch nicht übertragen werden. Selbstverständlich ist es den beteiligten Personen unbenommen, Servitute aufzuheben und an ihrer Stelle eines oder mehrere neue zu begründen.

Die Grunddienstbarkeit

Das Gesetz unterscheidet zwischen Grunddienstbarkeiten und persönlichen Dienstbarkeiten. Der Unterschied liegt darin, dass bei Grunddienstbarkeiten das Recht der Dienstbarkeit am Grundstück haftet. Wird dieses verkauft, verbleibt die Dienstbarkeit beim Grundstück; der neue Eigentümer kann dann die Dienstbarkeit ausüben. Typische Grunddienstbarkeiten sind Geh- und Fahrrechte.

Die Personaldienstbarkeit

Bei den Personaldienstbarkeiten ist eine Person der Dienstbarkeitsberechtigte. Stirbt die Person, erlischt auch das Dienstbarkeitsrecht. Auch

Arbeitsunfall beim Heckeschneiden

Über eine Ecke der Liegenschaft führte eine 30 kV-Hochspannungsleitung. Darüber bestand ein Dienstbarkeitsvertrag, wonach die Elektrizitätsgesellschaft jederzeit berechtigt war, die die Leitung behindernden Bäume, Sträucher und Äste jeder Art zu entfernen. Unter der Hochspannungsleitung war eine Fichtenhecke gepflanzt. Am Unfallstag führte der Liegenschaftseigentümer Ausästungen bei der Fichtenhecke durch. Dabei blieb er mit der Motorheckenschere im Gestrüpp hängen und löste beim Versuch, die Heckenschere freizubekommen, einen Lichtbogen aus. Dabei wurde er schwer verletzt. Einen Anspruch auf eine Versehrtenrente hatte er aber nicht. Denn: Die die Liegenschaft belastende Dienstbarkeit verpflichtete den Grundeigentümer in Bezug auf in die Höhe wachsende Bäume und Sträucher bloß zu einem Dulden und Unterlassen, nicht aber zu einem aktiven Tätigwerden. Keine Rolle spielte, dass er die Fichtenhecke selbst geschnitten hatte, weil er so den Zeitpunkt und den Schnitt selbst bestimmen konnte. Damit hat der Eigentümer nicht primär eine Arbeit für einen „Dienstgeber" (Elektrizitätsgesellschaft), sondern im eigenen Interesse verrichten wollen. Der Umstand allein, dass sein Tätigwerden auch der als „Dienstgeber" (Unternehmer) in Betracht kommenden Elektrizitätsgesellschaft zum Vorteil gereiche, reichte nicht aus, um den Schutz der gesetzlichen Unfallversicherung zu begründen.

Geh- und Fahrrechte können persönliche Dienstbarkeiten sein, wenn beispielsweise Herr A berechtigt ist, über das Grundstück B zu gehen und zu fahren.

Zu den bekanntesten Personaldienstbarkeiten gehört das Fruchtgenussrecht (usus fructus). Das ist das dingliche Recht auf volle Nutzung einer fremden Sache unter Schonung der Substanz. Ein Fruchtgenussberechtigter eines Hauses ist, anders als ein Wohnungsberechtigter, der nur ein persönliches Wohnrecht hat, auch berechtigt, das Haus zu vermieten und die Erträge für sich zu behalten.

Fruchtgenussrecht erlaubt volle Nutzung einer Sache

Einforstungsrechte sind Holzbezugs-, Weide-, Streubezugs- oder sonstige Bezugsrechte (z.B. Steine, Wasser) auf fremdem Boden. Auf Grund von (mitunter über 100 Jahren alten) Regulierungsurkunden oder agrarbehördlichen Bescheiden haben Liegenschaften das Recht, eine gewisse Menge Holz aus fremdem Wald zu ernten, Nutztiere in fremden Wald oder auf Almen zur Nahrungssuche auszutreiben oder Streu zu sammeln.

Entstehung von Dienstbarkeiten

Zunächst kann in einem Vertrag ein Servitut eingeräumt werden. Häufig wird bei Teilverkauf eines Grundstücks die Vereinbarung getroffen, dass der Erwerber des Grundstücksteiles berechtigt ist, die Privatzufahrt des Verkäufers mitzubenutzen. Aber auch im Rahmen eines Testaments können Servitute eingeräumt werden (z.B. wird für den überlebenden Ehepartner ein Fruchtgenussrecht eingeräumt, während als Erben die Kinder eingesetzt werden).

Auch das Gericht kann Dienstbarkeiten begründen. So kann ein Wegerecht nach dem Notwegegesetz eingeräumt werden. Der Eigentümer einer Liegenschaft, dem zur ordentlichen Bewirtschaftung seines Grundstücks die notwendige Verbindung zum öffentlichen Straßennetz fehlt, kann einen derartigen Antrag stellen. Das Gericht kann gegen angemessene Entschädigung einen Notweg über das Grundstück des Nachbarn einräumen, wenn das nicht zu einer erheblichen Beeinträchtigung des Nachbargrundstücks führt. Auch muss der Vorteil, der durch den Notweg entsteht, den Nachteil, der durch die Belastung der benachbarten Lie-

Notwegerecht

Wo ein Grundstück ohne Verbindung zum öffentlichen Wegenetz ist und ohne diese Verbindung nicht genutzt werden kann, darf der Eigentümer vom Nachbarn verlangen, die Verbindung zum öffentlichen Weg über das Nachbargrundstück führen zu dürfen. Ein Notweg kann auch für eine Wegstrecke zur Bergstation einer Seilbahn eingeräumt werden, die ihrerseits zum öffentlichen Wegenetz führt.
Ausnahme: Almhütten im alpinen Bereich, die bloß Erholungszwecken (also nicht für Wohnzwecke) dienen; diese brauchen nicht mit dem Auto erreichbar zu sein – der Zugang zu Fuß genügt.

genschaft eintritt, übersteigen. Die Einräumung eines Notwegerechts ist dann unzulässig, wenn der Mangel an Wegeverbindungen auf auffallende Sorglosigkeit des Grundstückseigentümers zurückzuführen ist. Dies wird z.B. dann der Fall sein, wenn jemand einen Grund erwirbt, obwohl er weiß, dass keine Straßenaufschließung gegeben ist.

Schließlich kann das Gesetz selbst ein tauglicher Rechtsgrund für die Einräumung einer Dienstbarkeit sein. Einerseits gibt es die sogenannten Legalservitute, wonach z.B. öffentliche Energieversorgungsunternehmen das unmittelbar vom Gesetz eingeräumte Recht eines Leitungsservituts haben. Andererseits ist gerade im Nachbarrecht die Erwerbung einer Dienstbarkeit durch Ersitzung von besonderer Bedeutung. Voraussetzung ist die grundsätzlich dreißigjährige (Mit-)Benützung im guten Glauben.

Ein natürlicher Wasserablauf kann nicht Inhalt der Servitut des Wasserleitungsrechts sein. Sollte aber z.B. eine allenfalls mangelhafte Bauausführung dazu führen, dass das Bauwerk des Nachbarn Niederschlagswasser in Ihr Haus eindringen lässt, könnten Sie die grundsätzlich verbotene direkte Wasserzuleitung untersagen oder den Ersatz allenfalls entstandenen Schadens begehren.

Grunddienstbarkeiten sind im Grundbuch im sogenannten C-Blatt des belasteten Grundstücks einzutragen. Wurde eine Dienstbarkeit z.B. durch Ersitzung erworben, ist diese aber noch nicht im Grundbuch eingetragen, kann der Dienstbarkeitsberechtigte vom Eigentümer des belasteten Grundstücks die Eintragung verlangen. Es ist daher bei einem Grundstückskauf wichtig, durch Einsicht in den Grundbuchauszug festzustellen, ob die zu erwerbende Liegenschaft mit Dienstbarkeiten belastet ist.

Vertragliche, aber nicht verbücherte, inhaltlich einer Servitut entsprechende Rechte wirken aber immerhin zwischen den Vertragsparteien. Im vorliegenden Fall war es der Beklagte selbst, der zu einem nicht mehr näher feststellbaren Zeitpunkt dem damaligen Eigentümer der Nachbarliegenschaft und Rechtsvorgänger der Kläger zusagte, zur Realisierung von dessen Bauvorhaben eine Dienstbarkeit des Gehens und Fahrens in Form eines 3 m breiten Geh- und Fahrwegs im Süden des Grundstücks einzuräumen.

Nach dem ABGB verjährt das Recht der Dienstbarkeit durch den Nichtgebrauch, wenn sich der verpflichtete Teil der Ausübung der Servitut widersetzt und der Berechtigte durch drei aufeinander folgende Jahre sein Recht nicht geltend macht. Bei dieser sogenannten Freiheitsersitzung handelt es sich um einen Fall der Verjährung einer bestehenden Dienstbarkeit. Die Freiheitsersitzung ist auch dann möglich, wenn der Berechtigte die Dienstbarkeit bisher nicht ausgeübt hat, aber die Ausübung nach dem Lauf der Dinge möglich gewesen wäre.

Dienstbarkeiten sind im Grundbuch einzutragen

Liegenschaft ohne Zufahrt

Ein altes Gesetz aus dem Jahr 1896 bringt Abhilfe bei einem Problem, dessen Auftreten auch in der heutigen Zeit durch moderne Bauordnungen nicht immer verhindert werden kann: Für Liegenschaften, die über keine oder nur eine unzulängliche Weganbindung an das öffentliche Verkehrsnetz verfügen, und sofern man als Eigentümer einer solchen Liegenschaft nicht gerade einen Hubschrauber sein Eigen nennt, statuiert das Notwegegesetz einen nicht verjährbaren Anspruch auf Einräumung eines Geh- und/oder Fahrrechtes auf fremden Grundstücken, um somit eine Anbindung an die nächstgelegene öffentliche Straße zu schaffen.

Bei Durchsetzung dieses Rechtsanspruches ist aber generell zu beachten, dass die Einräumung eines Notweges nur dann zulässig ist, wenn der Vorteil des Weges die Nachteile, welche dadurch den zu belastenden Liegenschaften entstehen, überwiegt und wenn der Mangel der Wegeverbindung nicht auf eine auffallende Sorglosigkeit des Grundeigentümers zurückzuführen ist, der einen Notweg begehrt. So wird es niemals möglich sein, einen Notweg durch ein fremdes Gebäude zu führen. Auch werden regelmäßig vermeintliche Notwegeberechtigte bei Gericht abblitzen, wenn sie ihre Liegenschaft im Wissen um die mangelnde Wegverbindung äußerst günstig erworben haben, um später mit Hilfe der Einräumung eines Notweges eine Verkehrswertsteigerung ihrer Liegenschaft zu erreichen.

Notwegeberechtigte haben Schäden an der belasteten Liegenschaft zu ersetzen

Da die Einräumung eines Notweges letztendlich eine zwangsweise Enteignung zwischen Privaten darstellt, sind mit ihr auch erhebliche Pflichten des Notwegeberechtigten verbunden. So hat der den Notweg begehrende Grundeigentümer für den gesamten Schaden, der durch die Einräumung eines Notweges der belasteten Liegenschaft zugefügt wird, eine angemessene Entschädigung zu leisten. Wird als Notwegerecht die Mitbenützung eines fremden Privatweges gestattet – was relativ häufig vorkommt – so sind die hierdurch verursachten Mehrauslagen der Wegerhaltung in diesen Entschädigungsbetrag miteinzubeziehen.

Auch kann der Eigentümer der zu belastenden Liegenschaft vom Eigentümer der wegebedürftigen Liegenschaft verlangen, ihm den für den Notweg erforderlichen Grund abzukaufen. In einem solchen Fall ist bei der Festsetzung des Kaufpreises nicht nur auf den Wert des abzutretenden Grundstücksteiles Bedacht zu nehmen, sondern auch auf die Wertminderung, welche der dem betroffenen Eigentümer verbleibende Teil seines Grundbesitzes erleidet (etwa auch die durch die Abtretung bewirkten Erschwernisse in der Bewirtschaftung und Benutzung der Restliegenschaft).

Gerichtliche Notwegeverfahren sind kostenaufwendig

Auch kann das vor dem Außerstreitgericht durchzuführende Notwegeverfahren nicht gerade als billig bezeichnet werden. So sind diesem Verfahren zwingend zwei Sachverständige beizuziehen, was erfahrungsgemäß zu nicht unerheblicher Kostenbelastung führt. Auch die sonstigen Verfahrenskosten hat der den Notweg begehrende Grundeigentümer zu bestreiten, worunter z.B. auch Anwaltskosten der Gegenseite fallen.

Wenn aber ein Notwegerecht durch entsprechenden Gerichtsbeschluss eingeräumt wurde, so wird dieses von Amts wegen verbüchert, d.h. das Gericht verfügt von selbst eine Eintragung im Grundbuch. Damit sind sowohl Eigentümer bzw. Rechtsnachfolger der Notwegeberechtigten als auch der belasteten Liegenschaft an diesen Notweg gebunden.

Grundsätzlich ist es auch möglich, einen bereits eingeräumten Notweg im Nachhinein zu erweitern; dies jedoch nur dann, wenn sich die tatsächlichen Verhältnisse seit Einräumung des Notweges wesentlich verändert haben. Ähnlich ist vorzugehen, wenn in der Folge ein Notweg wieder entbehrlich werden sollte, da in diesem Fall das Gericht auf Antrag einer Partei das Notwegerecht wieder entziehen kann. Freilich ist in diesem Fall auch der seinerzeit entrichtete Entschädigungsbetrag wieder zurückzuerstatten.

Notweg ist ultima ratio

Der Eigentümer einer „notleidenden" Liegenschaft ist primär zur Selbstvorsorge verpflichtet. Erst dann, wenn diese nicht möglich ist, kommt die Einräumung eines Notwegs in Frage. Die Rechtsprechung ist – was die Einräumung eines Notwegs betrifft – relativ streng. Keine Wegebedürftigkeit besteht, wenn durch zumutbare Maßnahmen auf eigenem Grund Abhilfe geschaffen werden kann. Im Fall der Entscheidung aus dem Jahr 1928 konnte der Antragsteller mit Wagen und Pferden nicht in seinen Hof gelangen. Das lag aber nicht an einem grundsätzlichen Mangel einer Wegeverbindung, sondern vielmehr an der baulichen Beschaffenheit des Hauses bzw. des Haustores.

Der OGH sprach dazu aus, dass die Grundfläche des Antragsgegners nur dann zur Begründung eines Notwegs herangezogen werden könnte, wenn sich herausstellen sollte, dass es dem Antragsteller ohne Aufwendung unverhältnismäßiger Kosten unmöglich wäre, den benötigten Zugang zur (unmittelbar anschließenden) Straße durch bauliche Veränderungen des Hauses (Haustores) zu erreichen. In einem anderen Fall lag das Haus des Antragstellers schon an einer öffentlichen Straße, der einzige Hauseingang öffnete sich jedoch auf fremden Grund und war nur über die Liegenschaft des Antragsgegners erreichbar. Der vom Antragsteller beantragte Notweg wurde vom OGH nicht bewilligt. Es bestünden drei Möglichkeiten zur Versetzung des Hauseingangs zum mit dem öffentlichen Wegenetz verbundenen Vorgarten, von denen jede realisierbar und nicht mit unverhältnismäßigen Kosten verbunden sei.

Jüngst hatte der OGH den Fall zu entscheiden, dass der Eigentümer einer Liegenschaft auf seinem Grundstück ein Einfamilienhaus errichten will, aber nicht über die von ihm gewünschte Zufahrtsmöglichkeit verfügt. Für ihn kommt nur die Zufahrt aus nördlicher Richtung in Betracht. Er hat die Berechtigung über ein nördlich angrenzendes Grundstück seines Nachbarn zu fahren, braucht aber noch die Einräumung eines Wegerechts auf dem daran anschließenden Grundstück der Antragsgegnerin. Die Antragsgegnerin ist gegen die Einräumung eines solchen Notwegs auf diesem Grundstück. Für den Eigentümer besteht aus Richtung Süden noch eine andere Zufahrtsmöglichkeit, die der Antragssteller ablehnt, weil sie mit höheren Kosten verbunden ist. Dazu müsste er Adaptierungen auf seinem südlich anschließenden Grundstück vornehmen. Er könnte dann über zwei Privatstraßen fahren, die in seinem Miteigentum stehen, und daran anschließend über ein weiteres Grundstück der Antragsgegnerin. Mit der Nutzung dieses Grundstücks ist die Antragsgegnerin einverstanden.

Der OGH räumte dem Liegenschaftseigentümer – ebenso wie die Vorinstanzen – nicht den gewünschten Notweg über das nördlich gelegene Grundstück der Antragsgegnerin ein. Die Duldung eines Notwegs ist nur dann gerechtfertigt, wenn keine andere Zufahrtsmöglichkeit besteht. Diese Alternative ist hier aber gegeben. Dabei betont der OGH, dass die gesetzliche Verpflichtung zur Duldung des Notwegs einen schwerwiegenden Eingriff in das Eigentumsrecht bedeutet, weshalb die Bestimmungen des NWG einschränkend auszulegen sind. Der Eigentümer kann vom Süden zu seinem Grundstück zufahren. Der finanzielle Aufwand von 9.200 EUR für die erforderlichen Baumaßnahmen auf seinen beiden Grundstücken ist nicht unzumutbar hoch. Im Rahmen der Selbstvorsorge ist der Eigentümer verpflichtet, die Wegtrasse auf seinem unmittelbar angrenzenden (südlichen) Grundstück zu verlängern. Als Miteigentümer der daran anschließenden beiden Privatstraßen, die er jetzt schon benützt, kann er diese Zufahrt auch für das Grundstück nutzen, auf dem er bauen möchte. Eine entsprechende Benützungsregelung ist realistisch, auch wenn sich derzeit die Mehrheit der Miteigentümer dagegen ausspricht. Und zuletzt ist auch die Zufahrt über das südlich gelegene Grundstück der Antragsgegnerin gesichert, die ihm – wie auch allen anderen Anrainern – ein Wegerecht gegen ortsübliches Entgelt zusagte.

Eigentümer ist nicht immer Verursacher

Nachbarstreitigkeiten sind in Österreich ein Dauerbrenner. Ursache sind Lärm, Gestank, Rauch, Erschütterungen, Abwässer und vieles mehr. In den daraus resultierenden Gerichtsprozessen geht es dann häufig um die Frage, wer hat gegenüber wem welchen Anspruch. Tenor hierbei ist, dass der Verursacher für seine – ortsunüblichen und unzumutbaren – Störungen auf dem benachbarten Grundstück verantwortlich ist.

Das Verursacherprinzip hat beispielsweise dazu geführt, dass der Eigentümer für von ihm beauftragte schadensstiftende Baumaßnahmen und Arbeiten einzustehen hat. Das schädigende Verhalten des beauftragten Bauunternehmers und seiner Leute ist ihm zuzurechnen. Eine Ausnahme kommt dann in Betracht, wenn die schadensursächlichen Arbeiten behördlich angeordnet wurden.

Bei einem Wegerecht (zugunsten dritter Personen) hat der OGH allgemein ausgesprochen, dass der Grundeigentümer verpflichtet sei, für eine bestimmungsgemäße Ausübung der Servitut durch den Servitutsberechtigten notfalls im Klagsweg zu sorgen. In einer anderen Entscheidung wurde die Haftung des Grundeigentümers, der einem Dritten ein Baurecht (zur Errichtung einer Volksschule) eingeräumt hatte, für Schäden aus der Bauführung verneint – mangels rechtlicher Möglichkeit, dem Bauberechtigten gegenüber auf Abhilfe zu dringen.

Ähnlich die Begründung bei der Verneinung der Haftung eines (Wohnungs-)Eigentümers für Umbaumaßnahmen seines fruchtgenussberechtigten Vaters. Der formelle Eigentümer des mit dem Fruchtgenussrecht belasteten Anteils habe – so der OGH – nicht nur keine eigenen Gebrauchs- und Verwaltungsbefugnisse, er könne dem Fruchtgenussberechtigten auch weder ein bestimmtes Verhalten gegenüber den übrigen Miteigentümern auferlegen noch ein unerwünschtes Verhalten verbieten. Als Inhaber eines „nudum ius" sei er nicht zur Beseitigung eines Zustands zu verpflichten, den ein Fruchtgenussberechtigter herbeigeführt habe.

Der OGH hatte sich auch schon mit einem Schaden zu befassen, der durch das Bersten einer Wasserleitung herbeigeführt wurde. Die Ursache bestand in früheren von der beklagten Gemeinde (als Grundeigentümerin) einem Dritten gestatteten Kanalarbeiten, die sich auf die Wasserleitung nachteilig auswirkten. In diesem Fall sei es einer Gemeinde, die einen Eingriff in ihr Liegenschaftseigentum dadurch dulde, dass sie einem Dritten den Anschluss seines Kanals an den auf ihrem Grund befindlichen öffentlichen Kanal gestatte, auch zumutbar, dafür Sorge zu tragen, dass dem Nachbarn daraus kein Nachteil erwachse.

Ähnlich bejahte der OGH die Haftung einer Gemeinde für Schäden durch Ausströmen von Abwässern aus ihrem unzureichend sanierten bzw. zu schwach dimensionierten Kanalnetz. Hingegen wurde die Haftung einer Gemeinde für Schäden, die durch das Ausströmen von Wasser aus einem Kanal unter einer öffentlichen Straße entstanden, mit der Begründung verneint, dass die Gemeinde für das schadensstiftende Verhalten unbefugter Dritter, nämlich das Öffnen eines Kanaldeckels, nicht verantwortlich sei, weil von ihr vernünftigerweise keine Vorkehrungen zu erwarten gewesen seien.

In der jüngeren Rechtsprechung spricht sich der OGH für das Erfordernis eines objektiv kalkulierbaren Risikos aus. Demgemäß verneint der OGH die Haftung des servitutsbelasteten Grundeigentümers für nicht vorhersehbare Schäden durch unzureichende Wartungsarbeiten aus dem Betrieb einer Kanalanlage durch einen servitutsberechtigten Dritten. Demgegenüber haftet der Servitutsberechtigte als Inhaber und Betreiber der schadensstiftenden Anlage auf dem Nachbargrundstück als unmittelbarer Störer für sämtliche von der Anlage ausgehenden Schäden wie der Grundeigentümer.

Betriebe in der Nachbarschaft

Gleich vorweg: Einen umfassenden Schutz vor allen möglichen Beeinträchtigungen der Nachbarn durch alle möglichen Betriebsanlagen gibt es nicht. Werden Anrainer durch einen Gewerbebetrieb in irgendeiner Form gestört oder befürchten sie Belästigungen durch einen neuen Betrieb, dann können sie sich dagegen nur wehren, wenn es sich um einen Betrieb handelt, der nach der Gewerbeordnung (GewO) durch die Behörde genehmigt werden muss.

Genehmigt werden müssen nur solche gewerblichen Betriebsanlagen, die wegen der Verwendung von Maschinen und Geräten, wegen ihrer Betriebsweise, wegen ihrer Ausstattung oder sonst geeignet sind, entweder Leben, Gesundheit oder Eigentum bestimmter geschützter Personen zu gefährden, Nachbarn durch Emissionen zu belästigen oder bestimmte öffentliche Interessen zu beeinträchtigen (§ 74 Abs. 2 GewO). Auch größere Änderungen, z.B. Um- oder Ausbau, unterliegen einer Genehmigungspflicht.

Die grundsätzliche Eignung der Betriebsanlage, Gefährdungen oder (unzumutbare) Beeinträchtigungen der Nachbarn hervorzurufen, genügt für die Bejahung der Genehmigungspflicht, ohne dass im konkreten Fall auch tatsächlich von der Anlage ausgehende Störungen nachgewiesen werden müssen. Dies wird erst im Genehmigungsverfahren geprüft. Aber die Gewerbebehörde wird üblicherweise nicht von sich aus aktiv, ihr müssen vielmehr Informationen über Beeinträchtigungen der Nachbarn von Betriebsanlagen zugetragen werden, um ein Genehmigungsverfahren einzuleiten. Sie müssen als Betroffener selbst aktiv werden! Zuständig für Gewerbeangelegenheiten sind die Bezirksverwaltungsbehörden, das sind die Bezirkshauptmannschaften und in Wien die Magistratischen Bezirksämter, in deren Sprengel der betreffende Betrieb liegt.

Genehmigungspflicht besteht, wenn Betriebsanlagen geeignet sind, Nachbarn zu gefährden oder zu beeinträchtigen

Lärm, Gase, Dämpfe, Nebel, Lichteinwirkungen, sichtbare oder unsichtbare Strahlen, Wärme oder Schwingungen können zu Beeinträchtigungen der Nachbarn führen. Die Beurteilung, ob es etwa aufgrund von Lärmemissionen einer Betriebsanlage zu die Nachbarn in ihrer Gesundheit gefährdenden oder unzumutbar belästigenden Lärmimmissionen kommt, ist nicht vom „Widmungsmaß" eines Grundstücks abhängig, sondern von Art und Ausmaß der von der Betriebsanlage ausgehenden und auf die Nachbarn einwirkenden Immissionen.

Nachbarn im Sinne der Gewerbeordnung

Während man im baurechtlichen Verfahren nur als unmittelbarer Anrainer Nachbarrechte hat, kann man im gewerberechtlichen Genehmigungsverfahren auch dann Parteistellung genießen, wenn man einige Kilometer entfernt wohnt. Nachbarn im Sinn der GewO sind alle Personen, die durch die Errichtung, den Bestand oder den Betrieb einer Betriebsanlage

Nachbars Obstgarten

Auf dem Grundstück des Nachbarn befinden sich Obstbäume, nicht jedoch Einrichtungen wie Gartenhütten, Bänke etc., wie sie für eine Freizeitnutzung typisch sind. Dies allein schließt die vom Nachbarn behauptete Verwendung des Grundstücks zur Freizeitnutzung sowie zur Erholung und somit einen wenn auch nur vorübergehenden Aufenthalt des Beschwerdeführers auf dem in Rede stehenden Grundstück allerdings noch nicht aus, zumal derartige Einrichtungen nicht notwendige Voraussetzungen der behaupteten Nutzung sind. Es ist auch nicht etwa von vornherein ausgeschlossen, dass der Nachbar im Rahmen solcher Aufenthalte auf seinem Grundstück als Folge des Betriebes der Betriebsanlage gefährdet oder unzumutbar belästigt werden könnte. Daher ist seine Stellung als „Nachbar" der Betriebsanlage im Sinne der GewO zu bejahen.

gefährdet oder belästigt werden könnten. Auch der Miteigentümer einer Liegenschaft, Daueruntermieter oder Mieter in einem der Betriebsanlage benachbarten Haus gehören zu den geschützten Personen, ebenso wie etwa die Arbeitgeber eines benachbarten Betriebes. Wer sich jedoch nur vorübergehend in der Nähe der Betriebsanlage aufhält, der gilt nicht als Nachbar.

Einwendungen gegen Betriebsanlagen vor Gewerbegenehmigung

Nachbarn müssen spätestens in der Verhandlung konkrete Einwendungen erheben

Zur mündlichen gewerberechtlichen Augenscheinsverhandlung müssen Nachbarn geladen werden, die durch den Betrieb in ihren Rechten beeinträchtigt werden könnten. Spätestens bei dieser Verhandlung müssen Nachbarn sagen, dass und auf welche Weise sie durch die Betriebsanlage beeinträchtigt bzw. gefährdet sind. Es genügt nicht, nur Einspruch zu erheben oder allgemeine Aussagen über die negativen Auswirkungen der Anlage zu machen. Die Einwendungen müssen inhaltlich präzisiert und so begründet sein, dass es der Behörde möglich ist, sie auf ihre Schlüssigkeit zu prüfen. Keine zulässigen Einwendungen sind z.B. die Verschandelung der schönen Landschaft, die Zerstörung eines erhaltungswürdigen Gebietes, die Vertreibung von Tieren, ein hässlicher, unästhetischer Anblick der neuen Anlage oder eine durch diese verursachte Wertminderung des eigenen Grundstücks. Mit der Erhebung von Einwänden erwirbt ein Nachbar Parteistellung im gewerberechtlichen Verfahren.

In den meisten Fällen muss die Behörde Sachverständige beiziehen, die die Einwendungen fachlich prüfen können. Tut sie das nicht, kann dies ein Verfahrensfehler sein, den der Nachbar bei einer Berufung geltend machen kann.

Bleiben Sie als Nachbar bei der gewerberechtlichen Augenscheinsverhandlung stumm, so haben Sie kein Recht mehr, gegen eine etwaige Bewilligung der Anlage zu berufen! Allerdings besteht auch nicht für jedes Genehmigungsverfahren das Recht, als betroffener Bürger beigezogen zu werden und seine Rechte wahren zu können. Dies ist z.B. bei Gaststätten, Sägewerken, Fleischhauereien bis zu einer bestimmten Größe der Fall. Die Behörde entscheidet ohne Abhaltung einer mündlichen Verhandlung.

Beeinträchtigungen nach erfolgter Betriebsgenehmigung

Es kann aber auch sein, dass sich Nachbarn durch einen Gewerbebetrieb, der längst bewilligt ist, beeinträchtigt oder gestört fühlen. Nehmen wir an, dass die Abluftanlage eines Betriebes derart üble Gerüche verbreitet, dass die Nachbarn nicht einmal mehr lüften können. In so einem Fall sollte zunächst Anzeige bei der Gewerbebehörde erstattet werden. Sie ist nämlich verpflichtet, Nachbarn vor unzumutbaren oder gar gesundheitsschädlichen Beeinträchtigungen zu schützen. Emissionen von Luftschadstoffen sind jedenfalls nach dem Stand der Technik zu begrenzen.

Missstände sollten Sie der Gewerbebehörde anzeigen

Die Anzeige bei der Gewerbebehörde kann völlig formlos erfolgen. Ein Anruf genügt, damit die Behörde tätig wird. Einen Anspruch darauf, dass tatsächlich – im Sinn des Anzeigers – etwas geschieht, hat man aber nicht. Grundsätzlich gilt, dass Nachbarn die von Betrieben ausgehenden Beeinträchtigungen dulden müssen, soweit sie sich im Rahmen der behördlichen Genehmigung bewegen. Unterlassungsklage ist keine möglich. Ist aber durch die Beeinträchtigung ein Schaden verursacht worden, kann dafür Ersatz – allenfalls auch über die Amtshaftung – eingeklagt werden.

Die Behörde kann überprüfen, ob eine Genehmigung vorliegt bzw. ob alle Auflagen eingehalten werden. Es können nachträglich auch

Zugezogener Nachbar

Ein erst nach Genehmigung einer Anlage zugezogener Nachbar – den Fall der Gesundheitsgefährdung unter Umständen ausgenommen – muss von dieser Anlage bei konsensgemäßem Betrieb ausgehende Immissionen ohne Rücksicht auf eine sich nachträglich allenfalls ergebende Belästigung hinnehmen. Die GewO bezweckt nämlich (auch) den Schutz des Betriebsinhabers vor einer Verschlechterung seiner Rechtsposition durch nachträglich – in Kenntnis des Bestehens der Betriebsanlage und der von dieser ausgehenden Immissionen – zugezogene Nachbarn.
Aber Achtung: Neu hinzukommende Nachbarn müssen sich mit einer im Gebiet vorherrschenden Immission grundsätzlich abfinden, zumal in immissionsbelasteten Gebieten auch die Grundstückspreise entsprechend niedriger sind. Auch im Fall von gesundheitsschädlichen Immissionen besteht eine Duldungspflicht, wenn die Gesundheitsschädlichkeit zum Zeitpunkt des Kaufes objektiv erkennbar war. Sind also die Immissionen gesundheitsschädlich, hängt die Duldungspflicht auch von der Kenntnis der Gesundheitsschädlichkeit der Immissionen ab. Der neu hinzugekommene Nachbar trägt dabei die Beweislast, zu bescheinigen, dass einem durchschnittlich verständigen Nachbarn die Gesundheitsschädlichkeit nicht erkennbar gewesen ist. Letztlich rechtfertigen auch nur gesundheitliche Belange – und nicht bloße wirtschaftliche Interessen – einen Unterlassungsanspruch nach § 364 Abs. 2 ABGB. Diese Grundsätze gelten auch dann, wenn im Zeitpunkt des Liegenschaftserwerbs eine Zunahme der Immissionen objektiv bereits voraussehbar war.
Ein Nachbar kann als Betriebsinhaber Einwendungen bezüglich der heranrückenden Wohnbebauung erheben, wenn zulässige Immissionen von seinem Gewerbebetrieb ausgehen, die durch die heranrückende Verbauung unzulässig werden könnten. Wird durch die Immissionen im Hinblick auf die Widmung des benachbarten Bauplatzes das für diesen zulässige Immissionsniveau überschritten, so darf die Baubewilligung, sofern mit Auflagen nicht das Auslangen gefunden werden kann, nicht erteilt werden.

Nachträgliche Auflagen dienen dem Schutz der Nachbarn

zusätzliche Auflagen erteilt werden. Hält sich ein Betrieb nicht an die Vorschriften, so sind Strafen und schlimmstenfalls sogar die Schließung des Betriebes möglich (wenn z.B. Gefahr für Leben und Gesundheit der Anrainer besteht). Ein Recht darauf, dass die Behörde ganz bestimmte Maßnahmen ergreift, haben Nachbarn aber nicht.

Bei Lärmbelästigungen durch Diskotheken oder andere Lokale können Sie ebenfalls Anzeige bei der Gewerbebehörde erstatten. Diese muss dann überprüfen, ob bzw. in welchem Umfang eine Betriebsanlagengenehmigung vorliegt. Liegt eine Genehmigung vor, kann die Behörde überprüfen, ob alle Auflagen erfüllt werden bzw. ob sie ausreichend sind.

Dazu kann die Behörde Lärmmessungen durchführen und nachträgliche Auflagen erteilen – etwa die Vorschreibung des Einbaus eines Lärmreglers oder einer Schallisolierung. Im äußersten Fall, wenn z.B. Gesundheitsschädigungen zu befürchten sind, könnte sie den Betrieb sogar schließen. Liegt keine Genehmigung vor, kann die Behörde strafen und den Betrieb schließen, der Nachbar außerdem mit Unterlassungsklage vorgehen.

Bescheide, mit denen Betriebsanlagen oder deren Änderung genehmigt werden, enthalten mit Rücksicht darauf, dass es deren Ziel ist, den Schutz der Nachbarinteressen sicherzustellen, regelmäßig Feststellungen über die von der jeweiligen Betriebsanlage ausgehenden Emissionen. Sie enthalten daher in aller Regel Umweltdaten. Das Verlangen nach Bekanntgabe der Daten eines derartigen Bescheides ist daher ebenfalls als ein solches nach Bekanntgabe von Umweltdaten im Sinn des Umweltinformationsgesetzes zu qualifizieren.

Nach dem Umweltinformationsgesetz muss ein Betrieb Emissionsdaten veröffentlichen (z.B. durch Aushang am Betriebstor), wenn er zu regelmäßigen Messungen gesetzlich verpflichtet ist. Auch die Behörde muss diese Daten ebenso wie Bescheidauflagen bekanntgeben, und zwar ohne dass ein besonderer Nachweis (Parteienstellung) erforderlich ist.

Das Umweltinformationsgesetz

Jedermann hat das Recht auf Information über Umweltdaten

Umweltbewussten Bürgern, die gerne über die Emissionen oder über den Zustand eines Gewässers Auskunft haben wollen, ist der Zugang zu Daten entscheidend erleichtert: Durch das Umweltinformationsgesetz (UIG) hat jede Person das Recht auf kostenlose umweltbezogene Informationen durch die Behörde. Vom Gesetz umfasst sind Informationen über Luft, Boden, Verbrauch natürlicher Ressourcen, Abfall, umweltbeeinträchtigende Tätigkeiten, Umweltschutzmaßnahmen, Zustand von Gewässern und Ähnliches. Aber nicht nur Daten, sondern auch Berichte,

Umweltdaten

Der Verwaltungsgerichtshof hat bereits im Zusammenhang mit dem Betrieb eines Parkplatzes zum Ausdruck gebracht, dass unter dem Begriff „Umweltdaten" nicht bloß die zum Schutz vor Lärmbelästigungen getroffenen Maßnahmen, konkrete Lärmmesswerte bzw. konkrete Emissionswerte fallen, sondern vielmehr ausdrücklich auf „Vorhaben und Tätigkeiten" abzustellen ist. Eine „Tätigkeit" ist etwa die Verwendung eines Parkplatzes durch Kraftfahrzeuge im Zusammenhang mit einer gewerblichen Betriebsanlage. Die mit der Verwendung eines Hubschrauberlandeplatzes regelmäßig verbundenen Lärm- und Geruchsemissionen sowie die Freisetzung von Luftschadstoffen, unterliegen auch dem UIG.
Ebenso können Bauvorhaben und die diesbezüglichen Baugenehmigungsbescheide Umweltinformationen enthalten – und zwar unabhängig davon, ob und in welchem Umfang einem Auskunftswerber Parteistellung in einem Bauverfahren zukommt. Kein Anspruch besteht jedoch auf die Mitteilung anderer bzw. weiterer Informationen. Zudem ist zu beachten, dass Baubewilligungen und diesen zugrundeliegende bezughabende Pläne auch personenbezogene Daten enthalten können, an denen ein schutzwürdiges Interesse an deren Geheimhaltung besteht. Eine Behörde hat daher Daten, denen Mitteilungsschranken entgegenstehen, nur im Fall der Möglichkeit der Aussonderung oder Trennung von Informationen, die der Geheimhaltung nicht unterliegen, von den übrigen geheim zu haltenden Informationen herauszugeben (z.B. durch simple Schwärzung).

Gutachten, Bescheidangaben, Programme etc. können verlangt werden, soweit sie der Behörde vorliegen (z.B. Informationen über die Errichtung eines Hubschrauberlandeplatzes oder die Frage nach der täglichen Fahrzeugfrequenz und der Entwicklung der Fahrzeugbewegungen im Bereich einer Betriebsanlage).

Die Behörde muss die Anfrage innerhalb eines Monats beantworten. Ist aber die begehrte Information komplex oder umfangreich, so verlängert sich die Frist auf zwei Monate. Erfolgt keine Beantwortung, ist sie unvollständig oder wird sie verwehrt, so kann ein Bescheid beantragt werden. In diesem muss begründet werden, warum keine Information gegeben wird. Gegen diesen Bescheid kann beim Verwaltungsgericht Beschwerde erhoben werden.

Bei eventuellen Geschäfts- und Betriebgeheimnissen muss auch der Betriebsinhaber verständigt werden, der unter Angabe von Gründen bekannt geben kann, warum ein Interesse an der Geheimhaltung der Daten vorliegt. Betriebe, die zur Emissionswertung verpflichtet sind, haben diese auch regelmäßig zu veröffentlichen. Ausgenommen von der Informationspflicht sind Verwaltungsakte, die gerade vervollständigt werden bzw. noch nicht abgeschlossen oder nicht aufbereitet sind. Allerdings ist dieser Ausnahmegrund eng zu verstehen; er findet nur Anwendung, wenn das konkrete Material oder Schriftstück oder die konkreten Daten noch nicht abgeschlossen oder aufbereitet sind. Maßgebend ist ausschließlich, ob das betreffende Dokument fertig ist, dies unabhängig vom konkreten Verwaltungsverfahren, im Zuge dessen es erstellt wurde. Fertige Dokumente, die zur Vorbereitung einer Verwaltungsentscheidung erstellt wurden, unterliegen hingegen dem Informationszugangsrecht ohne Einschränkung.

Nicht der Umweltinformation des Bundes unterliegen Daten, die aufgrund landesgesetzlicher Bestimmungen vorliegen: Dies betrifft vor allem Naturschutz, Baurecht und Bodenschutz. Ansprechpartner sind Ministerien, Umweltbundesamt, Bezirkshauptmannschaften und Gemeinden.

Die Umweltverträglichkeitsprüfung

Großprojekte unterliegen der UVP

Für bestimmte Vorhaben, bei denen aufgrund von Größe, Standort oder ihrer Art mit erheblichen Auswirkungen auf die Umwelt zu rechnen ist, ist eine Umweltverträglichkeitsprüfung (UVP) verpflichtend. Dazu gehören: Deponien und Untertagdeponien für gefährliche Abfälle, Kernreaktoren, der Bau von Eisenbahntrassen ab einer gewissen Länge, der Bau von Verschubbahnhöfen ab einer gewissen Größe, der Neubau von Flughäfen und Flugfeldern, Wasserkraftanlagen ab einer gewissen Kapazität, das Anlegen oder Verlegen von näher definierten Fließgewässern, Massentierhaltungen ab bestimmten Größen, Tierkörperverwertungsanlagen, Errichtung von Beherbergungsbetrieben mit mehr als 500 Betten oder einem Flächenbedarf von mehr als fünf Hektar, Freizeit- und Vergnügungsparks, Sportstadien oder Golfplätze und Renn- oder Teststrecken. Eine UVP ist nicht nur für neue Vorhaben, sondern auch für Änderungsprojekte vorgesehen (z.B. wenn es zu einer erheblichen Kapazitätsausweitung der Anlage kommt).

Charakteristisch für die UVP ist, dass für ein Vorhaben nur ein Genehmigungsantrag zu stellen ist, die Behörde (Landesregierung) alle zutreffenden Gesetze in einem konzentrierten Verfahren anwendet und anschließend in einem Bescheid über die Genehmigungsfähigkeit des Vorhabens entscheidet. Damit entfallen Einzelverfahren nach z.B. Wasserrecht, Forstrecht usw.

Nachbarn haben Mitspracherecht im UVP-Verfahren

Zweck der UVP ist die rechtzeitige Unterrichtung der Öffentlichkeit über geplante Vorhaben, um jedermann die Möglichkeit zu geben, zur Verbesserung der Entscheidungsgrundlagen Stellung zu nehmen und an einer öffentlichen Erörterung teilzunehmen. Dementsprechend haben Parteistellung in Verfahren nach dem UVP-G 2000 (und Beschwerderecht an den Verwaltungsgerichtshof) neben Nachbarn und sonst Betroffenen (z.B. Wassernutzungsberechtigte) auch Standortgemeinden und betroffene angrenzende Gemeinden, das wasserwirtschaftliche Planungsorgan, der Umweltanwalt, Bürgerinitiativen (in UVP-Verfahren, im vereinfachten Verfahren kommt ihnen Beteiligtenstellung zu) und – für Verfahren, die nach dem 31.5.2005 eingeleitet wurden – auch anerkannte Umweltorganisationen.

Der Projektwerber muss eine UVP durch Sachverständige durchführen lassen. Diese erstellen ein Umweltverträglichkeitsgutachten. Dieses muss in einer öffentlichen Erörterung der interessierten Bevölkerung vorgestellt und diskutiert werden. Für die bisherigen Anrainer ändert sich nicht viel, denn wenn sie Parteistellung haben, bestehen genug Mitspracherechte. Es können aber auch Personen mitreden und sich informieren, die keine Parteistellung haben: Jedermann kann innerhalb einer Frist von sechs Wochen ab Beginn der öffentlichen Auflage eine schriftliche Stellungnahme zum Vorhaben abgeben.

Eine Stellungnahme kann auch durch Eintragung in eine Unterschriftenliste unterstützt werden, wobei Name, Anschrift und Geburtsdatum sowie Unterschrift beizufügen sind. Die Unterschriftenliste ist gleichzeitig mit der Stellungnahme einzubringen. Eine Liste mit mindestens 200 Personen (Bürgerinitiative) bekommt Parteistellung mit all ihren Vorteilen wie z.B. das Recht auf Akteneinsicht.

Neben dem UVP-Verfahren gibt es das vereinfachte UVP-Verfahren und das für Vorhaben in schutzwürdigen Gebieten (z.B. Naturschutzgebiet, Natura-2000-Gebiet, Wasserschutzgebiet). Die Unterschiede liegen vor allem darin, dass im vereinfachten Verfahren kein Umweltverträglichkeitsgutachten, sondern nur eine zusammenfassende Bewertung der Umweltauswirkungen zu erstellen ist, Bürgerinitiativen nur Beteiligtenstellung mit Akteneinsicht haben, Umweltorganisationen nur eingeschränkt den Verwaltungsgerichtshof anrufen können und keine Nachkontrolle vorgesehen ist. Der Verwaltungsgerichtshof hat jedoch im Herbst 2018 im Sinne der Aarhus-Konvention entschieden, dass eine Bürgerinitiative auch in vereinfachten UVP-Genehmigungsverfahren Parteistellung (und nicht nur Beteiligtenstellung) hat.

Der Genehmigungsbescheid ist öffentlich aufzulegen. Nach Fertigstellung des Vorhabens findet eine Abnahmeprüfung durch die Behörde statt. Bei Vorhaben, für die ein UVP-Verfahren durchgeführt wurde, ist 3 bis 5 Jahre nach Fertigstellung eine Nachkontrolle vorgesehen. Beschwerdeinstanz ist das Bundesverwaltungsgericht (BVwG) in Wien.

UVP für Bundesstraßen und Eisenbahn-Hochleistungsstrecken

UVP-Behörde bei Bundesstraßen und Hochleistungsstrecken ist der Verkehrsminister

Für Bundesstraßen und Eisenbahn-Hochleistungsstrecken ist die UVP vom Bundesminister für Klimaschutz, Energie, Mobilität, Innovation und Technologie (BMK) durchzuführen. In einem teilkonzentrierten Genehmigungsverfahren hat der BMK alle vom Bund unmittelbar und mittelbar zu vollziehenden, für die Ausführung des Vorhabens erforderlichen Genehmigungen zu erteilen und die Ergebnisse der UVP darin zu berücksichtigen; überdies hat er das übrige Genehmigungsverfahren zu koordinieren.

Für die übrigen landesrechtlich zu vollziehenden Materien (z.B. Naturschutz) hat die Landesregierung ein zweites teilkonzentriertes Genehmigungsverfahren unter Berücksichtigung der Ergebnisse der UVP durchzuführen. Parteien können Entscheidungen aus den beiden teilkonzentrierten Verfahren beim Bundesverwaltungsgericht anfechten und Revision an den Verwaltungsgerichtshof erheben, Bürgerinitiativen können zudem Beschwerde an den Verfassungsgerichtshof erheben.

Lösung von Nachbarstreitigkeiten

– Ärger: Was jetzt?

– Recht haben, Recht bekommen

Ärger: Was jetzt?

Kommen Unstimmigkeiten auf, nur nicht den Ärger monatelang runterschlucken und dann beim kleinsten Anlass explodieren. Denn ist der Nachbar erst einmal beleidigt, lässt sich ein handfester Streit kaum noch vermeiden. Häufig beginnen Auseinandersetzungen mit Gebrüll und enden nicht selten mit roten Köpfen vor Gericht. Doch nicht jedes Kräftemessen mit dem Nachbarn lohnt sich. Anstelle eines teuren Prozesses hilft manchmal die simple Erkenntnis: Der Klügere gibt nach. Beachten Sie aber auch, dass zu langes Zuwarten auch von Nachteil sein kann. Wer etwa den Lärm des Nachbarn zunächst zulässt, kann sich später nicht mehr auf die Ortsunüblichkeit berufen. Zögern Sie daher nicht, sich mit Rechtsproblemen auseinanderzusetzen, insbesondere dann, wenn sie schon virulent geworden sind.

Wie gehen Sie am besten vor? Ideal ist, wenn der Streit gütlich geregelt wird. Dafür müssen Sie sich aber von der Vorstellung lösen, dass Ihr Nachbar kompromisslos zu erfüllen hat, was Sie sich wünschen. Um eine außergerichtliche Lösung des Streites zu erreichen, kann auch die Einschaltung eines Mediators sinnvoll sein.

Mediation kann sinnvoll sein

Streit mit dem Nachbarn lässt sich selten vor Gericht lösen. Der Gang zum Rechtsanwalt ist teuer und hat meist wenig Sinn. Zunächst ist der Versuch einer klärenden Aussprache sinnvoll. Auch wenn es schwerfällt: Versuchen Sie, dem Problem auf der Sachebene zu begegnen, anstatt sich auf die emotionale Ebene zu begeben. Warten Sie nicht, bis Sie vor Wut fast platzen, sondern suchen Sie schon vorher das Gespräch.

Schlichten statt richten

Konflikte am Gartenzaun haben meist banale Anlässe: Zweige, die ins Grundstück des anderen ragen, Hecken, die über die Grenzen wachsen bzw. Bäume, die Schatten werfen. Streitereien, die sich um den Entzug von Licht und Luft drehen, sollen künftig möglichst außergerichtlich bereinigt werden. Eine Schlichtung im Vorfeld ist ab sofort gesetzlich verbindlich. Erst wenn diese scheitert, kommt der Fall vor Gericht. Und unter bestimmten Voraussetzungen kann auch dann noch eine Mediation in Anspruch genommen werden.

Dreht sich der Streit um den bereits erwähnten Entzug von Licht und Luft, ist inzwischen eine Mediation vorgesehen. Darunter versteht man die außergerichtliche Vermittlung zwischen zwei Streitparteien. Hier wird kein Recht gesprochen, sondern in einem Mediations-Gespräch werden von allen Beteiligten gemeinsam Konfliktlösungen erarbeitet und im Idealfall von allen akzeptiert. Eine Mediation kann helfen, hat aber auch ihre Grenzen. Es gibt Menschen, die durch Streit Nähe suchen oder unter Verfolgungswahn leiden. Dann helfen weder Anwalt noch Mediator, sondern eher ein Psychotherapeut.

Die Aufteilung der Kosten unter den Beteiligten sollte in der ersten Mediationssitzung vereinbart werden. Die Stundensätze à 50 Minuten liegen zwischen 100 und 300 Euro je nach Mediationsgebiet und -setting (Einzel- oder Co-Mediation). Die Teilnahme an der Mediation ist freiwillig und kann nur dann erfolgreich sein, wenn alle beteiligten Parteien mitmachen. Erst wenn Ihr Nachbar sich weigert, an einer Mediation teilzunehmen und Sie sonst keine andere Möglichkeit sehen, den Konflikt zu bereinigen, sollten Sie an einen Gang vor Gericht denken. Bedenken Sie dabei auch: Vor dem Richtertisch gibt es immer einen Gewinner und einen Verlierer. Damit ist der nächste Streit praktisch vorprogrammiert.

Streit wegen Schattenwurf: Mediation geht Prozess voraus

Möchten Sie den Rechtsweg beschreiten, sollten Sie nicht am falschen Platz sparen. Außerdem gibt es die Möglichkeit der unentgeltlichen (Erst-) Beratung sowie der Verfahrenshilfe. Viele rechtliche Sachverhalte sind – und das gilt insbesondere für Nachbarstreitigkeiten – diffiziler, als der erste Eindruck glauben macht. Sobald etwa der Nachbar einen Anwalt hinzuzieht, sollten auch Sie einen eigenen Verteidiger beiziehen. Ebenso lohnt sich der Gang zum Anwaltsbüro immer dann, wenn ein aufwendiges Verfahren zu erwarten ist.

Nachbarschaft in Takt

Wo Geld knapp ist, unterstützt der Verein „Nachbarschaft in Takt". Für die ersten drei Einheiten zahlt der Verein 30 Euro an den Mediator. Die Streitparteien müssen 10 Euro pro Person ausgeben (Nachbarschaft in Takt, Mediationsinstitut, Gluckgasse 3/14, 1010 Wien, Tel. 0800 20 77 66, Fax 01 4705822, E-Mail: office@nachbarschaftsmediation.at).

Recht haben, Recht bekommen

Nicht jeder, der im Recht ist, kommt auch zu seinem Recht. Denn wenn es gilt, seine Ansprüche durchzusetzen, können enorme Kosten entstehen – zumal jeder Prozess riskant ist, weil der Ausgang kaum vorhersehbar ist. Umgekehrt ist es ärgerlich, wenn man klein beigeben muss, nur weil der Gang vor Gericht zu teuer ist. Mitunter kann hier eine rechtzeitig abgeschlossene Rechtsschutzversicherung Abhilfe leisten.

Bevor allerdings vom Rechthaben gesprochen wird, sollte geprüft werden, ob man wirklich recht hat. Subjektiv empfundenes Recht bzw. erlittenes Unrecht muss nicht immer auch Recht nach der geltenden Gesetzeslage sein. Auf den ersten Blick ist (oft auch für den Juristen) eine eindeutige Antwort nicht möglich. Das liegt daran, dass die Rechtsordnung für viele verschiedene Situationen, in die Menschen in unserer Gesellschaft geraten könnten, eine gerechte Regelung vorsehen will, wodurch die Normen vielfältiger und daher auch unübersichtlicher geworden sind.

Informieren Sie sich gut, bevor Sie prozessieren

Um sich zu vergewissern, ob man auch objektiv im Recht ist, ist die Auskunft eines Fachmannes, eines Juristen, meist unerlässlich. Insbesondere vor einem Gerichtsverfahren ist es erforderlich, darüber Bescheid zu wissen, wie so ein Verfahren für Sie ausgehen kann, welche Konsequenzen damit verbunden sind und welche anderen Möglichkeiten Sie noch haben. Empfehlenswert ist daher, vorab eine Beratungsstelle aufzusuchen. Zur Beratung sollten Sie alle Unterlagen mitnehmen. Nur dann ist eine vollständige und richtige Beratung möglich.

Wer in einer Beratungsstelle war, sollte die Chance der Durchsetzbarkeit seines Rechtsstandpunktes besser einschätzen können und sich

Kostenlose Erstberatung

Bei den Rechtsanwaltskammern ist eine erste anwaltliche Auskunft grundsätzlich kostenlos. Was Sie erwarten dürfen, sind allgemeine rechtliche Informationen. Nur ganz selten sind hier Falllösungen möglich! Bei einem Rechtsanwalt ist das erste Gespräch nur kostenlos, wenn das so vereinbart wurde oder wenn der Rechtsanwalt eine kostenlose Erstberatung angeboten hat.

Amtstage

Bei den Bezirksgerichten und bei den Landesgerichten in Arbeits- und Sozialrechtssachen bzw. beim Arbeits- und Sozialgericht Wien finden an bestimmten Tagen und zu vorgegebenen Zeiten die sogenannten Amtstage statt. Bei den Amtstagen werden nur Rechtsauskünfte erteilt, die im Zusammenhang mit einem bereits laufenden Gerichtsverfahren stehen oder wenn jemand erwägt, gerichtliche Schritte zu ergreifen. Es können unter anderem mündliche Klagen, Anträge und Erklärungen zu Protokoll gegeben werden. Allgemeine Rechtsauskünfte, die mit einem Gerichtsverfahren in keinem Zusammenhang stehen, werden hingegen nicht erteilt.

bereits in diesem Stadium fragen, ob er die Hilfe eines Rechtsanwaltes in Anspruch nehmen möchte. Im Übrigen hat der, der diese Auskunft eingeholt hat und nun um sein Recht Bescheid weiß, manchmal auch schon gewonnen. Denn wer seine Sache überzeugend vertreten kann, der braucht um sein Recht gar nicht mehr vor Gericht zu streiten.

Behörden müssen Auskünfte erteilen

Die Verpflichtung der Verwaltungsbehörden zur Erteilung von kostenlosen Auskünften ist eine nicht zu unterschätzende Informationsquelle. Die tagtäglich mit bestimmten Materien befassten Verwaltungsbeamten können über einschlägige Verwaltungsvorschriften vielfach am besten Auskunft geben. Wenn Sie daher gewerberechtliche oder baurechtliche Fragen haben, so wenden Sie sich am besten vertrauensvoll an die dafür zuständige Behörde. Und denken Sie dabei daran: Sie sind kein lästiger Bittsteller, sondern haben ein Recht auf Auskunft. Wenn Sie nicht wissen, wer zuständig ist, so rufen Sie die Behörde an, von der Sie annehmen, dass diese zuständig sein könnte. Im Regelfall werden Sie sehr schnell herausfinden, wo man Ihnen Auskunft erteilen kann.

Hat der direkte Weg zum Nachbarn keinen Sinn mehr, suchen Sie am besten einen Anwalt auf, der in einem Schriftsatz Ihrem Nachbarn inhaltlich und rechtlich die Lage klar macht. Dabei kann das Zitieren aus Urteilen sehr hilfreich sein – aber dazu muss der Anwalt sich in der Rechtsprechung auskennen. Der Brief sollte in verständlichen Worten abgefasst sein. Alternativ oder im Vorfeld hierzu können Sie auch mit dem Gegner direkt Kontakt aufnehmen, ihm etwa in einem Brief die Problemlage darstellen und Ihre Sicht der Dinge vermitteln.

Klage

Für den Klagsweg sollten Sie sich einen Anwalt suchen, der Erfahrung mit dem komplizierten Nachbarschaftsrecht hat. Er kann zunächst beurteilen, ob für das Begehren ein Gericht oder eine Behörde zuständig ist. Das ist abhängig davon, ob es sich um einen Nachbarschaftsstreit des öffentlichen oder des privaten Rechts handelt. Die Anwaltskammern erteilen Auskünfte zu spezialisierten Anwälten. Ein erfahrener Anwalt kann zudem beurteilen, ob eine Klage realistische Erfolgsaussichten hat.

Sammeln Sie Beweise

Derartige Schreiben sollten zu Beweiszwecken eingeschrieben abgeschickt werden und eine Kopie samt Einschreibbeleg aufbewahrt werden. Setzen Sie gegebenenfalls (datumsmäßig fixierte) Termine zur Äußerung bzw. zur Erbringung der geforderten Leistung, damit Sie nicht endlos warten müssen. Sollten Sie – um etwa Ihrem Anliegen Nachdruck zu verleihen – hierfür einen Anwalt in Anspruch nehmen, beachten Sie, dass diese Kosten von Ihnen zu tragen sind.

Manchmal allerdings bleibt nur ein Prozess. Hilft also weder Gespräch noch anwaltliches Schreiben, dann sollte der konkrete Sachverhalt mit Hilfe eines Gedächtnisprotokolls ermittelt werden. Mitunter heißt das auch, Verträge nochmals und wirklich genau lesen, Bescheide und darin enthaltene Auflagen studieren. Denn manche Details, die Ihnen nebensächlich erscheinen, können für den Ausgang eines Rechtsstreits von erheblicher Bedeutung sein. Bei der Überlegung, ob Sie sich auf eine gerichtliche Auseinandersetzung einlassen, sind Emotionen – und seien sie auch noch so nachvollziehbar – vollkommen fehl am Platz.

Gerichtlicher Vergleichsversuch

Das Nachbarrecht fördert Vereinbarungen. Aus dem Grundsatz der Vertragsfreiheit haben Sie grundsätzlich das Recht, Sonderregelungen zu treffen (gesetz- oder sittenwidrige Regelungen ausgenommen). So ist z.B. die Streitbeilegung unter Nachbarn in Form eines Vergleichs denkbar. Einen Vergleich kann man auch dann vor Gericht abschließen, wenn (noch) kein Prozess anhängig ist. Ein solcher Vergleich wird in der Juristensprache „prätorischer Vergleich" genannt und dient der Prozessvermeidung durch Festlegung der wechselseitigen Rechte und Pflichten in Form eines gerichtlichen Vergleichs – wie ein Urteil durch Exekution vollstreckbar. Dafür zuständig ist das Bezirksgericht.

Kommt es bei einem prätorischen Vergleich zu einer Einigung, sind Gerichtsgebühren zu bezahlen. Die Gerichtsgebühren betragen die Hälfte der Gebühr, die bei einer Klage zu bezahlen gewesen wäre. Wer die Gerichtsgebühren zahlen muss, ist im Vergleich zu vereinbaren. Häufig wird hier festgelegt, dass die – relativ geringen – Gerichtsgebühren je zur Hälfte zu bezahlen sind. Kommt es zu keiner Einigung, sind auch keine Gerichtsgebühren zu bezahlen.

Vergleiche sparen Geld

Folgende Besonderheiten sollten Sie beim prätorischen Vergleich beachten:

- Der Richter hat die Funktion eines Vermittlers; er erläutert die Rechtslage und erstattet Vorschläge für eine gütliche Einigung.
- Es werden keine Zeugen einvernommen und keine Sachverständigen befragt.
- Weder muss der Gegner der Ladung des Gerichts Folge leisten, noch ist er (aber auch Sie) verpflichtet, den Vorschlag des Richters anzunehmen.

Service

Adressen/Links

Stichwortverzeichnis

Rechtsanwaltskammern

Österreichischer Rechtsanwaltskammertag
Rotenturmstraße 13, 1010 Wien
Tel. 01 535 12 75 Fax 01 595 12 75-13
www.oerak.at

Burgenland

Rechtsanwaltskammer Burgenland
Marktstraße 3, 7000 Eisenstadt
Tel. 02682 70 45 30 Fax 02682 70 45 31
E-Mail: rak.bgld@aon.at www.rechtsanwaltskammer.net

Kärnten

Rechtsanwaltskammer für Kärnten
Theatergasse 4/I, 9020 Klagenfurt
Tel. 0463 51 24 25 Fax 0463 51 24 25-15
E-Mail: kammer@rechtsanwaelte-kaernten.at www.rechtsanwaelte-kaernten.at

Niederösterreich

Rechtsanwaltskammer Niederösterreich
Andreas-Hofer-Straße 6, 3100 St. Pölten
Tel. 02742 716 50-0 Fax 02742 765 88
E-Mail: office@raknoe.at www.raknoe.at

Oberösterreich

Oberösterreichische Rechtsanwaltskammer
Museumsstraße 25/Quergasse, 4020 Linz
Tel. 0732 77 17 30 Fax 0732 77 90 67-85
E-Mail: office@ooerak.or.at www.ooerak.at

Salzburg

Salzburger Rechtsanwaltskammer
Giselakai 43, 5020 Salzburg
Tel. 0662 64 00 42 Fax 0662 64 04 28
E-Mail: rechtsanwaltskammer@salzburg.co.at oder info@srak.at www.srak.at

Steiermark

Steiermärkische Rechtsanwaltskammer
Salzamtsgasse 3/IV, 8010 Graz
Tel. 0316 83 02 90-0 Fax 0316 82 97 30
E-Mail: office@rakstmk.at www.rakstmk.at

Tirol

Tiroler Rechtsanwaltskammer
Meraner Straße 3/III, 6020 Innsbruck
Tel. 0512 58 70 67 Fax 0512 57 13 84
E-Mail: office@tirolerrak.at www.tirolerrak.at

Vorarlberg

Vorarlberger Rechtsanwaltskammer
Marktplatz 11, 6800 Feldkirch
Tel. 05522 711 22 Fax 05522 711 22-11
E-Mail: kammer@rechtsanwaelte-vorarlberg.at www.rechtsanwaelte-vorarlberg.at

Wien

Rechtsanwaltskammer Wien
Rotenturmstraße 13, 1010 Wien
Tel. 01 533 27 18-0 Fax 01 533 27 18-44
E-Mail: office@rakwien.at www.rakwien.at

A
Abbrennen 89
Abfangjäger 78
Abluftanlage 191
Allgemeines Bürgerliches Gesetzbuch (ABGB) 10ff, 18ff, 21, 25ff, 30ff, 36, 38f, 44f, 48, 71ff, 79, 81f, 88, 97ff, 108, 121f, 131, 135f, 138f, 141, 144, 151, 157, 161f, 167ff, 172, 179, 183, 192
Abwässer 11, 44, 50, 78, 121, 170, 174, 187f
Abwehransprüche 31, 74, 82, 103, 140, 144, 148
Akteneinsicht 186f
Alleineigentum 26, 169
Anrainer 22f, 26, 67, 70, 74f, 78, 81, 86, 89, 96, 143, 147, 150, 155, 165, 168, 170, 188f, 192, 196
Anstand, öffentlicher 16, 145
Anstandsverletzungen 145
Antennenwald 147f
Anzeige 12, 21, 55 f, 61f, 66, 91, 95, 105f, 111, 147, 191, 193
Äste, überhängende 23, 27, 49, 121f, 127, 130ff, 180
Augenscheinsverhandlung 190f
Ausgleichsanspruch 25, 44, 76f, 138, 162, 166

B
Baden 13, 57, 60
Ballspiele 13, 141ff
Baubewilligung 29, 113, 148, 173, 175f, 192, 194
Bauer 73, 86ff, 113f
Bäume 24, 27f, 33, 49f, 120ff, 129ff, 135ff, 173f, 180, 190, 200
Baumeigentümer 27, 130, 132
Baumschutz 130
Bauordnung 24, 29, 76, 113, 174f, 177, 183
Baupolizei 28
Bausubstanz 60
Bauverhandlung 176f
Beschwerden 17, 68, 74, 104, 141, 194, 197
Besitzstörung 40, 143, 151ff, 172
Besitzstörungsklage 34, 39f, 151, 159
Bespucken 21, 145f
Betriebsgenehmigung 191ff
Beweislast 21, 156, 192
Bezirksgericht 33, 35, 126, 148, 151, 170f, 203, 205
Bodenvertiefungen 161ff
Brandverhütung 84
Bundesstraße 134, 137, 197
Bürgerinitiative 196f

D
Dachlawinen 154
Dienstbarkeiten 39, 122, 169, 177ff
Duldungspflichten 14, 73, 192
Duschen 13, 61

E
Eigentum, Grenze des 24ff
Eigentümer ▶ Grundeigentümer
Einforstungsrechte 181
Einfriedung 26, 28f, 134
Einwendungen 46f, 173, 176f, 190ff
Einzäunung 30, 103
Eisenbahn 68, 71, 76, 195ff
Eishockey 69
Emissionen 17, 91, 114, 146, 189, 191, 193
Enteignung 12, 184
Ersitzung 33ff, 70, 122, 182f
Exoten 94, 110

F
Flächenwidmung 175
Forstgesetz 84, 135ff, 174
Frösche 109f

G
Garage 31, 40, 46, 101, 128, 146, 155, 158, 178
Geldstrafe 57, 61, 80, 89, 95, 104, 145, 157
Gemeinden 13, 50f, 57, 63, 68ff, 86, 89, 102, 111ff, 132, 153, 161, 176, 187f
Gemeingebrauch 84, 169f
Genehmigungsverfahren 47, 63, 71, 74, 76, 189, 191, 197
Gerichtsgebühren 16, 205
Geruchsbelästigung 38, 79f, 83, 86, 91f, 93, 105f, 113f, 171
Gestank 78f, 83, 86, 88ff, 92, 99, 113f, 129
Gesundheitsgefährdung 17, 38, 45, 80, 90ff, 160
Gewerbebehörde 91, 189, 191, 193
Gewerbeordnung 63, 72f, 76, 173f, 188f
Glatteis 152ff
Gondelseilbahn 76
Grenzabstände 13, 124, 174
Grenzbaum 28
Grenzberichtigung 32ff
Grenzen 24ff
Grenzerneuerung 32ff
Grenzkataster 33f
Grenzstreitigkeiten 32
Grillen 12, 80ff
Grundbuch 33, 127, 182ff
Grunddienstbarkeiten 180, 182
Grundeigentümer 18ff, 23, 26ff, 31, 33, 51, 53, 71, 102, 108, 121f, 124, 126ff, 132ff, 141, 153, 167, 173, 180, 184, 187f
Grundsteuerkataster 34f
Grundwasser 20, 87, 171
Gülle 86ff

H
Hahn 13, 104ff
Handymasten 45, 148
Hardrockband 64f
Hausbewohner 58, 81, 116, 128, 156, 158f
Häuslbauer 54, 177ff
Hausordnung 12, 67, 83, 110, 115, 119, 140
Haustiere 14, 54, 100, 115ff, 165
Hausverwalter 153

Hecke 24, 26, 30, 71, 101, 107, 110, 121, 123, 126, 132, 134, 160, 170, 180, 200
Henne 104ff
Heubelüftungsanlage 70
Heurigen 52, 84
Hundegebell 95f

I
Imker 108, 170
Immissionen, mittelbare 11, 31, 44, 50ff
–, negative 49ff, 121, 161
–, übermäßige 62, 85, 105
–, unmittelbare 11, 18, 20, 44ff
Immissionsschutz 17, 173
Immissionsschutzgesetz-Luft 93
Industriegebiet 52
Instandhaltungspflicht 26f

J
Jauche 87f

K
Kampfhunde 112f
Kinderlärm 13, 65f
Klavierspielen 64, 77
Komposthaufen 89f, 170
Körperverletzung 94
Kurgebiet 64

L
Landessicherheitsgesetze 55f
Landwirtschaft 29, 51, 56, 64, 86ff, 91, 102, 105ff, 113ff, 160
Lärm 54ff
Lärmbelästigung 21, 36, 55, 68f, 72, 75, 98f, 105f, 167, 193f
Lärmerregung 16, 52, 55ff, 61, 66, 80, 95, 104, 145
Lärmmessung 57, 109, 193
Lärmschutz 57, 60, 69, 71, 75
Laub 48, 89f, 122, 126f, 130, 155
Lautstärke 54ff, 58, 63ff, 107, 109
Lawine 11, 18f, 154
Leuchtreklame 141
Licht 122ff
Lichteinfall 49f, 123, 125, 149, 176
Lichtentzug 50, 122f, 127, 174
Lichtspiegelungen 148
Liegenschaftsteilungsgesetz 35f
Luft 24, 37, 46, 49, 71, 73, 85f, 92f, 114, 121f, 124, 126, 129, 152, 191, 193, 201
Lufthoheit 46
Luftraum 46, 73, 122, 130f
Luftschadstoffe 91, 93, 191, 194
Luftverunreinigungen 92

M
Mediation 200f
Mehrheitsentscheidung 119
Messverfahren 92
Mieter 22f, 36ff, 47, 68, 77, 82f, 85, 90, 99, 115ff, 127, 129, 140, 146, 148f, 155, 157ff, 164, 167f, 172, 190
Mietvertrag 37, 47, 82f, 90, 110, 115ff, 167f
Miteigentum 24, 26, 30f, 119f, 180f, 190
Modellflugzeug 71, 73
Motorenlärm 56
Musiklärm 59

N
Nachbar 10ff, 43ff, 120ff, 164ff
Nachbarrecht 14ff
Nachtruhe 58f, 76, 87, 104, 107, 129
Nachtzeit 17, 58ff, 86, 104f, 107
Naturschutz 10, 12, 109, 136, 174, 195ff
Notwegerecht 182, 184f
Notwehr 21f
Nutztiere 72, 113f, 181
Nutzungsrecht 39, 128, 131, 146, 166, 179

O
Olfaktometrie 93
Ortsüblichkeit 50, 63f, 70, 75, 83, 86, 101, 103, 106f, 123, 125, 150

P
Pächter 127, 129, 168
Papagei 13, 99f, 118
Parteistellung 12, 71, 74, 76f, 138, 175, 189, 191, 194, 196f
Personaldienstbarkeiten 180
Pfusch 177
Polizei 16f, 21, 28, 38, 54, 56f, 59ff, 66, 95, 101, 104, 112
Privatsphäre 17, 156, 158f

R
Rauchen 38, 85f
Rauchentwicklung 73, 82, 84, 166
Rasenmäher 13, 67, 108, 190
Rastermethode 93
Recht, öffentliches 14ff, 173ff
–, privates 14 ff, 164ff
Rechtsanwalt 41, 171, 200, 202
Reifen 56
Rücksichtnahme, gegenseitige 53, 66, 68, 86
Ruhebestimmungen 57
Ruhezeiten 13, 58, 61, 67, 75, 86, 97

S
Sachbeschädigung 25, 146
Sachverständige 33, 56, 109, 113f, 184, 191, 196
Schadenersatz 19, 22, 37, 45, 72, 98, 121, 153, 160, 168
Schadenersatzanspruch 19f, 27, 162, 171f
Schatten 120ff, 135, 149, 173f, 200
Schattenwurf 44, 49f, 122, 124ff, 130, 201
Schikane 40, 52, 142
Schlagzeug 64
Schlamm 88
Schweinestall 113
Selbsthilfe 21ff, 27, 121, 125, 131f, 172

Servitut 39, 179, 181ff
Silvesterraketen 159ff
Solaranlge 125, 149f
Sorgfaltsanforderungen 97, 114
Sorgfaltspflicht 94
Staubsauger 13, 61, 139
Straßenbahn 76
Straßenverkehrsordnung 133, 140, 154
Streupflicht 155
Swimmingpool 61, 150

T

Tennisplatz 52, 70, 142
Teppichklopfen 58, 139f
Tiere 93ff
–, gefährliche 111ff
Tierhaltung 94, 96, 103, 105f, 113f, 115ff, 167, 195

U

Überhang 23, 121, 130ff
Umweltinformationsgesetz 92, 193ff
Unterlassungsanspruch 19, 48f, 72, 74ff, 79, 98, 107, 115, 123, 131, 140, 157, 161, 169ff, 192
Unterlassungsklage 27, 46, 88f, 90, 95ff, 108, 140, 143, 146, 149, 159f, 168, 170, 191, 193
Untersagung 40, 62f, 70, 73, 78, 119, 127, 129, 140

V

Veitschii 127f, 131
Verfahrenshilfe 201
Vergleich, prätorischer 205
Vermieter 23, 36ff, 47, 68, 77, 82f, 115ff, 146, 155, 157, 159, 167f
Verwaltungsstrafe 55, 95f, 145, 152, 160, 178
Videoüberwachung 155ff

W

Wald 18, 29, 44, 84, 123, 125, 134f, 137ff, 179, 181
Wasserrechtsgesetz 12, 87, 139, 174
Wegerecht 39, 181f, 186f
Wertminderung 148, 184, 190
Wildtiere 110
Wohngebiet 13, 51f, 67, 74, 90, 102, 105f, 109, 113, 115, 141
Wohnungseigentümer 30f, 38f, 116, 119, 122, 125, 127f, 147, 164
Wurzeln 23f, 27, 121f, 127, 130ff, 138

Z

Zaun 24, 26, 28ff, 33f, 88, 102, 114, 120, 133, 138, 143f, 157, 164, 172f, 200
Zeugen 17, 145, 205
Zimmerlautstärke 13, 60, 64
Zinsminderung 38

Das österreichische Testmagazin

Ihr Ratgeber für den täglichen Einkauf
Jeden Monat mit Tests, Reports und Analysen. Ohne Inserate, deshalb unabhängig von Firmen. Nur dem Leser verpflichtet.

www.konsument.at

Beratung & Konsumentenschutz

Wir beraten Sie vor und nach dem Kauf
Und helfen Ihnen, zu Ihrem Recht zu kommen. In **Musterprozessen** zeigen wir Missstände auf.Besserer Konsumentenschutz ist das Ziel.

www.vki.at

Test-Urteile

Test ist nicht gleich Test
Nur Konsumentenschutzorganisationen wie der VKI prüfen nach international anerkannten Standards. Deshalb ist auf unsere Testergebnisse Verlass. Strenge Qualitätsrichtlinien zeichnen unsere Arbeit aus.

Wir sind für Sie da

Aboservice
Für Fragen zu Ihrem KONSUMENT-Abonnement, für Adressänderungen sowie für Buchbestellungen wählen Sie Tel. 01 588 774 (Mo–Do 9–16 Uhr, Fr 9–14 Uhr)

Beratung
Die ExpertInnen unseres Beratungszentrums sind unter Tel. 01 588 77-0 erreichbar (Mo–Fr 9–13 Uhr)

Persönliche Beratung
Wien: Mariahilfer Straße 81, Tel. 01 588 77-0
(Terminvereinbarung Mo, Mi 9–18 Uhr, Di, Do 9–16 Uhr)
Innsbruck: Maximilianstraße 9, Tel. 0512 58 68 78
(Mo–Do 8–12 Uhr)

Besuchen Sie uns im Internet www.konsument.at